Inhalt

Liebe Männer,

und natürlich auch alle Frauen, die „heimlich" mitlesen. Es ist mir eine Ehre, in diesen stürmischen Zeiten mit Rainer und vielen anderen Männern den zu bezeugen, der uns Ruhe, Trost und Halt mitten im Orkan schenken will und kann.

In all den Jahren meines Dienstes mit Männern, egal ob in Firmen, Suchthilfeeinrichtungen oder gar Gefängnissen, erlebte ich unzählige Male, wie schwer wir Männer uns tun, über Gefühle zu sprechen. Umso schöner, wenn Männer ihre kleinen und großen Erlebnisse mit anderen teilen, ja, einen Teil ihres Herzens offenbaren, damit andere Männerherzen berührt werden.

Mitten in der Bearbeitung dieses Buches verunglückte mein Freund Achim schwer und kämpfte wochenlang um sein Leben. Der Unfall hat auch mein tägliches Leben verändert. Nicht mehr die aktuellen Inzidenzwerte unseres Kreises beschäftigten mich jeden Morgen, sondern ob Achim die Nacht überlebt hatte. Das war wieder einer dieser Stürme, die uns urplötzlich erwischen.

In dem alten Häuschen, in dem ich aufwuchs, gab es keine Türklingel. Wenn Besuch kam, klopfte er an die Tür und sagte: **„Ich bin es!"** Dieser kleine Satz war Erkennungs- und Vertrauenszeichen.

Sterbende, die ich besuchte, begrüßte ich oft mit **„Ich bin es!"**, und wenn ich meine 88-jährige demenzkranke Tante besuche, flüstere ich nicht selten in ihr Ohr: **„Ich bin es!"**

Dieser Satz war es auch, mit dem Jesus seinen Freunden auf stürmischer See begegnete. Und **„Ich bin es!"**, lautete seine Antwort, als man ihn fragte, ob er der Sohn Gottes sei. Dasselbe sagte er schließlich im Garten Gethsemane zu denen, die ihn suchten, um ihn zu verhaften.

Ich wünsche euch allen so sehr, dass ihr dem **ICH BIN ES** in diesem Buch begegnet, ihn besser kennen und lieben lernt und in ihm den Frieden findet, den diese Welt nicht geben kann.

Als Rainer mir das Cover zu unserem Buch präsentierte, kämpfte ich mit den Tränen und war mehr als nur erstaunt und berührt: Ein Mann auf einer Leiter. – Mein Freund Achim war von einer Leiter mehrere Meter in die Tiefe in einen Treppenschacht gestürzt.

So wie ich Achim kenne, wird er eines Tages wieder eine Leiter hochsteigen, im Bewusstsein, auch wieder abstürzen zu können. Doch was ist wahres Leben? Kein Risiko einzugehen und in Angst zu erstarren? Das Leben ist dazu da, um es zu leben – mit allem was dazugehört – in liebevoller Beziehung mit Gott, seinem Nächsten und sich selbst.

C.S. Lewis schrieb zum Thema „Angst vor der Atombombe" (ihr könnt anstelle der Atombombe gerne auch etwas anderes einsetzen):

Wenn diese Atombombe uns zerstört, dann soll sie uns dabei erwischen, wie wir sinnvolle und gütig Dinge tun – beten, arbeiten, unterrichten, lesen, Musik hören, die Kinder baden, Sport treiben oder mit unseren Freunden bei einem Schoppen plaudern.

Wir sollen nicht zusammengekauert wie verängstigte Schafe über die Atombombe nachdenken. Die Bombe mag unseren Körper zerstören, unseren Geist darf sie nicht beherrschen.

So soll auch uns nicht die Furcht beherrschen, sondern das personifizierte Leben.

Gott segne euch und eure Lieben, und seid gewiss, **ICH BIN ES** ist immer da.

Herzlichst,
Euer Michael Stahl

Hallo du!

Klasse, dass genau du dieses WUNDERbare Buch in Händen hältst.
Es war mir eine große Ehre, diese Mut machenden Geschichten zu sammeln und sie als Erster zu lesen – Geschichten, die mein Herz ansprechen, mich weinen lassen und zugleich ermutigen, die mir zeigen, wie Gott durch ganz verschiedene Männer Geschichte schreibt.

Wie oft lese ich von Siegertypen und Helden; von Männern, denen alles gelingt, die scheinbar nie versagen, bei denen es richtig glatt läuft. Doch ich feiere es, wenn gerade Männer Gefühle zeigen; wenn sie sich öffnen und über ihre Schwächen und Fehler, ihr Versagen, ihre Verluste, Nöte, Krankheiten und noch vieles mehr authentisch berichten.

Vielen, vielen Dank euch Autoren dafür! Das ist mutig und ermutigend! Denn ich selbst bin so ein Mann, der Ecken und Kanten hat, der Freude und Trauer erlebt, bei dem einiges richtig gut läuft und anderes total schief geht. Ich brauche und liebe immer wieder solche ehrlichen MännerMutMacher!

Danke Jesus, du bist der Sieger und Held in diesem Buch – alle Ehre gehört dir!

Und nun: Lass dich inspirieren, ermutigen, erfreuen, begeistern, herausfordern …

Dein Rainer Zilly

P.S.: Egal, wie die Umstände in deinem Leben aussehen, setze dein Vertrauen auf den lebendigen Gott!

Ein Christen-Abenteuer bei BILD

Zwei Jahre lang hatte ich mein Christ-Sein mehr oder weniger geheim gehalten. Nach meinem Bekenntnis zu Jesus und zum Glauben im Jahr 2013 hatte sich für mich innerlich alles neu sortiert – aber kaum einer hatte es mitbekommen.

Ich war offensichtlich auch nicht besonders scharf darauf gewesen, allen in meinem Freundes- und Kollegenkreis zu erzählen, dass mir nun Jesus Christus wichtiger geworden war als alles andere auf der Welt. Das hätte wohl zu Diskussionen geführt, zu Konflikten. Stellvertretender Chefredakteur von BILD und neuerdings auch Jesus-Nachfolger – das klang erklärungsbedürftig. Vielleicht spielte auch die Angst vor Spott eine Rolle.

An einem Abend im April 2015 kam dann der Impuls: *Steh auf! Sprich deine Gottesliebe offen aus! Schreib sie auf!*

Auslöser dafür war das Morden der ISIS-Terroristen, das damals seinen Höhepunkt hatte. Es zehrte an mir, dass da Menschen im Namen ihres angeblichen Glaubens unfassbares Grauen anrichteten. Und ich haderte, weil mein Glaube eine so andere, so liebevolle Rettungsbotschaft beinhaltete – aber sie kaum noch Gehör fand im Schatten dieser verirrten, vermeintlichen Gotteskrieger.

Es war schon spät an diesem Abend. Nach 23 Uhr. Ich saß auf dem Sofa und meinte, Gottes Forderung innerlich zu hören, zu spüren: *Tu etwas zu meiner Ehre!*

Ich wollte nicht.

Der gesellschaftspolitische Kommentar war nicht meine Stamm-Disziplin bei BILD. Mit einem Rums meinen privaten Glauben bei BILD öffentlich zu machen – davor hatte ich Bammel. Was würden Kollegen sagen? War das nicht völlig unangemessen für einen Vize-Chefredakteur?

Doch egal, wieviel ich betete und es hinauszögerte – das Drängen blieb. Die vielen Bibelverse kamen mir in den Sinn, in denen es heißt, dass wir uns nicht fürchten sollen, und in denen wir dazu aufgefordert werden, mutig zum Glauben zu stehen. Paulus schreibt zum Beispiel: *„Zu dieser Botschaft bekenne ich mich offen und ohne mich zu schämen, denn das Evangelium ist die Kraft Gottes, die jedem, der glaubt, Rettung bringt"* (Römer 1,16 NGÜ).

Ich war damals noch sehr grünschnabelig im Glauben. Längst hatte ich nicht alles kapiert, was in der Bibel steht (und habe es bis heute nicht). Aber ich hatte mir vorgenommen, das, was ich verstanden hatte, auch umzusetzen. Ich wollte mein Gottvertrauen trainieren, indem ich nicht nur auf meinen eigenen Kopf und meine eigenen Gefühle hörte, sondern anfing, mich im Gebet zu überprüfen: Gab es da einen Impuls? Oder gab es einen Satz in der Bibel, der mich in die eine oder andere Richtung schickte?

In diesem konkreten Fall war es (damals nicht zu meinem Vergnügen) ziemlich eindeutig: Bibel und Gebet stimmten überein, dass es richtig und wichtig ist, für die Botschaft von Jesus einzustehen und sie nicht unter den Teppich zu kehren. Sicher, ich hätte mich freuen können über diese Klarheit. Über die Behaglichkeit, von Gott auf einen Weg gestupst zu werden. Habe ich aber damals nicht. Zu groß war die Unsicherheit vor den Folgen. Dennoch begann ich, meinen Text zu schreiben: *„Warum ich mich heute als Christ outen will.“* (Er lässt sich auch heute noch leicht via Google finden).

Lang und breit formulierte ich mein kleines Glaubensbekenntnis. Machte mein Ziel, ein Nachfolger von Jesus zu sein, öffentlich. Versuchte, aus den biblischen Aufträgen Aufforderungen abzuleiten in einer Zeit, in denen Terror und Morden, Flucht und Vertreibung so allgegenwärtig waren. Mein Fazit war: *„Der Glaube an Gottes Liebe, Gnade und Vergebung ist kein Problem, sondern unsere Chance.“*

Tief in der Nacht schickte ich diesen Text an meinen Chefredakteur – und hatte keine Ahnung, was passieren würde. Doch noch ehe ich eingeschlafen war, kam die Antwort: *„Super. Machen wir so!“* Und am nächsten Tag ging der Text bei BILD.de online.

Was danach passierte, hat mein Leben verändert.

Ich trug den innerlichen Kloß aus Ungewissheit und Zweifel noch mit mir herum, als mir die ersten Reaktionen aus dem Internet entgegen trudelten. Ob ich Drogen genommen hätte, wurde ich gefragt. *„Typische BILD-Hetze“*, kommentierte jemand. *„Na, das wird ja heiter“*, dachte ich.

Doch im Laufe des Tages drehte es sich. Der Text war auf der BILD-Homepage bereits weiter nach unten gerutscht, doch die Kommentare wurden immer mehr. Ein Bistum schrieb auf Twitter von einem „erstaunlichen Bekenntnis“ und bedankte sich. Immer häufiger kamen Sätze wie „Danke für den Mut!“ Mutig? Ich? Fühlte sich nicht so an.

Und plötzlich war von „Ermutigung“ die Sprache. Damit hatte ich nicht gerechnet. Mir war ja gar nicht klar gewesen, was genau Sinn und

Zweck meines Artikels sein sollte. Ich wollte von der Gottes- und Nächstenliebe in dieser zerrütteten Zeit erzählen. Das Wort „Ermutigung" hatte keine Rolle in meinen Überlegungen gespielt.

Inzwischen kamen die Kommentare im Sekundentakt. Ich bekam Mails von Kolleginnen und Kollegen, die sich ebenfalls bedankten. Auch Menschen, die mit dem Glauben nichts am Hut hatten, nickten mir zu und sagten Sätze wie: *„Ist zwar nicht mein Ding. Aber Respekt, dass du dazu stehst."*

Die Stunden nach diesem Artikel haben mich überwältigt. Es war kein Rausch. Es fühlte sich noch immer etwas unangenehm an, plötzlich mit so etwas „Privatem" dermaßen im Fokus zu stehen. Es folgten Interview-Anfragen; es gab Berichte auf christlichen Portalen; insgesamt sammelte der Artikel über 19.000 Reaktionen im Netz.

Kurz darauf meldete sich ein Verlag und fragte an, ob ich nicht ein Buch schreiben wolle über meinen Weg zum Glauben. Ich, der unsichere Glaubens-Anfänger, sollte plötzlich ein Buch schreiben, Vorträge vor Gemeinden halten, in Talk-Shows auftreten. Nichts hätte mir noch kurz davor ferner liegen können. Nichts hätte ich mir weniger zutrauen können. Doch ich hatte meine Lektion gelernt. Ich sagte alles zu. Wieder nahm ich die Bibel als meinen Ratgeber. Wieder überprüfte ich die Antworten auf meine inneren Fragen im Gebet.

Ich hatte lernen dürfen, dass es keinen Grund gibt, sich für den Glauben an Jesus zu schämen. Dass es natürlich auch Gegenwind gibt, aber dass Gott und die Christen mich nicht allein lassen. Und (das ist es, was für mich den Weg im Glauben so abenteuerlich macht): Gottvertrauen bedeutet nicht, dass mir plötzlich alles gelingt oder so kommt, wie ich mir das wünsche. Aber ich darf darauf vertrauen, dass Gott es zu seiner Ehre nutzen wird. Und das wiederum schenkt mir inneren Frieden, Kraft und Zuversicht. Und es macht mir Mut, es wieder und wieder zu wagen.

Daniel Böcking | Jg. 1977 | verheiratet | 4 Kinder | Berlin | 20 Jahre lang BILD, zuletzt stellvertretender Chefredakteur, seit Januar 2021 Chefredakteur Agentur StoryMachine | www.storymachine.de

Das Lebensretter-Schild

Es war im Frühjahr 2013. Eigentlich war es eher noch Winter, denn die an mir vorbeiziehende Landschaft auf der Autobahn war grau in grau. Schneeregen, eingeschränkte Sicht, das monotone Kratzen der Wischblätter auf der Frontscheibe meines Wagens.

Außenstehende hätten mich damals als **„Erfolgstypen"** beschrieben: Verheiratet, einen wundervollen Sohn, das Hobby zum Beruf gemacht (ich war international erfolgreich mit meiner Band, hatte einige hunderttausend CDs verkauft und ein volles Auftragsbuch in meinem eigenen Tonstudio), war keine drei Jahre zuvor deutscher Vizemeister im Säbelfechten geworden und auf sämtlichen Partys und Veranstaltungen ein gern gesehener und unterhaltsamer Gast.

In Wahrheit aber lag damals meine Ehe bereits in Trümmern, und ich befand mich aufgrund von Depressionen und Panikattacken seit geraumer Zeit in psychotherapeutischer Behandlung. Der Untergang der Schallplatten- und CD-Industrie klopfte schon bedrohlich an die Tür, und die Digitalisierung der Tontechnik (für jedermann im kleinen Home-Studio realisierbar) würde meine Tätigkeit als Produzent zukünftig auch nicht gerade erleichtern. Sportlich hatte ich meinen Zenit längst überschritten, und meine Hoffnung ruhte nun darauf, mich zum Fachsportlehrer mit Schwerpunkt Sportfechten ausbilden zu lassen.

So fuhr ich, wie schon so oft in den letzten zwei Jahren, die rund vierhundert Kilometer nach Bad Karlshafen, wo die Ausbildung in regelmäßigen Abständen in Wochenend-Blöcken stattfand.

Obwohl ich damals schon längst Christ war und viele positive Erfahrungen und Erlebnisse mit meinem Gott gemacht hatte, war ich an einem Punkt angelangt, an welchem ich einfach nicht mehr weiterwusste. Wer sich unter dem Begriff „Schwermut" etwas vorzustellen vermag, kann vielleicht ein wenig nachvollziehen, wie es in meinem Herzen aussah.

Einige Tage zuvor hatte ich nachts eine Panikattacke gehabt, die ich rückwirkend nur so beschreiben kann:

Ich lag wach im Bett und fühlte aus der Ferne eine schwarze Riesenwelle auf mich zurollen. Ich wusste, dass sie mich kurz darauf erreichen und erfassen würde. Sie würde mich überrollen und in tiefste Tiefen ziehen, um mich dort zu ersticken.

Mein Herz hämmerte bis unter meine Schädeldecke und ich lag schweißgebadet in den zerwühlten Decken. Meine damalige Frau und unser Sohn waren übers Wochenende in Dresden bei den Schwiegereltern, und ich hatte Besuch vom Keyboarder meiner Band, welcher im Stockwerk unter mir auf der Gästecouch schlief. Er war der Engel, der mich in dieser Nacht gerettet hat, als ich ihn panisch mitten in der Nacht aufweckte, um mit mir auf den Morgen zu warten, bis sich die Panikattacke verzogen haben würde. Ich weiß im Nachhinein nicht, was passiert wäre, wenn ich in dieser Nacht alleine gewesen wäre. Vielleicht haben mich nur das Gespräch und das Zusammensitzen mit meinem Freund damals vor Schlimmerem bewahrt ...

Doch nun zurück zu meiner Fahrt nach Bad Karlshafen zur Fachsportlehrer-Ausbildung:

Die dunkle Landschaft zieht an mir vorbei. Der Schneeregen hat noch zugenommen und fordert meine volle Konzentration beim Autofahren. Das Radio habe ich längst ausgeschaltet; die nichtigen Diskussionen und die seichte Musikberieselung rauben einem ja noch das letzte bisschen Nerv ...

Was mache ich hier eigentlich? Was wartet auf mich, und wohin möchte ich eigentlich? Warum ist plötzlich alles so dunkel für mich? Und warum kann nicht alles wieder hell, freundlich und positiv sein, wie es früher doch mal war?

Warum lässt Gott mich durch diese schwere Zeit gehen? Früher konnte ich doch auch mit ihm sprechen und mit ihm zusammen immer eine gemeinsame Lösung finden. Warum muss ich diese Prüfung erdulden? Weiß Gott denn nicht, dass ich kein Hiob bin? Wenn er mich wirklich kennen würde, müsste er doch wissen, dass ich niemals so stark sein werde, um das alles weiter zu ertragen.

Schlafen, schlafen ... Ruhe und Frieden ... das wäre jetzt so wunderschön!

In diesem Moment weiß ich keinen Ausweg mehr. Ich stelle mir vor, wie einfach es wäre, den Gurt zu lösen, auf 200 km/h zu beschleunigen und gegen den nächsten Brückenpfeiler zu fahren ... Wie schmerzlos es wohl wäre, frontal mit einem entgegenkommenden LKW zu kollidieren ... Oder eine Flasche Schnaps zu trinken und im Vollrausch von einem hohen Gebäude zu springen ...

Halt!

Herr Jesus – du siehst meine Gedanken und weißt um meine Nöte. Du warst schon in manch dunkler Stunde an meiner Seite, hast mir Engel geschickt, die mich aufgefangen und getragen haben. Du siehst auch jetzt meine Gedanken und weißt, welche destruktiven Ideen mir durch den Kopf schwirren. Schicke mir ein Zeichen – irgend etwas, das mich davon abhält, meine Fantasien hier und jetzt in die Tat umzusetzen!

Sei DU jetzt bei mir!!!

Ich habe bei vielen Anlässen berichtet, was in diesem Augenblick passierte. Manch einer hat gelächelt; viele haben gelacht. Wieder andere haben den Vorfall analysiert und gemeint, dass es halt einfach verrückte Zufälle gibt. Mancher war berührt; einige haben geweint.

Im Moment der tiefsten Dunkelheit in meinem Leben – dort auf der Autobahn, im Schneeregen – tut sich links plötzlich eine Lichtung auf. Darauf eine riesengroße Werbetafel. Unzählige Scheinwerfer erhellen die Worte:

ICH HALTE DICH!

– Dein Gott

Ich weiß nicht, wer diese Tafel mit der Anzeige hat bestücken lassen, aber eines weiß ich: Gott selbst hat mir diese Nachricht an diesem schicksalsschweren Abend auf die Lichtung gesetzt. Genau in dem Augenblick, als ich nicht mehr weiterwusste. In dem Moment, als ich nicht mehr alleine weiterlaufen konnte, hat er mir zu verstehen gegeben, dass er mich halten und tragen wird. Dass er das schon immer getan hat und es immer weiter tun wird!

Johannes Berthold | Jg. 1974 | verheiratet | 3 Kinder | Pfinztal | Produkt- & Artist-Relations-Manager | www.illuminate.de

MMMM – MännerMutMacherMaik

Gott sagt: *Ich schenke euch ein neues Herz und lege einen neuen Geist in euch* (Hesekiel 36,26) – Das war 2017 mein Taufspruch, und ich durfte es auch so erleben: Jesus gab mir ein neues Herz und einen neuen Geist, der mein Wesen und mein komplettes Leben veränderte.

Schon früh ging ich zur Förderschule für Lernbehinderte, wo ich auch viel gemobbt wurde und oft als Hippie-Schüler, Baumschüler oder als Taugenichts bezeichnet wurde. So wurde mir schnell alles egal. Scheißegal. Ich hatte kein Lieblingsfach – außer Sport.

Mit dreizehn Jahren zog ich mir die ersten Flaschen Bier rein, als gäbe es kein Morgen mehr, und mit vierzehn rauchte ich das erste Mal Cannabis. Bob Marley war mein täglicher Musikrhythmus; ich hörte Reggae und hing ab wie ein Faultier. Der Gruppenzwang, aber auch die Neugier brachten mich dahin, mit fünfzehn dem Teufel komplett die Hand zu reichen, und so zog ich weiße Kristalle durch die Nase. Ich schoss mich auf andere Planeten, um von der Realität nichts mehr mitzubekommen.

Mit den Drogen und allem, was damit einhergeht, versklavte ich mich einer Macht, die man nicht mehr so einfach loswird. Die Drogen waren eine Ersatzbefriedigung für das, was mir kein Mensch geben konnte: Liebe. Nicht nur meine Seele, sondern auch mein Körper fing an, sich durch die Drogen zu zersetzten. Mit vierzehn erlitt ich das erste Mal Krampfanfälle. **Mein „Ausbrechen" war am Ende meine Gefangenschaft.**

Im Drogensumpf begann meine kriminelle Karriere: Aggressionen, geringe Hemmschwelle, Diebstahl, Sachbeschädigungen … Durch die ganze Beschaffungskriminalität bekam ich mit 22 Jahren meine erste Haftstrafe und musste nun für ein Jahr und sieben Monate hinter Gitter.

Dort, im Jugendstrafvollzug Regis-Breitingen, lernte ich 2011 das Blaue Kreuz kennen – und damit auch eine neue Hoffnung für mein Leben. Nicht nur die Seelsorge fand mein Interesse, sondern auch eine Mitarbeiterin des Blauen Kreuzes. Von meiner Seite war es Liebe auf den ersten Blick. Aber Irene sagte mir schnell, dass es nichts mit uns wird. Trotzdem spürte ich nun eine Wärme hinter den kalten Mauern und Stahlgittern.

Das Blaue Kreuz führte mit uns Gruppen- und Einzelgespräche und auch Besinnungsfahrten durch. Bei einer Besinnungszeit entschied ich mich für den Herrn Jesus Christus, und **dazu kann ich nur jedem Mut**

machen: es war die beste Entscheidung in meinem Leben! Du kannst mit ihm nur dazugewinnen. Er wurde zum Zentrum meines Lebens.

An dem Tag, als ich aus meiner Haft entlassen wurde, fuhren mich Irene, Dieter und mein Vater nach Elbingerode – zu meiner ersten Drogenlangzeittherapie. Durch den frühen Beginn meiner Drogengeschichte und den jahrelangen Konsum waren mein Denken, Fühlen und Handeln so verstört, dass ich psychisch am Boden war. Insgesamt machte ich elf Entgiftungen, drei Langzeittherapien und wohnte in drei verschiedenen Einrichtungen (betreutes Wohnen für psychisch kranke und suchtkranke Menschen). Zwischendurch habe ich echt nicht mehr an das lebenswerte Leben geglaubt. Ich musste täglich zehn verschiedene Medikamente nehmen, angefangen von den Depot-Spritzen gegen die Psychosen, bis hin zu Antidepressiva, Pillen gegen Manie und Epilepsie. Ich fühlte mich wie eine Laborratte, war aufgeschwemmt durch die ganzen Medikamente und wog mit 24 Jahren 122 Kilo …

Ich zog nach Berlin, fand jedoch auch dort nicht das große Glück. Die nächsten Jahre waren geprägt von Rückfällen, Obdachlosigkeit und Hoffnungslosigkeit. In Berlin machte ich meine dritte und letzte Langzeittherapie. Es war gut, denn ich setzte mich mit mir und meinem Leben noch einmal komplett auseinander.

Am Ende der letzten Therapie nahm ich wieder Kontakt mit Irene auf, wir verliebten uns, und so verschlug mich die Liebe 2017 nach Leipzig. In der ersten Zeit in Leipzig war ich arbeitsuchend, was durch meine Diagnosen nicht so einfach zu ändern war. Als Epileptiker mit einer fünfzigprozentigen Schwerbehinderung, einer Lese-Rechtschreibschwäche, dazu noch vorbestraft … was will man da noch groß dranhängen?

Aber einer liebte mich immer so sehr, und das durfte ich dann erfahren. Jesus zeigte mir, dass er alle meine Fehler, all das Miese zu etwas Gutem drehen konnte: Er machte aus meinem Mist Dünger.

Eine Ausbildungsstätte nahm mich trotz meiner ganzen Vorgeschichte an, sodass ich eine Ausbildung zum Krankenpflegehelfer plus Realschulabschluss machen konnte. Und nun bin ich seit dem letzten Jahr im Blauen Kreuz Leipzig e.V. fest angestellt, gehe regelmäßig in den Knast, wo ich selber gesessen habe, **mache den Jungs Mut**. Ich mache Suchtberatung, Seelsorge, Hausbesuche sowie Sucht- und Gewaltprävention an Schulen. Die ganzen negativen Erfahrungen sind nun eine Hilfe für meinen Dienst und der Zugang zu den Menschen, die ebenfalls im

Leben gescheitert sind. Das Blaue-Kreuz-Team wurde zur Familie für mich. Und ich erlebe hier so viele Wunder.

Ich durfte die Frau, in die ich mich 2011 verliebt hatte (und die damals nein sagte), nach sieben Jahren heiraten. Es ist für mich so eine Gnade, zu erleben, dass Gott es gut mit mir meint. Allein, dass ich gesunde Kinder habe, selbst noch am Leben bin und ein lebenswertes Leben führen darf. Dass ich meine Berufung leben kann, beim Blauen Kreuz zu dienen und Menschen in schwierigen Lebenssituationen zu begleiten. Ich bin so dankbar!

Ich möchte dir Mut machen, dich heute auf Jesus einzulassen; es ist nie zu spät, neu anzufangen und dich für das Leben zu entscheiden. Das Leben wird nicht leichter, doch du kannst stärker werden. Hoffnung und Kraft sind sehr wichtig: Hoffnung zu haben, dass es besser wird, und die Kraft durchzuhalten, bis es da ist.

Jesus sagt: *Wer mich liebt, richtet sich nach dem, was ich gesagt habe. Auch mein Vater wird ihn lieben, und wir beide werden zu ihm kommen und für immer bei ihm bleiben* (Johannes 14,23, HFA)

Maik Löwen | Jg. 1990 | verheiratet | 3 Kinder | Leipzig | Mitarbeiter des Blauen Kreuzes Leipzig e.V. (Suchtarbeit, Seelsorge, Gefangenenarbeit, Sucht und Gewaltprävention an Schulen ...)

Das Leben ist nicht immer fair, aber ...

Im November 2016 entschied ich mich an einem Männerwochenende: **Ich nehme an einem Muskathlon teil.**

Ein Muskathlon ist ein Spendenlauf: Man meldet sich an und entscheidet sich für eine der Disziplinen: Halbmarathon (21 km), Marathon (42 km), Ultramarathon (63 km), Ultrawalk (63 km) oder Mountainbike (120 km). Dazu sammelt man 10.000 € Spenden für eine Hilfsorganisation. Man ist dann eine Woche in dem Land, in dem der Muskathlon stattfindet und schaut sich die Arbeit der Hilfsorganisation vor Ort an. Außerdem nimmt man am Muskathlon teil. Alle Kosten bezahlt der Teilnehmer aus eigener Tasche.

Zu Hause angekommen, erzählte ich meiner Frau und meiner 8-jährigen Tochter von meiner Anmeldung. Meine Tochter sagte: *„Papa, du bist verrückt und total durchgeknallt."* Recht hatte sie, denn ich hatte in meinem Leben nie wirklich Sport getrieben – und dann gleich so eine Herausforderung!

Klar war, dass ich im Jahr 2017 teilnehmen würde. Es standen zwei Termine und Orte zur Auswahl: Ruanda im Mai und Indonesien im Oktober, beide mit dem Kinderhilfswerk Compassion. Ich wollte nach Indonesien, denn da bliebe mir mehr Zeit, um die 10.000 € Spenden zu sammeln. Das schien für mich im Vorfeld die größte Hürde zu sein.

Am nächsten Tag hatte ich aber den Eindruck, ich solle meine Familie in die Entscheidung mit einbeziehen. Wir sprachen darüber, dann sagte meine Tochter: *„Papa, du musst nach Ruanda."* Ich fragte: *„Warum?"* Meine Frau antwortete: *„Weil Afrika näher an Europa liegt als Asien."* Meine Antwort war: *„Okay, das wird aber spannend, 10.000 € in 185 Tagen zu sammeln."* Dadurch wurde die Hürde noch größer. (Was ich damals nicht wusste, Indonesien hätte nicht funktioniert.)

Ich habe mich dann für Ruanda im Mai 2017 und die Disziplin **120 km Mountainbike** angemeldet, danach angefangen zu trainieren und auf den Weg gemacht, um Spenden zu sammeln.

Am Anfang fiel es mir nicht leicht, darüber zu reden, und ich bin auch nicht immer auf offene Ohren gestoßen. Aber wenn eine Tür zuging, dann blieb ich nicht stehen, sondern ging weiter, und woanders tat sich eine neue auf. Am 4. Advent war bereits über die Hälfte der

Summe zusammen. Ich befürchtete, der Spendenzug würde irgendwann anhalten. Doch er hielt nicht an.

Eine Geschichte aus dieser Zeit: Es ist Heiligabend, wer eine 6 würfelt, darf ein Geschenk auspacken. Meine Tochter überreicht mir ein Geschenk. Als ich schüttle, sind Metallgeräusche zu hören und ich dachte, ob sie mir wohl Schrauben eingepackt hat? Beim Auspacken kam zu meinem Erstaunen Geld heraus. Meine Tochter sagte voller Stolz: *„Papa, das ist mein Beitrag, um dich nach Ruanda zu bringen."* Ich war zu Tränen gerührt, und ehrlich gesagt habe ich immer noch keine Ahnung, wie sie so eine Summe erreichte.

Noch im Dezember buchte ich den Flug, bezahlte das Hotel und schloss eine Reiserücktrittsversicherung ab. Ich dachte, wenn etwas Unvorhergesehenes kommen sollte, dann ist nicht das ganze Geld futsch.

Bereits Mitte Januar waren die 10.000 € überschritten. Ein echtes Wunder. Im Vorfeld hätte ich so etwas nie für möglich gehalten.

Drei Tage später bekam meine Frau die Diagnose Krebs. Ich dachte, ich sei im falschen Film. Sofort hatte ich die Krebsstorys meiner Eltern vor Augen. Paps verstarb 11 Monate nach der Diagnose 2012 und Mutter zwei Monate nach der Diagnose 2013.

Am nächsten Tag saß ich am PC und schaltete nach einiger Zeit ERF POP ein, was ich nur hin und wieder mache. Es lief das Lied *King of My Heart* von *Kutless*. In dem Lied ist die Rede davon, dass der König meines Herzens der Wind in meinem Segel sein soll, der Anker in den Wellen, dass er es gut mit mir meinte und mich nicht im Stich lassen würde. Es passte perfekt in die Situation und gab mir Mut und Hoffnung. Ich machte es zu meinem Handy-Klingelton und wusste einfach, dass sich das Schicksal meiner Eltern bei meiner Frau nicht wiederholen würde. Die schwere Last blieb trotzdem.

Dazu fielen mir noch zwei Sätze ein:

- **Das Leben ist echt nicht immer fair, aber Gott meint es immer gut.**
- **Gott gibt uns nicht immer das, was wir wollen, aber alles, was wir brauchen.**

Zu meiner Frau sagte ich: *„Schatz, ich habe keine Ahnung, wie tief das Tal ist, wie weit der Weg ist, aber eines Tages werden wir dahinten auf dem Berg sein, uns auf eine Bank setzen, eine Flasche Limo trinken und alles wird vorbei sein. Lass uns einen Tag um den anderen nehmen und* uns keine Sorgen um das Morgen machen, denn das wird uns die Kraft für das Heute rauben. Gemeinsam werden wir es schaffen."

Dazu sagte ich noch: „Ich werde hier an dieser Stelle den Muskathlon nicht aufgeben. Ich kümmere mich um dich und um unsere Tochter, und wenn dann noch Zeit ist, trainiere ich. Was im Mai ist, wissen wir heute nicht."

Wir fuhren zusammen zu den Besprechungen in die Klinik, aber es kam alles ganz anders, als uns die Ärzte gesagt hatten: Der Krebs war nicht gutartig, sondern bösartig; nicht eine OP war nötig, sondern zwei; nicht nur eine Hormontherapie, nein, Chemo mit anschließender Bestrahlung kamen dazu. Das volle Programm. Aber jedes Mal, wenn eine schlechte Nachricht kam, kam auf der anderen Seite eine Spende oder ein Mut machendes Wort an – das gab mir neue Kraft.

An unserer Tochter ging das nicht spurlos vorbei; es hat sie sehr beschäftigt. Sie hatte Angst, die Mama zu verlieren. Es waren viele Gespräche, tröstende und Mut machende Worte nötig.

Die beiden OPs waren überstanden und es war Anfang Mai. Wir gingen zusammen ins Krankenhaus, um die bevorstehende Chemotherapie zu besprechen. Ich erzählte den zuständigen Ärzten von meinem Muskathlon. Die Antwort: „Wir können darauf keine Rücksicht nehmen; Sie haben die Termine zu nehmen, die sie bekommen." Beim Blick auf die Termine sehe ich: Die erste Chemo ist eine Woche vor Abflug nach Ruanda und die zweite erst, wenn ich wieder zurück bin.

Der Tag der ersten Chemo ist da, und meine Frau verträgt sie gut. Gott sei Dank! Ein paar Tage später bekomme ich auch die Freigabe von ihr, nach Ruanda fliegen zu dürfen.

Vier Tage vor Abflug ist die 12. Patenschaft für ein Kind von Compassion vermittelt, und zwei Tage vor Abflug betete ein Mann des Gebetskreises aus unserem Dorf, dass noch jemand 120 € überweist. 20 Minuten später bekomme ich eine WhatsApp-Nachricht: 20.000 € sind voll für den König. Da hatte einer den Sturm, der über uns hinweggefegte, benutzt, um aus 10.000 € über 20.000 € zu machen.

Einen Tag vor Abflug sagte meine inzwischen 9-jährige Tochter zu mir: *„Papa, du kümmerst dich jetzt um die Kinder in Ruanda, und ich kümmere mich hier um die Mama."* Wow, die Worte haben mich sehr berührt. Ich konnte mit ruhigem Herzen nach Ruanda fliegen. Freunde hatten ihre Hilfe angeboten, solange ich weg bin; aber es wurde keine einzige Hilfe nötig.

Das Größte für mich in Ruanda war, nach 7 Stunden und 45 Minuten sowie 120 Kilometern und über 1800 Höhenmetern ins Ziel zu fahren, mein Patenkind in den Arm zu nehmen und den Jungen auf mein Fahrrad zu setzen. Alle Schmerzen und Anstrengungen waren vergessen. Mit der Gewissheit, das Richtige getan zu haben, und mit dankbarem Herzen kam ich aus Ruanda wieder. Das Erlebte gab mir neue Kraft und Mut für den weiteren Weg.

Vom 3-wöchigen Chemo-Rhythmus ging es in den Wochen-Rhythmus. Ich kann mich noch gut erinnern: Es war Mitte Oktober gegen Ende der Chemotherapie. Ich saß an meinem Schreibtisch, schlug meine Bibel auf, las Matthäus 11 und blieb am Vers 29 hängen. Da spricht Jesus zu seinen Jüngern: *„Ich meine es gut mit euch!"* (HFA Gerechtigkeitsbibel) Was für Mut machende Worte mitten in unsere Situation hinein!

Mir liefen die Tränen herunter, denn da stand Jesus selbst hinter mir. Er legte mir die Hand auf die Schulter und sprach: *„Mach dir keine Sorgen! Ich meine es gut mit deiner Frau, ich meine es gut mit deiner Tochter und ich meine es gut mit dir."* Die Worte gaben mir neue Kraft und Mut, die letzten Stücke des Weges noch zu gehen.

Nach der Chemo kam dann die Bestrahlung und im Januar 2018 die Reha. Diese Zeit war noch einmal sehr herausfordernd. Tochter, Schule und Job, alles unter einen Hut zu bringen. Aber mit den Worten und der Gewissheit im Rücken, dass er es gut meint, ging es.

Es ist Palmsonntag 2018, ein herrlicher, warmer Frühlingstag mit strahlender Sonne. Unser Dorf liegt auf einem Hügel; für mich ist es „der Berg", denn von allen Seiten aus geht es hoch. Ich mache mit meiner Frau einen Spaziergang. Wir setzen uns auf den fast höchsten Punkt auf eine Bank. Ich hole aus meinem Rucksack zwei Gläser und gieße Zitronenlimonade ein. Wir trinken sie und haben dabei Tränen in den Augen. Wir danken Gott, dass er uns da durchgeführt hat. Gott sei Dank, bis zum heutigen Tag ist sie krebsfrei.

Das Leben ist echt nicht immer fair, aber Gott meint es immer gut mit dir! **Gib niemals auf! Steh auf!**

Gerd Gugel | Jg. 1967 | verheiratet | 1 Tochter | Stockach-Gomaringen | Fertigungsmeister

Wie ich vom Karriere-Tiger zum ErmuTIGER wurde

Ich bin 1991 Christ geworden – alter Schwede, ist das lange her! Aber was heißt Christsein eigentlich ganz genau, fragen mich Freunde ab und zu. Nun, ich habe mich vor vielen Jahren entschieden, ganz bewusst ein Leben mit „Gott an meiner Seite" zu leben. Die beste Entscheidung meines Lebens, über die ich mich bis heute jeden Tag aufs Neue freuen kann – als ob ich im Obelix-Style in einen Zaubertrank voller Freude gefallen wäre. Wie sich das anfühlt? Das könnt ihr nachlesen: im Neuen Testament in Apostelgeschichte 2 Vers 25, wo beschrieben wird, was ein Herz wirklich fröhlich macht.

Und trotzdem hatte ich einige Aufs und Abs in den ersten Jahren meines Christseins, weil ich meine „wahre Identität" erst noch finden musste. Was es mit der Bedeutung der Identität auf sich hat, möchte ich hier genauer erklären.

Ich lese immer wieder mal Umfrage-Werte bezüglich „Glauben in Deutschland", und es sind immer so zwischen 65 und 70 % der Deutschen, die scheinbar an einen Gott glauben. Unglaublich eigentlich, wenn man sieht, wie viel Angst wir Deutschen trotzdem noch haben, sodass der Begriff „German Angst" inzwischen schon weltweit ein Stigma und eine Beschreibung für unser ängstlich-deutsches Gemüt ist. **Ich habe gelernt, dass „an Gott zu glauben" und ihm wahrhaft „nachzufolgen" zwei völlig verschiedene Dinge sind.**

In all den Jahren meines Christseins seit 1991 durfte ich zwar viel Gutes erleben, aber ich hatte oft das Gefühl, nicht wirklich „frei" zu sein. Und irgendwie ging es mir viel zu langsam voran in meiner beruflichen Entwicklung und auch im Privatleben. 2008 ist dann etwas passiert, das mein Leben tatsächlich komplett veränderte. In einem Gespräch mit Gott (ja, ich erlebe, dass ER nicht nur hört, sondern auch antwortet) fragte mich Gott (ausgelöst durch eine Predigt von Joyce Meyer) ganz deutlich, ob ich denn wüsste, wer ich vor Gott sein solle? Ob ich mir meiner Identität, wie er mich haben möchte, bewusst sei?

Schwierige Frage! Wenn ich dich jetzt fragen würde: „Was ist deine Identität? Wer möchtest du sein im Leben?", hättest du darauf sofort eine Antwort? Es ging sogar noch tiefer. Je länger ich darüber nachdachte, was ich Gott und mir selber antworten würde, hatte ich das Gefühl, dass der springende Punkt in der Formulierung lag. *„Wer willst du sein im Leben?"* ist eine andere Frage als *„Wer sollst du sein im Leben?"* Denn das Letztere beinhaltet ja die Vorstellung, dass Gott einen konkreten Plan für mein Leben hat und eine ganz klare Vorstellung davon, wie er sich „diesen David" (meine Wenigkeit) ursprünglich in seiner „besten Version" ausgedacht hatte.

Um es abzukürzen: Nach einigen Tagen intensiven Nachdenkens und einiger Gespräche mit Gott hatte ich eine Art Selbst-Erkenntnis. **Worauf Gott wohl viele Jahre gewartet hatte, war meine bewusste Entscheidung, ein ganz bestimmter Menschen-Typ zu werden, welcher die „wahre Nachfolge Jesu" beschreibt: EIN ERMUTIGER!**

Als ich mich 2008 ganz bewusst dafür entschied, meinem Egoismus den Kampf anzusagen und viel mehr Energie darauf zu verwenden, andere Menschen zu ermutigen und ihnen Hoffnung zu bringen, anstatt mich ständig nur um meine Karriere und mein Ego zu kümmern, da passierten plötzlich die verrücktesten Dinge. Nicht nur, dass ich auf einmal beruflich viel mehr Erfolg hatte, als je zuvor, nein, ich hatte plötzlich eine Leichtigkeit in allem, was ich tat, weil nun der Druck weg war, es mir und allen beweisen zu müssen.

Das ist ein großes Problem in Deutschland, dass wir uns viel mehr nach der Anerkennung anderer sehnen, als dass wir uns fragen, was

Gott wohl von uns denkt. Diese Sucht nach Anerkennung lässt den einen zum Workaholic werden und den anderen zwölfmal am Tag sein Instagram und Facebook checken, ob das letzte Selfie auch genügend Likes (!) bekommen hat. Unsere Gesellschaft suggeriert uns ständig, dass wir nicht gut genug sind und dass wir jeden Tag etwas zu beweisen haben, wenn wir mithalten wollen im Gedränge nach Anerkennung und Vorzeige-Erfolgen.

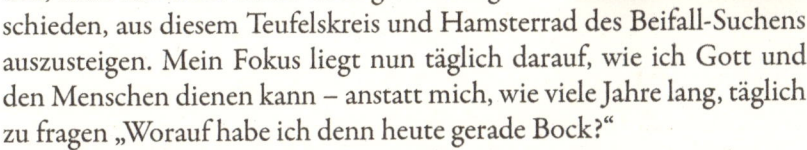

Als ich mich entschied, ein Ermutiger zu werden, habe ich mich damit auch gleichzeitig entschieden, aus diesem Teufelskreis und Hamsterrad des Beifall-Suchens auszusteigen. Mein Fokus liegt nun täglich darauf, wie ich Gott und den Menschen dienen kann – anstatt mich, wie viele Jahre lang, täglich zu fragen „Worauf habe ich denn heute gerade Bock?"

Dieses Leben nach dem Lustprinzip hatte ich 2008 satt – weil es einfach **nie genug** (!) war. Mein Herz schien damals ein großes Loch zu haben, durch das alles hindurchfiel, was ich mir holte, um vermeintlich glücklich zu sein. Wenn ich nun morgens aufstehe, habe ich seither ein bestimmtes Ritual: Ich sage spätestens beim Duschen, wenn ich einigermaßen bei klarem Verstand bin: *„Gott, ich will DIR heute dienen! Du darfst mich gebrauchen, wenn du heute jemandem durch mich etwas Gutes tun willst!"*

Mit dieser Aussage startet mein Tag, und ich könnte euch sehr viele Mutmach-Geschichten erzählen, die ich durch diese neue Haltung erlebt habe. Vor einem Jahr zum Beispiel hatte ich eine Frau zum Coaching bei mir, die es durch diverse Krankheiten und familiäre Probleme nicht einfach hatte. Einige Wochen nach ihrem Besuch rief ich sie an, um mich zu erkundigen, ob das Coaching ihr geholfen habe, gezielt Schritte in die Veränderung zu machen, und wie es ihr denn ergangen sei.

Sie sagte mir am Telefon, dass es ihr gut ginge und sie sehr fleißig an ihrem Verkaufsprogramm arbeite (sie ist solo-selbstständig), sie jedoch oft frustriert sei, weil ihr alter PC ab und zu so krass abstürze, dass schon einige Male der komplette Text eines ganzen Arbeitstages verschwunden sei!

„Waaaaas?", reagierte ich am Telefon. *„Du schreibst sieben Stunden und dann ist das am nächsten Tag weg??!!"* *„Ja, genau!"*, antwortete sie.

In diesem Moment hatte ich sofort den Impuls, ihr zu helfen und fragte sie, was denn ein PC, den sie sich vorstelle, kosten würde. Sie habe einen bestimmten Laptop vor Augen, doch habe sie für dieses Modell nicht das Geld, erklärte sie mir. **Der nächste Impuls, den ich bekam (von oben – so arbeitet Gott mit seinen Ermutigern), war, ihr finanziell zu helfen:** *„Würde es dir helfen, wenn ich dir 500 € ausleihe?"* Ihre überraschte und freudige Reaktion: *„Eeeeecht jetzt?"* *„Klar, ich helfe dir gerne"*, war meine Antwort. Doch kaum hatte ich es ausgesprochen, da wurde auch schon der nächste göttliche Impuls in mein Ohr geflüstert, und ich verstand sonnenklar diese Worte: *„David, schenk ihr die 500 €!"*

Ich muss dazu sagen, dass ich kein wohlhabender Mensch bin; welcher Künstler in Deutschland ist das schon? Noch dazu bin ich gebürtiger Schwabe mit einer großen Leidenschaft für Schottland. Deswegen musste ich kurz schlucken, aber die Basis und Voraussetzung des Ermutiger-Daseins für Gott basiert ja zu 100 % darauf, dass ich Gott **vertraue**, dass er sich um mich kümmert und mich mit allem top versorgt, wenn ich mich um seine „Menschlein" kümmere. Guter Deal finde ich. Kann man nachlesen in Matthäus 6,33 (HFA). Da heißt es: *„Setzt euch zuerst für Gottes Reich ein und dafür, dass sein Wille geschieht. Dann wird er euch mit allem anderen versorgen."*

Also sagte ich ihr: *„Weißt du was, ich glaube, ich schenke dir die 500 € einfach!"* Ich weiß nicht, ob ihr schon mal erlebt habt, wie es sich anhört, wenn eine Frau am Telefon vor Freude ausrastet, aber ich glaube, ich hatte noch Tage später einen schweren Tinnitus im Ohr!

Gesagt getan, ich überwies ihr das Geld sofort. Doch einige Minuten später, als ich auf die Uhr schaute und daran dachte, dass meine Frau Helena bald nach Hause kommen würde, hatte ich plötzlich das Szenario vor Augen, wie sie sich meine Geschichte anhören würde und mich dabei entsetzt anschaute. *„Waaas? 500 €? Du weißt schon, dass wir keine Millionäre sind ... Und du kennst die Frau doch gar nicht!"* Ein Glück, dass meine Frau mich liebt und obendrein noch ein großes Herz hat, sodass sie nur positiv auf meine verrückte Aktion reagierte und cool sagte: *„Super! Gut gemacht! Ich freu mich, dass du ihr helfen konntest."* Um meine Großzügigkeit zu rechtfertigen (was ich gar nicht gemusst hätte) sagte ich: **„Weißt du Helena, ich glaube, dass Gott uns das sowieso doppelt zurückgibt, weil er es liebt, wenn man Menschen großzügig hilft!"**

Danach wurde nicht mehr darüber gesprochen. Das Leben ging weiter und einige Tage vergingen, bis ich plötzlich mit offenem Mund und aufgerissenen Augen an meinem PC saß. Ich war gerade dabei, eine Überweisung online zu tätigen und stolperte beim Checken des Kontostands über einen mysteriösen Geldeingang von exakt 1.000 €. Ein Mann, den ich erst einmal im Leben gesehen hatte, hatte mir das Geld überwiesen und dazu geschrieben, er habe den **göttlichen Impuls** bekommen, mich in meiner Arbeit mit genau diesem Betrag zu unterstützen.

Unfassbar! Ich weiß noch, wie ich an diesem Tag durch die Wohnung schwebte – nicht wegen des Geldes, sondern weil ich wieder einmal erleben durfte, **wie treu Gott ist**, und wie sehr er es liebt, uns mit kleinen Fingerzeigen bewusst zu machen, dass er uns sieht und es belohnt, wenn wir seinen geliebten Menschen unsere Aufmerksamkeit und Empathie schenken.

Solche Erlebnisse machen mir Mut, diesen Weg des Ermutigers immer weiterzugehen, um noch mehr solcher verrückter Abenteuer mit Gott zu erleben. **Diese Art zu leben, macht mich wirklich glücklich**, weil es nichts Erfüllenderes gibt, als Menschen zu überraschen, ihnen eine wirkliche Freude zu machen und zu sehen, wie sie aufblühen, weil man sich ernsthaft für sie interessiert und ihnen zur Seite steht. Genau so sollte eigentlich unser aller Leben funktionieren, denn ich bin überzeugt, dass Gott sich die Menschen ursprünglich als Wesen ausgedacht hat, die erst dann die wahre Freude des Lebens entdecken, wenn sie **füreinander da sind!**

Jesus hat uns damals in einer seiner Reden ganz bewusst ein Lebens- und Erfolgsgeheimnis verraten, das jedoch nur wenige Menschen in unserer zunehmend gleichgültiger werdenden Gesellschaft erkannt haben: **„Geben macht glücklicher als Nehmen!"**

David Kadel | Jg. 1967 | verheiratet | 1 Kind | Aachen | Inspirations-Trainer | www.davidkadel.de, www.fussball-gott.com
Sein neues Mutmach-Buch „WIE MAN RIESEN BEKÄMPFT",
www.wiemanriesenbekaempft.de

„Niemals werde ich dich heiraten!"

Ihre Worte waren klar und deutlich. Ich hatte damit auch schon gerechnet. Sie war ja erst 16 und ich 19 Jahre alt. Wir kannten uns seit neun Tagen, und ich hatte jüngst eine schmerzliche Trennung hinter mir, weshalb ich mir eigentlich vorgenommen hatte, erst mal keine Frau zu „daten". Ich wollte lieber persönlich wachsen. Aber diese Gelegenheit konnte ich nicht verstreichen lassen. Seitdem ich sie neun Tage zuvor zum ersten Mal gesehen hatte, als sie die Treppenstufen der Bibelschule hochgekommen war, hatte ich mich komplett an ihre Schönheit verloren. Dabei war ich doch einer der Leiter des Missionseinsatzes in der Ukraine, und wir hatten die Regel, dass während dieser Zeit keine Dates stattfinden dürfen.

Ich hatte Gott jeden Tag der letzten Woche darum gebeten, mir ihr Gesicht vor den inneren Augen zu löschen und sie aus meinen Gedanken zu entfernen, aber es hatte einfach nicht geklappt. Und dann hatte ich die verrückte Idee, ihr einfach zu sagen, dass sie die Frau ist, die ich heiraten würde.

Ich hatte mir mal eine Liste mit allen Punkten gemacht, die eine Frau erfüllen sollte. Darauf stand unter anderem, dass sie Gott lieben solle und bereit sein, ihm zu dienen. Außerdem sollte sie blond sein und noch einiges andere. Und dann war sie aufgetaucht.

Nach neun Tagen des Missionseinsatzes also bat ich sie um ein Gespräch, in dem ich ihr einen Heiratsantrag machte, jedoch gleichzeitig betonte, dass ich momentan noch keine Beziehung will, sondern erst einmal persönlich wachsen möchte. Wie vom Donner gerührt schaute sie mich an. Damit hatte sie nicht gerechnet. Ohne nachzudenken und mit klarer Entschlossenheit gab sie mir einen Korb.

Wir freundeten uns trotz dieses seltsamen Erlebnisses an und begannen, zwei Jahre lang wöchentlich jeweils zwei Stunden zu telefonieren. Ich nahm mir von Anfang an vor, ihr niemals ein Kompliment zu machen. Ich wollte, dass Gott mir ihr Herz zuwendet. Nicht noch einmal wollte ich eine zerbrochene Beziehung mit allen Konsequenzen erleben. Also sagte ich mir: *„Lieber Single bleiben, als eine Beziehung, die Gott nicht gewollt hat."*

Ich betete jeden Tag für sie und versuchte, ihr Gesicht aus meinen Gedanken zu löschen. Aber es gelang mir nicht. Im Gegenteil, mein Verlangen nach ihr wurde sogar noch stärker.

Dieser Prozess ging über zwei Jahre so weiter. Sie lernte meine Freunde kennen und ich ihre Familie. Wir gingen zusammen mit unserem Freundeskreis in verschiedene Urlaube und besuchten uns ab und zu. In den zwei Jahren sprachen wir kein einziges Mal darüber, ob wir jemals irgendwie in einer Beziehung sein würden.

In dieser Zeit betete ich sehr viel zu Jesus und sagte ihm, wie sehr ich mir wünschte, dass sie meine Frau würde. Immer sprach ich aber: *„Herr, dein Wille geschehe und nicht meiner. Wenn ich eine andere Frau oder gar keine heiraten soll, dann ist das gut so."*

Im Jahr 2011 traf ich mich mit ein paar Freunden, um „prophetisch zu malen". Das bedeutet, dass wir auf einem Blatt Papier ein Bild malen, von dem wir glauben, dass es vom Geist Gottes inspiriert wurde. Wir setzten uns also in einem Kreis zusammen. Dann stellten wir einen Timer, und jeder malte einfach drauf los, was gerade so in seinem Kopf war.

Nach 30 Sekunden gaben wir alle unser Blatt an unseren linken Nachbarn weiter. Das ging so lange, bis am Ende jeder sein ursprüngliches Blatt wieder in den Händen hielt. Ich war sprachlos. Auf meinem Blatt sah ich einen Bergsteiger, der einen sehr steilen Berg hochkletterte, um an einen Baum mit reifen Früchten zu gelangen. Jedoch lag vor ihm eine düstere Gewitterwolke, die den Aufstieg erschwerte. Anschließend jedoch war auf dem Bild ein Sonnenaufgang und ein Vogel zu sehen, sowie eine Hand, die dies alles geführt hatte. Und genau so kam es auch. Mein Wunsch nach dieser Frau war so anstrengend, wie in dem Bild beschrieben. Aber es war auch Hoffnung darin.

Gott sprach auch noch auf andere Weise zu mir. Einmal sagte ich im Gebet zu Gott, dass diese Frau für mich wie ein Schiff ist, das gerade in einer Werft gebaut wird und irgendwann in das „große Meer der Ehe" vom Stapel gelassen wird.

Im Jahr 2011 kam ein Freund zu mir und meinte, Jesus habe ihm ein prophetisches Bild für mich gegeben. Er sah ein Schiff am Horizont, das Kurs auf eine Insel hielt. Im Frühjahr 2012 kam ein anderer Freund und sagte, der Herr habe ihm ein Bild für mich gezeigt, in dem ein Schiff auf eine Insel zusteuere und schon ganz nah sei.

Ende August 2012 sprach meine Angebetete mich an und fragte mich, ob ich denn noch irgendwelche Gefühle für sie hege. Ich antwortete ihr, ich würde sie immer noch heiraten und noch genauso lieben wie damals, als ich sie nur neun Tage kannte. Sie wiederholte ihre Worte von damals und meinte, sie würde mich niemals heiraten, sondern einen anderen Mann. Sie war zu dem Zeitpunkt allerdings in keiner anderen Beziehung.

Zwei Monate später meinte sie außerdem, dass sie weniger Kontakt mit mir wünsche und wir nicht mehr regelmäßig miteinander sprechen sollten. Das war wohl die angekündigte dunkle Gewitterwolke in diesem prophetischen Bild. Es war schrecklich. Ich fühlte mich elend und floh ins Gebet. Dort warf ich Jesus mein Herz hin und flehte um Hilfe. Er solle mir doch meine Gefühle für sie wegnehmen.

Doch Ende des Jahres sagte mir Gott, dass ich sie heiraten werde. Über Neujahr machte ich mit einem guten Freund in der Slowakei für eine Woche Urlaub. Jedes Jahr nehmen wir uns diese Zeit zum Gebet und Gespräch.

Ich war alleine im Hotelzimmer und kniete weinend neben dem Bett. Ich betete: *„Sag mir jetzt endlich, ob ich diese Frau heiraten werde – ich halte es nicht mehr aus! Du weißt doch schon, was passieren wird."* **So hatte ich vorher noch nie gebetet**, denn meine Erfahrung war, dass Jesus mir immer auf meine Fragen antwortete, und ich hatte Angst, dass er nein sagen würde. Doch ich musste es jetzt wissen. Am selben Abend lief ich noch alleine an der Donau entlang und sprach mit Jesus. Plötzlich hörte ich eine leise Stimme in mir, die einfach nur sagte: *„Ja, du wirst sie heiraten."*

Im April 2013 kam eine Freundin zu mir. Sie meinte, Jesus habe ihr ein Bild gezeigt, in dem ich ein Schiff mit einem großen Tau zu mir heranzog. Ich stand dabei auf einem Dock und das Schiff war schon im Hafen.

Eine Woche später bat meine Angebetete um ein Gespräch mit mir. Sie wolle mich persönlich am Abend treffen. Ich erschrak. Wollte sie etwa noch mehr Abstand von mir? Ich ging sofort ins Gebet und fragte den Herrn, was das soll. Er beruhigte mich mit seinem überwältigenden Frieden und sagte: *„Heute wirst du den Lohn für deine Geduld erhalten. Jetzt bist du bereit."*

Wir trafen uns am Waldrand auf einer Bank. Ich rechnete mit allem. Sie redete nicht lange um den Brei herum und meinte direkt: *„Mir ist es nun klar geworden: Du bist der Mann, den ich heiraten will."*

Es bleibt noch zu erwähnen, dass sich in den Jahren zuvor bei mir vieles verändert hatte. Über Jahre hinweg war ich süchtig nach Pornografie gewesen. Jesus hatte mich davon befreit, und so ging ich ohne diese Sucht in die Beziehung. Außerdem hatte ich mich sehr wenig um mein

Äußeres gekümmert. Ich trug viel zu große Shirts, ließ meinen Bart wild wachsen und hatte lange Haare. Ich dachte mir, meine zukünftige Frau solle sich eher in mein Inneres verlieben als in mein Äußeres. Diese Annahme erwies sich rückblickend als problematisch. Ich erkannte erst im Nachhinein, dass Frauen eben auch Wert auf äußere Schönheit legen, auch wenn sie noch so gute Christen sind. Vor allem war es aber die Selbstablehnung, von der ich frei wurde, und ich fing an, mich selbst attraktiv zu finden. In diesem Zuge achtete ich mehr auf Körperhygiene und schöne Kleidung. Sehr zum Wohlgefallen meiner jetzigen Frau, mit der ich nun schon drei Kinder habe und seit sechs Jahren verheiratet bin.

Jabin Jäckle | Jg. 1991 | verheiratet | 3 Kinder | Bad Bergzabern | Hauptamtlicher Leiter CVJM Praiseland e.V., www.praiseland.de / zertifizierter Coach für Männer, www.encori.de / Theologiestudent / Vorsitzender der Freizeitarbeit Heart of the Kingdom e.V.

Kann man davon leben?

Es war schon irgendwie lustig und traurig zugleich – der Moment, wenn wir unsere Briefe abholten. Als junger Kerl besuchte ich eine Bibelschule, und wir waren immer gespannt auf die Post: „Ist etwas für mich dabei?" Damals waren das noch so richtige Briefe aus Papier.

Weißt du, was viele zuerst taten, wenn sie einen Briefumschlag bekamen? Sie hielten ihn erst einmal gegen das Licht. Warum das? Genau! Um zu sehen, ob ein Geldschein durchschimmert!

Das war mein erster persönlicher Eindruck davon, wie es aussieht, wenn man von Spenden lebt. Es kamen weitere Geschichten hinzu, die ich jetzt nicht alle erzählen will: Geschichten von verschuldeten Missionaren, die auf Pump ihre Flugreisen „finanzierten", oder von „Vollzeitlern", deren Gebetsleben sich vor allem um das Geld drehte. Eines war mir klar: *„Du wirst nie von Spenden leben!"*

Wir machen jetzt einen Sprung von über 20 Jahren. Inzwischen hatte ich eine fünfköpfige Familie, und einige ungewöhnliche berufliche Wege lagen hinter mir. Wieder einmal stand ich vor einer beruflichen Weggabelung und wusste nicht, wie es weitergehen würde. Klar, Gott hatte bestimmt einen Plan, aber: *„Wie sieht der aus?"*

Es war eine Phase von mehreren Monaten, in der ich viel Zeit im Gebet verbrachte, um herauszubekommen, wie es weitergehen sollte. Kleiner Tipp am Rande: Wenn du nicht mehr weißt, wie es weitergeht, bete so lange, bis du es herausgefunden hast!

Ich machte mir so meine Gedanken und erinnerte Gott daran, dass ich zu fast allem bereit sei, außer zu einem: von Spenden zu leben. Von mir aus wieder eine Firma gründen, notfalls einen Job annehmen – Hauptsache, ich kann davon meine Familie ernähren! Tja, und wie es halt so oft ist bei Gott: Er hat ganz andere Pläne und Gedanken als wir …

Ich will es mal so ausdrücken: Gott hat mich „weichgekocht". Denn was kam am Ende dieser längeren Gebetsphase heraus? Du ahnst es vermutlich schon: Ich sollte von Spenden leben!

Gott gab mir 2004 die Vision einer christlichen Männerzeitschrift, die Männer ermutigen sollte „online mit Gott" zu gehen und „online" zu bleiben – denn das ist noch viel schwerer. Der Clou dabei: Die Zeitschrift sollte nicht verkauft, sondern verschenkt werden. Es sollte ein Dienst sein, der nichts kostet und den sich deshalb jeder leisten kann. Gott versprach, dass er sich um die Finanzen – auch um uns als Familie – kümmern würde.

Wow! Das haute mich um. Eine Männerzeitschrift? Von Spenden finanziert? Wir als Familie auch von Spenden leben? **Entweder hatte ich mich ordentlich „verhört" – oder Gott hatte gesprochen. Aber das kann man am besten herausfinden, indem man erst einmal tut, was man gehört hat!** Also fing ich an, ein Zeitschriftenkonzept zu entwerfen, Freunde zu kontaktieren, die Vision mit ihnen zu teilen und einen Trägerverein zu gründen.

Ich kratzte für die Erstausgabe Ende 2004 meine Ersparnisse zusammen und brachte die erste Ausgabe heraus. Ob sie sich wohl refinanzieren würde? Wenn nicht, hätte ich ein echtes Problem! Aber Gott war treu – wie immer – und ich hatte mich nicht verhört. Die Herstellungskosten kamen über Spenden wieder herein, und ein Spenderkreis aus Freunden unterstützte uns als Familie. Die ersten Schritte waren getan!

Es war für mich damals fast peinlich, wenn mich jemand fragte: *„Wer steht denn hinter der Zeitschrift? Welcher Verlag oder welche Organisation?"* Ich sagte dann etwa: *„Niemand Großes, nur ich und ein kleiner Verein."* Aber diese Antwort gefiel Gott gar nicht. Ich bekam ein richtig schlechtes Gewissen. Es war, als ob Gott zu mir sagen würde: *„Niemand Großes steht hinter der Zeitschrift? Bin ich nicht groß genug?"* Gott hatte mal wieder Recht, nicht ich. Für die Aussage „niemand Großes" musste ich echt Buße tun!

Manchmal kam auch die Bemerkung: *„Adam online ist ein Ein-Mann-Betrieb, oder?"* Nein, ganz und gar nicht! *Adam online* ist dann schon eher ein **„Ein-Gott-Betrieb"**! Außerdem kommt jede Ausgabe nur durch die Mitwirkung von Mitarbeitern, Autoren und Dienstleistern zustande – und nicht zuletzt durch die Spender.

Manche fragen mich bis zum heutigen Tage: *„Was machst du sonst außer Adam online?"* Das kommt dann immer mit dem Unterton: *„Na, das kann ja wohl nicht alles sein, und davon allein kann man ja wohl nicht leben!"* Sorry, aber wer so fragt, hat keine Ahnung! Wenn Gott dir eine Vision oder eine Berufung gibt und dein Herz dafür brennt und du einen entsprechenden Dienst startest, dann ist das doch keine Freizeitbeschäftigung! Ich erkläre dann immer, was an *Adam online* alles dranhängt und dass die gedruckte Zeitschrift ja nur ein Teil des Dienstes ist, zu dem auch Online-Medien und andere Dienstleistungen gehören.

Krass war auch, als meine Mutter mich noch vor etwa zehn Jahren fragte: *„Wann wirst du endlich anfangen, etwas Ordentliches zu arbeiten?!"* Ordentlich arbeiten, das bedeutet für sie, so zu arbeiten wie mein Vater früher: als Angestellter in einer Bank, mit einem festen Gehalt und klar geregelten Arbeitszeiten.

Mit *Adam online* gehen wir jetzt ins 17. Jahr. Der Dienst lebt immer noch von Spenden, ich auch. Manche fragen mich: „Kann man davon leben?" Dann sage ich in der Regel: „Na ja, eigentlich nicht, wenn man es genau durchrechnet. Aber Gott schafft es doch irgendwie!" Ich habe es niemals bereut, damals auf Gott gehört zu haben und ihm alles zuzutrauen.

Kann man von Spenden leben? Ja, wenn das dein Weg ist, den Gott dir zeigt. Gott hat viele Möglichkeiten, uns zu versorgen. Er kann dir einen tollen Job geben, er kann dich eine erfolgreiche Firma gründen lassen – oder dich eben über Spenden versorgen. Aber es ist immer Gott, der dich versorgt, dass wollen wir nie vergessen. Ihm kannst du alles zutrauen.

Emmerich Adam | Jg. 1960 | verheiratet | 3 Kinder | Gießen | Diplom-Theologe, Chefredakteur von Adam online | www.adam-online.de

Millionäre guter Früchte

Du bist schon ein Millionär an guten Früchten.

Was, ich? Ja, du! Wie ist das gemeint?

Ich will von zwei solchen Millionären erzählen:

Mitte der siebziger Jahre musste ich mich beruflich neu orientieren und entschloss mich, Heilerziehungspfleger zu werden. Ich besuchte deshalb ein Zentrum für geistig Behinderte. Einer der dortigen Zivis führte mich durch das Zentrum. Als ich ihm von meiner Entscheidung erzählte, schüttelte er den Kopf und meinte, dass wir doch gar keine Heilerziehungspfleger mehr bräuchten. Was wir denn bräuchten, fragte ich ihn – keine Ahnung, warum ich ihn für kompetent hielt. Aber er antwortete knapp: Psychologen. – Und mir wurde klar: Ich studiere Psychologie.

Zwar überlegte ich mir das noch gründlich und holte auch Rat ein, aber den ersten Impuls hatte mir der Zivi gegeben. Und die Merkwürdigkeit der Führung setzte sich fort: Ich hatte einen Beratungstermin beim Arbeitsamt. Der Berater erklärte, dass ein Psychologiestudium mehr Statistik als praktische Ausbildung sei. Dann fragte er mich, ob ich noch an seiner persönlichen Meinung interessiert sei. Ich stimmte zu, und er erzählte mir, dass er früher Jesuitenpriester gewesen sei (er war wegen seiner Heirat Berufsberater geworden). Er wolle mir einen Satz des Ordensgründers, Ignatius von Loyola, mit auf den Weg geben: *„Wir müssen das tun, was in unserem Herzen ist."*

In dem Moment riss der Himmel für mich auf, die grauen Wolken waren weggepustet. Vorher war ich noch niedergedrückt, weil ich nicht wusste, was ich mir selbst noch zutrauen konnte. Aber plötzlich kam die alte Kraft zurück, Hoffnung und Entschlossenheit, es noch einmal zu wagen, an die Universität zurückzukehren.

Der „namenlose" Zivildienstleistende hatte sicher keine Vorstellung, was er mit seiner so dahingesagten Bemerkung ausgelöst hatte. Und auch der Berufsberater weiß wohl nicht, was die Frucht seines Rates geworden ist. Trotzdem ist das „Früchtekonto" beider angewachsen.

Auch du bist ein Millionär an guten Früchten, von denen du die meisten gar nicht kennst. Sie bleiben unsichtbar, alle diese Impulse, die du schon gegeben hast, mit ihren Auswirkungen. Darauf kannst du vertrauen.

Ich möchte eine „statistische Hochrechnung" anstellen:

Ohne dich zu kennen, traue ich dir am Tag vier solche „unreifen" Bemerkungen zu, wie die des Zivis, und außerdem sechs „reife", wie die des Berufsberaters. Das ergäbe zehn Impulse pro Tag, 3650 im Jahr, und auf zehn Jahre hochgerechnet 36.500 Impulse. Wow!

Trotzdem noch ein weiter Weg zum Millionär. Ok, was sagt denn Jesu dazu?

Einiges fiel auf gutes Land und trug Frucht, einiges hundertfach, einiges sechzigfach, einiges dreißigfach (Matthäus 13,8 Luther 1984).

Mit anderen Worten: Unser Leben ist gesegnet; mindestens dreißigfach. Dann kommen wir schon auf über 1 Million: 36.500 x 30 = 1.095.000!

Bei mehr als zehn Jahren und mehr als dreißigfachem Segen wären wir schon auf dem Weg zum Früchte-Milliardär.

Aber das ist noch nicht alles! Die Netzwerkforschung nach Christakis/Fowler beschreibt das Gesetz der drei Schritte, einfach ausgedrückt: **Was wir unseren Freunden mitteilen, teilen sie wieder ihren Freunden mit, und diese wiederum ihren Freunden.** Erst dann versandet eine Botschaft. Wenn wir schon unsere direkten Früchte nicht mitbekommen, wieviel weniger die der zweiten und dritten Reihe von Freunden?

Wir sind nicht nur Reben an Jesus, dem Weinstock, sodass wir reichlich Frucht bringen (vgl. Johannes 15,5), sondern es gehen auch *„Ströme lebendigen Wassers"* von uns aus, egal wo wir sind (vgl. Johannes 7,38) – nicht aufgrund unseres eigenen Verdienstes und nicht, damit wir das merken und uns besonders fühlen, sondern damit die Liebe Gottes die Menschen erreicht. Ich habe einen Freund, der glaubt, wenn er einen Supermarkt betritt, dass Jesus (in ihm) jetzt diesen Supermarkt betritt. Und es ist wahr!

Wir bitten Gott tagtäglich um seinen Segen. Sollte er diese Bitte nicht erhören? Oder nur ein oder zweimal im Jahr? Er wird es tun! Du willst ja etwas bewirken im Leben. Dazu hat Gott uns geschaffen, als Mitgestalter. Gott ist treu, selbst wenn wir untreu sind bzw. abgelenkt, müde, krank ...

Als ich das vor ein paar Jahren einmal lehrte, kam ein Mann auf mich zu: Vor über 25 Jahren hatte ich ihm einmal einen Gebetseindruck mitgeteilt, dass Gott ihm ein Haus mit einem Torbogen geben möchte. Und ein paar Jahre später hatte er dieses Haus gefunden und wohnte noch darin. Außerdem hatte er damals gerade sein Studium abgeschlossen, und ich hatte ihm einen Tipp für eine Arbeitsstelle gegeben, wo er immer noch glücklich arbeitete. Von alldem hatte ich keine Ahnung; es waren zwei von meinen Millionen unsichtbaren Früchten sichtbar geworden.

Dies erzählte ich einige Wochen später in einem anderen Seminar, und schon kam die nächste Frucht daher. Eine Frau hatte vor fast drei Jahrzehnten von mir gehört, dass ich einen bedrohlichen Hund in Jesu Namen verscheucht hatte. Das hatte sie nie vergessen. Vor fünf Jahren war sie als Ausbilderin in Albanien in den Hügeln mit ihren Schülern spazieren. Man hatte sie schon vor den wilden Hunden dort gewarnt. Und tatsächlich kam einer angerannt. Ihre albanischen Schüler brachten sich schnell in Sicherheit, und sie war nun ganz allein mit dem Hund konfrontiert. Da gebot sie dem Hund in Jesu Namen zu weichen. Dieser drehte sich sofort um und suchte die Flucht.

Man erfährt nur selten etwas von den eigenen „unsichtbaren Früchten". Aber ich fange an zu glauben, dass ich ein Millionär unsichtbarer Früchte bin und hoffe, dass ich auch dich dazu ermutigen konnte.

Gesegnetes Leben

Hunderttausend Vögel jährlich
nisten still und heimlich
in meinen von Gott
abgezählten Haaren

Spatzen, Amseln, Tauben, Raben
mal ein Specht, zwei Störche
auch ein Adler, sogar Möwen
wühlen sich ihr Nest

Sie alle fliegen wie die Bienen dann
voller kleiner Samenkörner an den Beinen
in ihr Irgendwo
in Gottes weitem Land

Ich dagegen
kämme mir die Haare
schaue in den Spiegel
mit wachsendem Vertrauen

Ziehe in meine Tage
um Gott zu ehren
in dem
was mir vor Füßen liegt

Werner May | Jg. 1949 | verheiratet | 6 Kinder | Würzburg | Dipl. Psychologe, Autor, Herausgeber e-Magazin www.gehaltvoll-magazin.de, Dozent im In- und Ausland, 25 Jahre 1. Vorsitzender der IGNIS-Akademie für Christl. Psychologie
Aktuelles Buch: Das Verbindende Nein, www.ignis.de/shop

Wenn Gott wirklich antwortet

Ich war schon immer überzeugt, dass es einen Gott geben musste. Als Kind hatte ich mit ihm geredet, wenn es mir nicht gut ging.

Doch nach sechs Jahren katholischem Internat, Ende der 80er-, Anfang der 90er-Jahre, wollte ich mit dem Thema „Gott" nichts mehr zu tun haben. Diese Zeit war von strengen Regeln, harten Strafen und ständigem Druck geprägt gewesen. **Am Ende dieser Internatszeit verbrannte ich mit ein paar Freunden feierlich unsere Bibeln und Gesangbücher.**

Wieder zu Hause, wollte ich mein Leben nur noch in vollen Zügen genießen. Die Haare wurden länger, die Musik rauer. Nach kurzer Zeit war ich in der Heavy-Metal-Szene angekommen! Das Motto „Sex, Drugs and Rock 'n' Roll" wurde zu meinem Lebensinhalt. Ich wollte um jeden Preis leben, einfach frei sein, meine wahre Identität finden! Dafür habe ich quasi alles mitgenommen, was geht. Die harten, ekstatischen und motorischen Beats der Rockmusik und ihre (meist satanischen und gottesfeindlichen) Texte übten immer mehr Macht über mich aus.

Während ich mich anfangs noch mit Bands wie *Metallica*, *AC/DC* und *Böhse Onkelz* begnügte, wurde der Musikstil später immer krasser. Bands wie *Sepultura* (Beerdigung) und *Slayer* (Mörder) gaben mir ein unglaubliches Gefühl von Selbstbewusstsein. Gepaart mit Drogenkonsum, hatte dies alles zur Folge, dass meine Leistungen in der Berufsschule massiv sanken und ich das ein oder andere Mal mit der Polizei in Konflikt geriet.

Doch während dieser Zeit fing auch Gott an, bei mir anzuklopfen, zum Beispiel durch einen Autounfall, bei dem ich während der Fahrt unter Alkohol eingeschlafen war und auf einem Acker landete. Wie durch ein Wunder passierte mir nichts! Auch geriet ich unter Alkohol und Drogen mehrmals in Polizeikontrollen, doch waren die Polizisten wie blind und ließen mich weiterfahren.

Und das dickste Ding war schließlich, dass der Staatsanwalt ein Verfahren gegen mich einfach einstellte. Ich war mit einem nicht angemeldeten bzw. unversicherten Auto unterwegs gewesen, hatte das Kennzeichen manipuliert, mir

einen Beinahe-Frontalcrash und eine Verfolgungsjagd mit der Polizei geleistet. Wie konnte es nun sein, dass ich nicht zur Verantwortung gezogen wurde? Irgendjemand schien mich zu schützen, jemand, der mich zum Nachdenken bringen wollte.

Alle die Dinge, von denen ich mir Freiheit und Erfüllung erhoffte, hatten mich stattdessen zunehmend im Griff! **Ich war kein bisschen frei, sondern leer, unglücklich und einsam!**

Ich interessierte mich wieder für das Übernatürliche. Es musste doch mehr geben? Durch das Beschäftigen mit Gläserrücken, Kartenlegen, Geisterbeschwörung usw. machte ich dann tatsächlich übersinnliche Erfahrungen, die mich anfangs total faszinierten.

Doch es dauerte nicht lange, bis ich immer öfter Alpträume hatte, tagsüber Angstzustände und Verfolgungsängste. Wenn sich Gegenstände bewegten oder ich Dinge voraussehen konnte, fand ich es nun nicht mehr lustig! Und plötzlich dachte ich permanent an meinen eigenen Tod! Die Geister, die ich gerufen hatte, wurde ich nun nicht mehr los!

Es kam mir vor, als wäre ich der einzige Mensch, der diese geheime Welt wahrnahm! Egal, wem ich mich anvertraute, keiner nahm mich für voll, jeder belächelte mich! Ich war kurz davor durchzudrehen!

Dann, als ich gefühlt am tiefsten Punkt angelangt war, erinnerte ich mich wieder an Gott. Aus tiefstem Herzen schrie ich zu ihm: „Gott, wenn es dich wirklich gibt, wenn du da bist, dann hilf mir bitte, ich kann nicht mehr!"

Nach einem anstrengenden Arbeitstag lief ich über eine große Wiese zu meiner Wohnung, das Gewicht meines Rucksacks auf der Schulter und meinen Kopf nach unten gesenkt! Plötzlich lag etwas direkt vor meinen Füßen. Es war ein **kleines Kreuz aus Pappe**, mit Worten darauf:
Fürchte dich nicht, denn ich habe dich erlöst; ich habe dich bei deinem Namen gerufen, du bist mein! (Jesaja 43,1 ELB).
Es war, als würde der lebendige Gott vor mir stehen! Die Worte fielen direkt in mein Herz! Ich war überwältigt und berührt! Gott selbst hatte mir geantwortet! Es war einfach übernatürlich! Eine unglaubliche Ehrfurcht ergriff mich, und ich fing an zu weinen. Trost und Hoffnung begannen mich zu erfüllen ... Ich betete weiter: „*Und jetzt? Was soll ich tun? Wie geht es weiter?*"

Einige Tage später war ich in der Stadt. Mitten auf dem Marktplatz stand ein Bus, der als Café ausgebaut war, mit der Aufschrift **LEBEN**

IST MEHR. Ich ging zu meinem Auto, doch es war seltsam: Ich konnte einfach nicht einsteigen. Es war, als würde eine Stimme sagen: *„Geh zu dem Bus!"* Er zog mich an wie ein Magnet.

Ich schlich um den Bus herum. Es war mitten im Sommer, die Stadt war voll mit Leuten. Auf einmal sah ich durch die Menschenmenge hindurch einen jungen Mann, auf den ich irgendwie fixiert war. Auch er lief durch alle die Leute direkt auf mich zu.

Er hieß Markus, gehörte zu dem Café-Bus und war Christ. Ich ließ mich auf ein fünfstündiges Gespräch ein! Markus stellte mir eine Tasse Kaffee hin, auf der stand:

Wenn ihr mich von ganzem Herzen suchen werdet, so will ich mich von euch finden lassen (Jeremia 29,14 LUT).

Wow! Ich war sprachlos! Gott selbst hatte mich hierhergeführt.

Markus war der Erste, der mich ernstnahm. Anhand der Bibel zeigte er mir, dass es diese unsichtbare Welt wirklich gibt. Und er sprach von Jesus. Mir fiel es wie Schuppen von den Augen und mein Herz war ganz weit offen! **Ich wusste auf einen Schlag:** *„All das ist wahr!"*

An diesem Tag noch lud ich Jesus in mein Leben ein und den ganzen Schutt und Dreck meines bisherigen Lebens bei ihm ab! Ich bekam ein neues Herz, ein neues Leben! Eine unbeschreibliche Erleichterung, tiefe Freude und Geborgenheit erfüllten mein Herz! Ich hatte Frieden mit Gott gefunden! Ich muss nicht mehr ziel- und orientierungslos durch das Leben stolpern!

Ich möchte dir Mut machen: Gott antwortet, wenn wir nach ihm fragen und ihn suchen! Nicht irgendeine unpersönliche Kraft oder ein höheres Wesen, Gott ganz persönlich! Sei mutig und vertraue ihm! **Dein Leben wird zum wahren Abenteuer, wenn du es wagst!** Jesus wartet auf dich. Worauf willst du noch warten?

Holger Zielonka | Jg. 1976 | verheiratet | 3 Kinder | Ravensburg | Heilerziehungspfleger

Im Trauma verloren – im Leben gefunden

Es kann viel passieren in einem Leben. Theoretisch kann man sich auf alles vorbereiten. Und dann passiert es doch – das Unerwartete.
Es war das Jahr 1991. Die Geburt unserer zweiten Tochter, Daniela, war nicht einfach. Die Ärzte nannten das in ihrem Fachjargon „Sturzgeburt". Zuerst kam der Geburtsprozess nur sehr schleppend voran, und dann ging alles zu schnell. Meine Frau erlitt einen sehr hohen Blutverlust mit lebensbedrohlicher Ausdehnung. Die Ärzte handelten schnell, und dadurch wurde die Situation zu einem guten Ausgang gedreht.

Was damals nicht gedreht werden konnte, war das Trauma, in das ich gestürzt war. Ich stand in dem Kreißsaal, und ein überwältigendes Gefühl von Hilflosigkeit überflutete mich – die Angst vor dem Verlust meiner Frau und die Ohnmacht, nichts an der Situation ändern zu können.

Mit Jesus hatte ich seit 1988 eine lebendige Beziehung. Er war mir in dem Jahr persönlich begegnet, so wie damals den Jüngern nach der Auferstehung. Wir hatten längere Zeit miteinander gesprochen. Und dennoch stand ich nun mit diesem Gefühl der Gottverlassenheit tief in meiner Seele da. Mein Herz war wie betäubt. Da verstand ich im Kern den Satz *„Mein Gott, warum hast du mich verlassen?"*. Es ist ein erschütterndes Gefühl, aus dem man nicht fliehen kann.

Nachdem sich die Situation äußerlich beruhigt hatte, kam die Hebamme mit Daniela auf mich zu. *„Wollen Sie Ihre Tochter auf den Arm nehmen?"*, fragte sie mich. *„Danke, kein Bedarf!"*, war meine harte und ablehnende Antwort. Mein Verstand wusste zwar, dass Daniela für den Verlauf der Geburt nicht verantwortlich war. Aber meine zutiefst verletzte Seele und mein verlassenes Herz sprachen andere Gedanken aus. Der Schock und die innere Erstarrung waren meine Schutzreaktion. Der Körper schaltete auf „Funktionsmodus" um, und ich funktionierte nur noch über den Verstand.

Dieser Zustand hatte leider ein Problem zur Folge: Ich war nicht mehr beziehungsfähig gegenüber Daniela. Aus meinen Emotionen heraus warf ich ihr vor: *„Was hast du meiner Frau angetan! Das hat sie nicht verdient, und es ist nicht fair!"* Ich war nicht fähig, diese Emotion zu verdrängen. Die Beziehungslosigkeit zwischen Daniela und mir wurde zu einer permanent vorhandenen Mauer. Meine Frau litt unter diesem Umstand, aber sie machte mir keinen Vorwurf und klagte mich nicht an; sie verstand.

Auch nach einem halben Jahr hatte sich mein emotionaler Zustand noch nicht geändert. Ich hatte das Trauma in mir verkapselt. Keiner kam da heran, auch Jesus nicht, denn beim Öffnen dieser Kammer hätte ich mit offenem Visier dagestanden. Eine Aufarbeitung und die Verarbeitung der Wut auf das Leben hätte mir den „Sinn" für das Leben genommen, denn dazu war meine Wut geworden!

Dann musste nachträglich ein operativer Eingriff bei meiner Frau vorgenommen werden. Während sie im Krankenhaus war, passierte es.

Ich brachte Daniela und ihre ein Jahr ältere Schwester abends ins Bett. Beide schliefen in einem Zimmer. Die Nacht verlief ruhig und ohne Probleme. Am nächsten Morgen beim Aufwachen hatte ich vor meinen inneren Augen den Schriftzug: *„Daniela ist tot!"* Es war eine absolute Gewissheit, ohne jeden Zweifel! Ein weiteres Trauma ...

Ich stand auf und ging leise ins Kinderzimmer. Es war alles ruhig, die ältere Schwester schlief. Dann hob ich die Kinderbettdecke von Daniela hoch. Sie lag mit blauem Gesicht und heraushängender Zunge auf dem Bauch. Es war glasklar, sie war tot!

Erneut schaltete mein innerer Mensch in den erwähnten Funktionsmodus. Ich verließ das Zimmer und rief meine Eltern an. *„Könnt ihr bitte die ältere Schwester in einer halben Stunde abholen?"* Auf die Frage *„Warum?"* gab ich keine Antwort. Der nächste Schritt war das Aufwecken und Anziehen der älteren Schwester. *„Daniela schläft noch. Oma und Opa holen dich jetzt ab. Sie passen auf dich auf."* Meine Eltern kamen und nahmen sie mit. Ich ließ sie nicht in die Wohnung. Danach informierte ich den Notarzt. Meine Emotionen befanden sich erneut in einer Erstarrung (der Fachausdruck dafür ist „frozen state", übersetzt „Totstellreflex"). **Und wieder konnte ich der Situation nicht entfliehen.**

Der Notarzt versuchte Daniela zu reanimieren, ohne Erfolg. Bei der Obduktion wurde der Todeszeitpunkt auf Mitternacht festgelegt. Die „Reanimation" eines Menschen ist eine entwürdigende Handlung. Der Notarzt holte den toten Körper aus dem Bett. Er drückte und kniete sich darauf, bis die ersten Knackgeräusche auftraten.

In den Folgejahren, bis vor etwa sechs Jahren, war ich unfähig, in einen Trauerprozess einzutreten. Was ich nach wie vor spürte, waren Wut, Enttäuschung, Schuld und die unbeantwortete Frage „Warum?". In mir reifte die Erkenntnis, dass mein Leben so nicht weitergehen durfte! Ich wollte wieder leben: in innerer Freiheit, in Versöhnung mit meiner Biographie – auch bezüglich der dritten und behinderten Tochter. Ich wollte in innerer Gemeinschaft mit meiner Frau leben und in Versöhnung mit dem lebendigen Gott.

Mein Weg führte mich zu einer Verhaltenstherapie bei einer Psychotherapeutin. Meine Versuche mit christlicher Seelsorge im Vorfeld waren fehlgeschlagen. Warum? Zu schnell kam der im Kern richtige und gut gemeinte Ausspruch: „Lege es an das Kreuz. Gib es an Jesus ab. Lade das Schuldgefühl ab!"

Die Verhaltenstherapie half mir, hinzusehen und meine Emotionen bewusst wahrzunehmen, die Gefühle auszuhalten und die tief empfundene Schuld auszusprechen. Und schließlich konnte ich mich mit mir selbst und meiner Biographie aussöhnen! Auch die Beziehung zu meiner Frau erfuhr eine tiefgreifende Heilung. **Bezüglich der Beziehung zu dem dreieinigen Gott erlebte ich ihn neu als Vater in meinem Herzen.** Er zeigte und schenkte mir seinen Frieden, der über alle Vernunft hinausgeht. Das habe ich erlebt!

Heute bin ich ein fest in mir und in der Gottesbeziehung gegründeter Mensch. Vergebung, Barmherzigkeit, Gnade, die Wahrnehmung meiner eigenen Person und die von anderen sowie eine neu gewonnene Liebe zu Menschen und zum Leben sind meine neue Lebensqualität. Die herzliche, tiefe Vaterbeziehung zu Gott gibt mir Hoffnung, Zuversicht und den Glauben an neue Perspektiven für jeden Menschen.

Meine Überzeugung ist: Jeder im Herzen zur Veränderung bereite Mensch kann auch Veränderung erleben! Es kann seine Zeit dauern. Prozesse sind notwendig. Manchmal sind sie auch schmerzhaft. Ich möchte Menschen zu dieser Bereitschaft verhelfen, ohne ihnen meine Lösungen überzustülpen. Der betroffene Mensch ist selbst Teil der Lösung. Das Problem liegt im „System" und nicht in dem Menschen selbst. Deshalb kann eine tragfähige Lösung nur aus dem Betroffenen selber kommen.

Meine Lebenswunden sind heute vernarbt wie die Wundmale von Jesus, aber sie bluten nicht mehr! Es kann keine Verbitterung, Wut usw. mehr eindringen. Die Narben erinnern mich, und gleichzeitig ist eine unendliche Dankbarkeit gegenüber Gott da. Meine Tochter ist in meinem Herzen. Eine positive Traurigkeit kommt ab und zu auf, aber darüber freue ich mich. Sie zeigt mir: Ich vergesse nicht!

Deshalb setze ich mich für Menschen ein!

Holger Harsch | Jg. 1967 | verheiratet | 3 Töchter (eine verstorben) | Aalen | Lebensberater | www.lebensberatung-ostalb.de

Der Autor unserer Lebensgeschichte

Ich habe mich gefragt, ob es etwas Besseres gibt, als nur ein spannendes Buch zu lesen oder zu hören. Tatsächlich ist mir etwas eingefallen, und zwar den Autor selbst kennenzulernen und ihn Schritt für Schritt auf seinem Weg bis zum fertigen Buch zu begleiten. Ich stelle mir das richtig spannend vor!

Ich kann mir denken, dass es dich genauso faszinieren könnte, vor allem, wenn es um die realste Geschichte geht, die du dir vorstellen kannst: deine persönliche Lebensgeschichte! Stell dir vor du dürftest den Autor deines Lebens kennenlernen. Welcher Autor? Sind wir nicht selbst die Autoren unserer Geschichte?

Ich möchte dir schildern, wie ich das erlebe:
Seit vielen Jahren schreibe ich Tagebuch. Der Auslöser war ein Einsatz in Rostock. Ich wollte Gottes tägliches Wirken festhalten. Eigentlich erwartete ich spektakuläre Dinge, wie z. B. Heilungen oder Bekehrungen, aber es verlief ganz anders. Meine Einträge beschrieben oft normale Begegnungen mit Menschen, welche wenig von Gott wussten, und erzählten auch von peinlichen Momenten. Am Ende des Einsatzes hatte ich viele kleine

Geschichten zu Papier gebracht, und obwohl die meisten davon unseren „stinknormalen" Alltag beschrieben, entdeckte ich Gottes wunderbare Handschrift darin. Damals war ich so begeistert, dass ich meinen Alltag weiterhin in Tagebüchern festhielt. Ich weiß, das ist nicht „jederMANNs Sache"! Für mich persönlich ist es eine meiner liebsten Beschäftigungen.

So habe ich Gottes Handschrift in meinem Leben entdeckt und wie sie meine Geschichte auf wundersame Art und Weise gestaltet. Je mehr ich mein eigenes Leben verfolge und aufschreibe, desto deutlicher wird das. Gott selbst ist der große Geschichtenschreiber – der mich ins Schreiben meiner Lebensgeschichte mit hineinnimmt. In der Bibel macht er nichts anderes. Mit einzelnen Menschen schreibt er Geschichte, welche Auswirkungen für den engen Bekanntenkreis, für ein ganzes Volk und letztendlich für die ganze Welt hat. Gott schreibt Weltgeschichte, und du und ich sind Teil davon. Ja, wir dürfen diese sogar mitgestalten. Was für ein Privileg!

Je tiefer ich das erkenne, desto mehr liebe ich es, den großen Geschichtenschreiber in den kleinen und unscheinbaren Dingen zu entdecken und mir so meinen Alltag wertvoll zu machen.

Beim Schreiben vor ein paar Tagen tauchte beispielsweise die Frage in mir auf, für was ich Sportwissenschaften studiert hatte. Auslöser war die E-Mail einer ehemaligen Mitstudentin. Sie arbeitete mittlerweile in der Sportbranche, wie viele andere Mitstudenten auch. Ich selbst konnte mir damals nicht so richtig vorstellen, im Sportsektor zu arbeiten und machte mich auf die Suche, wie es weitergehen könnte. Über „Umwege" bin ich an die Evangelische Missionsschule Unterweissach gekommen und mache nun eine Ausbildung zum Jugendreferenten.

Es wird also noch ein paar Jahre länger dauern, bis ich arbeite, mehr als mir lieb ist. Wieso hatte sich der Verlauf meiner Geschichte so drastisch geändert, und wo wird sie nun hinführen? So kam es, dass ich in meinem Tagebuch meinen Gefühlen nachging.

Immer wieder erinnert Gott mich daran, dass es einfach unsinnig ist, meine Geschichte mit anderen zu vergleichen. In den meisten Fällen scheinen die anderen besser abzuschneiden, und ich bin mal wieder entmutigt und stelle Gottes Wege in Frage. In solchen Momenten hilft es mir immer wieder, mich daran zu erinnern, dass wir schon einige Kapitel Lebensgeschichte geschrieben haben. Mal ging ich aus Angst, einen falschen Weg einzuschlagen, keinen Schritt weiter. An einem anderen

Punkt ging ich ein Risiko ein und stellte im Nachhinein fest, dass Gott meine Wege irgendwie doch vorbereitet hatte. So ist das mit den Geschichten – man kann meistens nur erahnen, wo es hingehen könnte.

Das begeistert mich an Lebensgeschichten, und deshalb würde ich auch gerne deine Geschichte hören. Egal wo du stehst, was du erlebt oder (noch nicht) erreicht hast ... deine Geschichte lohnt sich, gehört zu werden. Und solange der große Geschichtenschreiber noch am Schreiben ist, wird deine Geschichte weitergehen.

Wenn du dir schon mal überlegt hast, Tagebuch zu schreiben, dann möchte ich dich dazu ermutigen, damit anzufangen. Es ist egal, ob du das jeden Tag machst, einmal die Woche oder einmal im Monat. Falls du nicht so gerne schreibst, verfasse ein Audio, mache eine Bilderkollage etc. Wie du Gottes Wege mit dir reflektierst, ist dir überlassen, es wird sich auf jeden Fall lohnen.

Ich will dich dazu ermutigen, die kleinen und oft unbedeutenden Geschichten deines Alltags wahrzunehmen, denn in diesen wirst du den Autor deiner persönlichen Geschichte entdecken. Ja, du wirst Gottes Handschrift in deinem Leben mehr und mehr erkennen.

Emmanuel Kyeremeh | Jg. 1995 | ledig | Weissach im Tal | Schüler (Evang. Missionsschule Unterweissach)

Freiheit für andere

Ende Juni 2014 erreichte mich eine ganz und gar unerwartete Nachricht, bei der ich nicht anders konnte, als ein paar stille Tränen zu verdrücken: *„Die vietnamesische Gewerkschafterin Do Thi Minh-Hanh ist freigelassen worden!"* Für solche viel zu seltenen Momente arbeiten wir bei *Parlamentarier schützen Parlamentarier* und im *Ausschuss für Menschenrechte und humanitäre Hilfe* im Deutschen Bundestag. Und ich war mitbeteiligt, dass es dazu kommen konnte. Was für ein überwältigendes Gefühl! Doch der Reihe nach.

Der Einsatz für Gefangene gehört bereits jahrzehntelang zu meinem Leben. Bis ich Bundestagsabgeordneter wurde, habe ich mich dabei weder als Politiker noch als Aktivist gefühlt. Es hatte sich einfach so ergeben.

Meine Eltern hatten mich schon in ziemlich jungen Jahren auf ihre Reisen hinter den „Eisernen Vorhang" nach Rumänien oder in die DDR mitgenommen. Natürlich lernte ich dort Leute in meinem Alter kennen. Als unser Freund Manni von der *Securitate* verhaftet und ins Gefängnis geworfen wurde, ging ich mit auf eine Demonstration vor der rumänischen Botschaft in Köln, auf der wir seine Freilassung forderten. Dass wir uns für ihn einsetzten, ermutigte wiederum eine ganze Reihe Mitglieder in Mannis Gemeinde, die Prozesse gegen Christen zu besuchen. Leise betend saßen sie fortan hinten im Gerichtssaal. Das war gelebte Solidarität. Viele der Angeklagten wurden durch diese Unterstützung ermutigt. Mich hat das beeindruckt. **Oft sind es die kleinen, scheinbar unbedeutenden Gesten, die anderen Menschen in bedrängten Situationen Kraft geben.** Dafür reicht es zu signalisieren: *Du bist nicht allein, ich bin für dich da.* Denn für einen Gefangenen beginnt Freiheit, wenn er weiß: *Ich bin zwar weggesperrt, aber nicht vergessen.*

Anfang der 1980er-Jahre hatte ich einen Brieffreund in der DDR. Lange und schon gar allzu offene Briefe verboten sich von selbst, weil wir wussten, dass alle Briefwechsel zwischen West und Ost kontrolliert wurden. Die Stasi las sozusagen mit. Aber alleine der Kontakt an sich war wertvoll. Er schlug für uns beide eine Brücke in das jeweils so ganz andere Deutschland.

Manchmal erfordert der Einsatz für Menschen in schwierigen Situationen Mut, aber im Großen und Ganzen hat es mich nicht viel gekostet. **Mir scheint es so, dass wir uns viel zu oft abschrecken lassen, weil**

wir unsere Möglichkeiten für zu klein halten. Oder wir warten vergeblich auf die Gelegenheit zu der einen ganz großen Aktion. Dabei ist das Wichtigste nach meinem Dafürhalten, dass wir einfach nur die kleinen Chancen ergreifen, die sich uns auf unserem Weg bieten. Nicht Strohfeuer, sondern Glut, kein kurzfristiger Aktionismus, sondern Kontinuität – wenn ihr versteht, was ich meine.

Beruflich hatte ich lange Zeit mit Mathematik oder Technik geliebäugelt, aber ich entschied mich schließlich für ein Studium der Sozialarbeit. Über das Café der Heilsarmee in Freiburg führte mich mein Weg zwölf Jahre in die „Heilse" nach Chemnitz. Von Anfang an habe ich mich für die Vorgänge im Stadtteil interessiert und mich eingemischt, wenn ich die Chance sah, dass etwas besser werden könnte. Mir war gar nicht bewusst, dass das schon als „politisch" angesehen werden kann. Irgendwann trat ich in die CDU ein, weil ich spürte, dass mein Engagement dadurch möglicherweise wirkungsvoller werden könnte. Kurz darauf entschied ich mich, für den Bundestag zu kandidieren. Eigentlich ein aussichtsloses Unterfangen. Dass ein völliger Newcomer überhaupt von der Basis nominiert wird, ist die absolute Ausnahme. Und ich habe es tatsächlich geschafft, das Direktmandat für meine Partei in Chemnitz zurückzugewinnen. All das kommt einem Wunder gleich.

Als Bundestagsabgeordneter habe ich nun eine ganze Reihe von Möglichkeiten, für die Freiheit von Gefangenen zu kämpfen. Das sehe ich als Privileg und als Verpflichtung zugleich. Der öffentliche Einsatz von uns Parlamentariern hat für die vietnamesische Gewerkschafterin Minh-Hanh einen Unterschied gemacht.

Als Mitglieder des Menschenrechtsausschusses bekommen wir regelmäßig Informationen zu politischen Gefangenen. Immer wieder kommt es auch zu Besuchen von deren Freunden oder Angehörigen im Deutschen Bundestag, wo die Besucher uns Abgeordneten die jeweilige Lage der Betroffenen schildern.

Anfang 2014 wendete sich die Menschenrechtsorganisation *VETO!* an uns. Sie bat um einen Gesprächstermin mit Abgeordneten für die Mutter von Frau Minh-Hanh und gab uns in einem Brief folgende Hintergrundinformationen: *Frau Do Thi Minh-Hanh, geb. 1985, ist Buchhalterin in der vietnamesischen Provinz Lam Dong. Schon im jungen Alter von 16 Jahren engagiert sie sich für die „Opfer der sozialen Ungerechtigkeit", die sich gegen die unrechtmäßige Beschlagnahmung ihrer*

Grundstücke und Häuser wehrten. Später tritt sie in das Komitee zum Schutz der Arbeiter in Vietnam ein. Nach einem von ihr mitorganisierten Streik in einer Schuhfabrik in der südvietnamesischen Provinz Tra Vinh wird sie Anfang 2010 verhaftet und im Oktober wegen „Störung der öffentlichen Ordnung" unter Ausschluss der Öffentlichkeit und ohne Rechtsbeistand zu sieben Jahren Haft verurteilt. Sie wird im Gefängnis mehrmals gefoltert und brutal misshandelt, nur weil sie kein Geständnis ablegen will. Der Haftort von Frau Minh-Hanh wechselt ständig, um Besuche zu erschweren. Dadurch kann sie kaum von ihrer Familie mit Lebensmitteln versorgt werden, was jedoch für sie als unterernährte Gefangene lebensnotwendig ist.

Der Menschenrechtsausschuss nahm die Bitte von *VETO!* auf und lud Frau Minh-Hanhs Mutter in den Bundestag ein. Eine bewegende, aufrüttelnde Begegnung. Da der *Ausschuss für wirtschaftliche Zusammenarbeit und Entwicklung*, in dem ich ebenfalls Mitglied bin, bald darauf eine Reise nach Vietnam plante, versprach ich der Mutter, während meines Aufenthaltes einen Besuch bei ihrer Tochter zu beantragen. **Die Aussichten waren gering, in den Jahren davor hatte kein einziger europäischer Abgeordneter ein vietnamesisches Gefängnis besuchen dürfen.** Doch mir war bewusst: Auch wenn das Treffen nicht zustande kommen würde, war allein der Antrag auf diesen Besuch eine politische Botschaft. Die vietnamesischen Behörden würden erfahren: Wir schweigen nicht!

Die erste Antwort bekam ich vor Ort: *Abgelehnt, es sei nicht möglich, die Gefangene zu treffen.* Am nächsten Morgen kommt die überraschende Kehrtwende: Mir wird die Erlaubnis erteilt, die junge Frau im Gefängnis zu besuchen. Die Gesprächsatmosphäre ist positiv, Frau Minh-Hanh berichtet sehr offen. Sie spricht über Gewalt, die ihr persönlich zugefügt wurde. Am Ende des Gesprächs übergebe ich ihr in einem unbemerkten Moment meine Visitenkarte mit einer schnell hingeworfenen Nachricht und verspreche ihr zum Abschied, ihren Fall auch öffentlich zur Sprache zu bringen. Das tat ich mit einer Pressemitteilung.

Um ehrlich zu sein: Meine Hoffnung, dass dieser Besuch und die Pressemitteilung zu einer baldigen Freilassung führen könnten, war nicht allzu groß. Doch es ist allemal besser, einen Strohhalm zu ergreifen, als tatenlos zuzusehen. Und hatte nicht der Besuch selbst schon jeder Wahrscheinlichkeit widersprochen? Als dann nach ziemlich genau zwei

Monaten die Nachricht von Do Thi Minh-Hanhs Freilassung eintraf, war das einer der Gänsehautmomente in meiner Zeit im Deutschen Bundestag.

Ich mache es kurz: Frau Minh-Hanh wollte nach Österreich ausreisen, um ihre kranke Mutter zu besuchen. Zunächst bekam sie ein Visum, wurde aber am Flughafen erneut verhaftet. Im Dezember 2015 hielt ich bei meiner Rede im Plenum zum Schutz von Menschenrechtsverteidigerinnen und verteidigern ein Bild von ihr in die Höhe. Ich war überrascht, welche Kreise diese Rede zog.

Wenige Tage danach schrieb mir ein vietnamesischer Menschenrechtsaktivist, dass er mit einigen anderen eine kleine Aktion zu meiner Rede gemacht hatte: Sie wurde ins Vietnamesische übersetzt und durch ein Interview mit mir ergänzt.

Lange Rede, kurzer Sinn, mittlerweile hat mich Frau Minh-Hanh im Bundestag besucht. Ich kann es kaum beschreiben, was mir das bedeutet.

Ganz klar, mein Einsatz war nicht der einzige Grund, warum Frau Minh-Hanh freigelassen wurde. Besonders Michael Brand, Vorsitzender des Ausschusses für Menschenrechte und Pate von Frau Minh-Hanh bei „Parlamentarier schützen Parlamentarier" hat sich ebenfalls stark engagiert. Neben guter Zusammenarbeit braucht es eben doch viel Vorbereitung, damit ein Wunder geschehen kann. Viel wichtiger als „das Wunder zu feiern" ist mir jedoch, dass wir den Mut haben, das anzupacken, was uns vor die Füße fällt. Nicht jedes Mal etwas Neues versuchen, sondern kontinuierlich in dieselbe Kerbe schlagen. Wenn dann „eine Frau Minh-Hanh" dabei herauskommt, umso besser! Das wünsche ich uns zwar, aber darauf kommt es letztendlich nicht an.

Zum Abschluss möchte ich noch betonen: **Mir geht es ganz und gar nicht darum, dass sich jeder von euch für Gefangene engagiert, ich möchte euch aber Mut machen, das anzupacken, was ihr vor euren Füßen findet.**

Frank Heinrich | Jg. 1964 | verheiratet | 4 Kinder, 6 Enkelkinder | Sozialpädagoge, Theologe und direkt gewählter Abgeordneter im Wahlkreis Chemnitz | www.frankheinrich.de
Eine ausführlichere Darstellung der Ereignisse um die Freilassung von Frau Do Thi Minh-Hanh findet sich in meinem Buch „Frank und Frei: Warum ich für die Freiheit kämpfe".

Vom „Irgendwie-Überleben" zum Vertrauen

Ich heiße Frederick, bin in Kapstadt/Südafrika geboren und seit 29 Jahren mit Doris, der schönsten Frau der Welt, verheiratet. Sie kommt aus Baden.

Ende 2000 wurde bei meiner Frau ein Ovarialkarzinom (Eierstock-Krebs)diagnostiziert. **Es war ein Schock für uns als Familie.** Unsere Arbeit in Kapstadt hatte endlich sichtbar Fahrt aufgenommen. Unsere Kinder waren gerade einmal sechs und sieben Jahre alt. Meine Frau musste zur medizinischen Behandlung nach Deutschland zurückkehren.

Obwohl ich tief innen wusste, dass bei Doris alles gut werden würde, war ich doch wütend auf Gott. Wie konnte er so etwas zulassen? Sah er denn nicht, wie klein unsere Kinder noch waren? Ich fühlte mich alleine in diesem Kampf und zweifelte, ob ich Gott wirklich vertrauen konnte.

Als Doris nach abgeschlossener Behandlung nach Südafrika zurückkehrte, folgte eine schwierige Zeit für uns; wir mussten uns erst an diese neue Realität gesundheitlicher Einschränkung und Bedrohung gewöhnen. **Wir gingen sehr unterschiedlich damit um, irgendwie wie in zwei Welten.**

Vier Jahre später kam bei einer Routineuntersuchung der Verdacht eines Rückfalls auf. Wir mussten drei Monate warten, bis konkretere Untersuchungen den Verdacht bestätigen konnten. Es waren drei schreckliche Monate der Ungewissheit und doch der inneren Gewissheit: Der Krebs ist zurück!

Der Arzt erklärte uns, dass Doris nur noch wenige Monate zu leben habe, und dass bei dieser Streuung (viele Metastasen an unterschiedlichen Stellen) kein Arzt in Südafrika sie operieren würde. Wieder musste sie für ihre Behandlung alleine nach Deutschland reisen. Ich blieb mit den schulpflichtigen Kindern im Alter von zehn und elf Jahren zurück. Ich wusste nicht, wie wir das alles schaffen sollten und schaltete auf „Überleben": Ich konzentrierte mich auf Arbeit und Kinder.

Diese Zeit wurde eine Zerreißprobe für unsere Ehe: Die Ärzte in Südafrika hatten gesagt, dass Doris sterben würde, und die behandelnden Ärzte in Deutschland machten ihr Hoffnung, basierend auf guten Therapieergebnissen (Operation und Chemo). Ich verstand nicht, warum medizinische Prognosen so widersprüchlich sein konnten. Ohne ihr Wissen rief ich den Arzt der Reha an, wo sie sich befand. Er schickte mir die Arztberichte, die die Prognose der südafrikanischen Ärzte bestätigten. Ich war verwirrt und wütend, sah kein Licht am Ende des Tunnels. Und ich bereitete die Kinder darauf vor, dass ihre Mutter an dieser Krankheit sterben könne.

Anstatt uns in dieser schwierigen Zeit als Ehepaar näherzukommen, drifteten wir emotional auseinander. Wir erlebten dieselbe Situation in zwei unterschiedlichen Welten: emotional, räumlich, mit anderen Ärzten, anderen Freunden und Familienangehörigen, die uns unterstützten, und schließlich anderen Sichtweisen, auch geistlich.

Dann hatte ich eine sehr hilfreiche Begegnung: Einer der Gitarristen in unserer Gemeinde war Arzt (und ohne, dass ich es wusste, ein Professor Dr. Dr. der Gynäkologie und Onkologie) in einem großen Kapstädter Krankenhaus. Er half mir, die beiden unterschiedlichen Herangehensweisen an die Krebsdiagnose miteinander in Einklang zu bringen: die medizinisch-wissenschaftliche und die geistliche. Es war für mich oft nicht einfach, mit den Menschen in der Gemeinde umzugehen, die nur die geistliche Seite sahen. Ich hatte mich auf die medizinische eingeschossen, das fiel mir leichter.

Als Doris nach der Behandlung wieder nach Südafrika zurückkehrte, waren wir wie Fremde geworden. Wir mussten vom Kopf her entscheiden, dass wir wieder gemeinsam nach vorne gehen wollten. Wir holten uns seelsorgerliche und geistliche Hilfe und arbeiteten an den Differenzen bezüglich der Krebsdiagnose und des Umgangs damit. Es war wieder eine große Herausforderung für unsere Ehe.

Unsere Kinder schlossen ihre Schulzeit in Südafrika ab. 2012/2013 brachen wir unsere Zelte in Kapstadt ab und gingen zurück nach Deutschland.

In der letzten Novemberwoche 2018 – wir waren inzwischen in die Nähe von Frankfurt gezogen – bemerkte Doris, dass sie einen aufgeblähten Bauch hatte. Instinktiv wussten wir: Der Krebs war zurück – nach 14 Jahren. Der Besuch beim Gynäkologen/Onkologen bestätigte die Diagnose. Das Bauchfell war voller Metastasen.

Wir standen auf der Straße vor der Arztpraxis und lagen uns weinend in den Armen. Diesmal war es anders, wir waren nicht getrennt, wir waren beieinander, und das machte einen großen Unterschied.

Doris erzählte mir, wie erstaunt der Arzt gewesen war, dass sie 14 Jahre nach einem Ovarialkarzinomrezidiv noch am Leben war: *„Sie widersprechen jeglicher medizinischer Erfahrung.“*

Das erneute Rezidiv war inoperabel. Aber Doris bekam wieder Chemotherapien, die erste kurz vor Weihnachten. Unser Sohn rasierte ihr den Kopf, bevor die Haare von alleine ausgefallen würden. Die Tränen flossen. Zusammen gingen wir eine Perücke aussuchen.

In dieser Zeit waren meine Gefühle wie eine Achterbahn, und meistens blendete ich sie irgendwie aus. Es war oft zu schwer, mich mit ihnen auseinanderzusetzen. **Ich funktionierte immer wieder nur vom Kopf her und im Überlebensmodus.**

Und doch war es diesmal anders. Wir spürten uns als eine Einheit. Auch die Unterstützung durch unsere Freunde erlebten wir diesmal nicht als zwei getrennte Personen. Das machte es mir leichter, mich immer wieder meinen Gefühlen zu stellen. **Wir redeten viel, das brachte uns einander sehr nahe.**

Und wir erlebten auch wieder Erstaunliches und Wunderbares mit Gott. Wenige Tage nach der ersten Chemo war der Blähbauch weg! Da wussten wir, dass die Behandlung anschlug. Und nach der vierten Chemo war der Tumormarker-Wert wieder im Normbereich. Das hat uns schon bewegt, ehrfürchtig und sprachlos gemacht vor Staunen vor unserem Gott.

Dann kam das Jahr 2020, wieder so ein Achterbahnjahr. Wir waren Anfang des Jahres für einen fünfwöchigen Dienst in Südafrika, gerade noch rechtzeitig vor dem Lockdown. Der bedeutete dann, dass ich keine Dienstreisen mehr unternehmen konnte. Alles fand nur noch online statt; ich saß zu Hause fest.

Nach wenigen Wochen fiel ich in ein großes, dunkles Loch. Es war nicht nur der Lockdown, aber der brachte ans Licht, was ich verdrängt hatte: Die vergangenen 20 Jahre, die der Krebs schon unser Leben mitbestimmt hatte – entweder akut oder als Angst vor einem Rückfall – hatten mich eingeholt. Es traf mich wie eine Bombe. Ich begann eine Therapie und war für sechs Wochen in der Klinik Hohe Mark. Dafür bin ich unendlich dankbar; es war das Beste, was mir passieren konnte in meiner Situation.

Die Musiktherapie war besonders hilfreich für mich. In der ersten Gruppentherapiestunde musste ich mir ein Instrument auswählen. Ich entschied mich für die große Pauke und schlug mit aller Kraft dreimal zu, für die drei Mal, die Doris Krebs hatte. Die Therapeutin setzte daraufhin eine Einzeltherapie für mich an. Ich suchte mir für jedes meiner Gefühle ein spezielles Musikinstrument aus: für die Hilflosigkeit das Metallophon; für die Trauer die Pauke; für die Leere das große Kalimba; für das Verlassensein die große Klangschale; für Ärger und Wut die Glockenstäbe; für das Sich-nicht-verstanden-Fühlen die Klangwiege.

Ich spielte die Instrumente und sprach darüber, was sie mit mir machten. In einer Stunde kamen 20 Jahre verdrängter Emotionen hervor. Ich konnte endlich diese ganzen Gefühle zulassen und weinen. Sechs

Wochen Musiktherapie, Gesprächs- und Gruppentherapien halfen mir, diese 20 Jahre aufzuarbeiten. Das bedeutete zwar nicht, dass nun alles Schwere abgehakt war. **Aber ich hatte nun Werkzeuge in der Hand, durch die ich in Zukunft besser mit den Herausforderungen umgehen konnte.**

Leider hatte sich Doris' Allgemeinzustand während meiner Zeit auf der Hohe Mark verschlechtert. Ein „Medikament" (zur „Erhaltungstherapie"), das sie dauerhaft einnehmen sollte, um ein weiteres Rezidiv zu verhindern, setzte ihr zunehmend körperlich zu. Sie hatte regelmäßig Ohnmachts- und Schwächeanfälle. Das „Medikament" musste abgesetzt werden.

Die Nachsorge geht weiter, auch mit den damit verbundenen Ängsten, selbst wenn Doris gerade tumorfrei ist. Nach ärztlichem Urteil ist Doris' Körper in einem tiefen Tal, hervorgerufen durch das „Medikament", aber auch durch die vielen Jahre des Kämpfens gegen den Krebs und des Trotzdem-immer-Weitermachens, auch dienstlich.

Jeden Morgen beim Aufwachen sage ich zu Gott: *„Ich vertraue dir. Ich glaube fest daran, dass du alles unter deiner Kontrolle hast."* Ich entscheide mich, dass Angst mein Leben nicht bestimmen darf. Mit dieser

Einstellung kann ich anders an diese immer noch herausfordernde Situation herangehen. Auch unsere Ehe wurde stärker in dieser Zeit und durch diese Einstellung, die wir teilen. Die Reise, auf der wir gerade sind, ist noch nicht zu Ende; und **wir wissen nicht, was noch kommt und wie es weitergeht. Eins aber weiß ich: GOTT weiß es, und ER trägt uns durch.**

Frederick Kammies | Jg. 1962 | verheiratet | 2 Kinder | Rodgau | YMAM-Krisenbeauftragter Deutschland

Leben, was Gott ins Herz gelegt hat

Angefangen hat alles auf einer Kinderkonferenz, auf der ich mit meinen zwei ältesten Kindern war. Mir wurde bewusst, dass ich mich in einem Gefängnis befand – dass ich versucht hatte, es allen recht zu machen und dabei selbst auf der Strecke geblieben war.

Es waren vor allem zwei meiner größten Lebensthemen, die mich in diesem Gefängnis hielten:

- **immer alles richtig machen zu wollen**
- **mein Handeln davon abhängig zu machen, was andere über mich denken**

Ich hatte den Eindruck, dass Gott mich fragte, ob ich aus diesem Gefängnis herauswolle. Natürlich wollte ich das! Mir war zwar klar, dass dies für mich Konsequenzen hätte, aber ich erlaubte Gott einzugreifen. Und er sagte, dass er mir helfen würde.

Als mein bester Freund Karsten, der mit seinen Kindern auch auf der Konferenz war, anschließend für mich betete, konnte ich völlig unerwartet in einem inneren Bild das erste Mal in meinem Leben Jesus „auf den Schoß klettern" und mich bei ihm geborgen fühlen.

Dann bekam ich zum Geburtstag ein paar Einkehrtage im Kloster geschenkt. Dort setzte ich mich mit einer Frage auseinander, die ich mir noch nie gestellt hatte:

*Was will **ich** eigentlich? Was sind **meine** Wünsche, Sehnsüchte und Ziele – unabhängig von anderen Menschen und auch unabhängig von Gott?*
Ich füllte an einem Tag fünf Flipchart-Blätter mit allem, was mir in den Sinn kam – ohne Denkverbote, selbst wenn sich die Dinge widersprachen oder gegenseitig ausschlossen. Am Ende sah ich mir alles an und stellte fest, dass ich dreiviertel davon aufgrund meines Berufes als Arzt nicht leben konnte. Darüber war ich zutiefst traurig und weinte (was für mich nicht typisch ist). Trotzdem hatte ich den Eindruck, dass eine leise Stimme in mir sagte: *„Ich will aber gar nicht, dass du das alles **nicht** leben kannst!"*

Am nächsten Abend kam Karsten, um mir als Außenstehender Impulse und Ideen im Prozess zu geben. Wir unterhielten uns zweieinhalb Stunden über meine Situation in der Klinik und die Perspektiven. Es war zäh wie Kaugummi.

Als ich schließlich meinte: *„Ich habe Gott aber von Anfang erlaubt, dass er mir sagen darf, was er für mich hat – ich bin offen dafür!"*, meinte

Karsten: *„Wenn das so ist, dann schau dir alles an, was auf den Flipchart-Blättern steht und sag mir, wo **dein Herz** schlägt!"*

Diese Worte gingen tief in mich hinein, und in mir entstand ein „Tunnelblick", so dass nur noch zwei Punkte deutlich waren:

- Der erste hatte mit Lobpreis und Musik zu tun,
- der zweite mit der Begleitung von Menschen in seelsorgerlichem Sinn.

Ich hatte keine Ahnung, dass diese beiden Punkte so tief in mir verankert waren (und es noch sind).

An diesem Abend traf ich die Entscheidung, mich in Richtung der beiden Punkte weiter auszustrecken und ihnen auch Priorität einzuräumen. Ich legte alles Gott hin.

Am nächsten Morgen rief mein Vater auf dem Handy an. Er ruft mich normalerweise nie an! Er sagte, er habe den Eindruck, mir einen Bibelvers sagen zu sollen:

Und wenn ihr zur Rechten oder zur Linken gehen wollt, werden deine Ohren hinter dir das Wort hören: Dies ist der Weg; den geht! (Jesaja 30,21 LUT).

Der Vers erwischte mich voll. Mir war sofort klar, dass hier Gott selbst zu mir sprach. Diese Ermutigung hat mich über die Jahre begleitet und war immer wieder eine Bestätigung für mich und meinen Weg.

Über die nächsten Monate hinweg machte ich mir Gedanken, wie ich mich weiter in diese Richtung bewegen könnte. Dabei wurde klarer, dass ich zusammen mit Karsten in die Beratungsarbeit einsteigen wollte und damit der Aufbau von etwas Neuem beginnen könnte.

Anfang Januar sprach ich mit meinem Chef und kündigte zum Ende des Quartals. Allerdings riet mein Chef mir ziemlich eindrücklich, dass ich doch erst noch die anstehende Facharztprüfung machen solle! Und ich wusste, dass dies auch Gottes Wille war.

Ich rechnete Mitte April mit der Prüfung, sodass ich noch ca. vier Wochen Zeit zum Lernen haben würde. Doch als ich an einem Sonntag im März vom Nachtdienst nach Hause kam, hatte ich Post von der Ärztekammer. Sie luden mich zur Prüfung am kommenden Samstag ein …

Das war eine der schlimmsten Wochen meines Lebens. Ich wollte lernen, kam aber durch Überstunden in der Klinik immer spät nach Hause und hatte letztendlich nur noch die Kraft, mir die Inhaltsverzeichnisse der Lehrbücher anzusehen. Ich fragte mich, warum Gott das so eingefädelt hatte ...

Die Prüfung kam, und ich machte wirklich keine gute Figur! Die Prüfer zogen sich lange zur Beratung zurück. Dann kam der Prüfungsvorsitzende auf mich zu, streckte mir die Hand entgegen und gratulierte mir zur bestandenen Facharztprüfung, meinte aber: *„Einen kleinen Nachschlag gibt es noch ...!"* Einer der Prüfer kam und meinte, dass es doch eine Frechheit sei, so unvorbereitet in eine Prüfung zu gehen! – Es war klar: Wäre er alleine gewesen, hätte er mich durchfallen lassen! Gott hatte eindeutig seine Hand über mich gehalten!

Drei Tage später war mein letzter Arbeitstag in der Klinik. Der Weg in die Beratung, den Aufbau der Lebensgemeinschaft und des Vereins war frei.

So ging ich in die „Arbeitslosigkeit". Da ich selbst um einen Auflösungsvertrag gebeten hatte, war klar, dass ich die ersten drei Monate keine Bezüge erhalten würde. Es kam noch zu einem ärztlichen Gutachten, dessen Ergebnis allerdings offenblieb. Dann bekam ich Ende Mai Post: Das Arbeitslosengeld wurde rückwirkend auch für die ersten drei Monate bewilligt – ohne Begründung. Das ist Gottes Versorgung!

Wir erleben immer wieder, auch finanziell, Wunder und sind sehr gesegnet. Oft werde ich gefragt, ob ich denn nicht auch mal daran dächte, zurück in die Klinik und in den Arztberuf zu gehen. Dabei merke ich, dass mich dort nichts hinzieht und ich jetzt das leben kann, was mich im Herzen lebendig macht! Danke Gott!

Dr. Tobias Mock | Jg. 1973 | verheiratet | 4 Kinder | Bünde | Berater, Seelsorger | Coach | www.live-gemeinschaft.de

Autokauf!?

Mit dem Autokaufen kann ich viel Zeit verbringen, dass wusste ich schon. Was wird da nicht alles geweckt: Der Jagdinstinkt, der Händler in mir, gewisse Sehnsüchte ... November 2015 stand es mal wieder an. Unser alter Skoda Octavia war in die Jahre gekommen.

Seit 2011 leben wir in einer christlichen Lebensgemeinschaft (die sich aus Spenden finanziert) und damit verbunden nur von Taschengeld – zugegeben etwas speziell. Uns war klar: Wir legen es Gott hin, dass wir ein Auto brauchen. Wir beteten als Familie und in der Gemeinschaft, dass Gott sich um das Geld und den richtigen Wagen kümmert. *So Gott, was wirst du tun?*

„Suchagenten" im Internet hatten wir angelegt, und mehrmals in der Woche poppte eine neue Nachricht auf – hier ein Volvo, da ein Skoda usw. Was dagegen in meinem Kopf aufpoppte, war die Frage: *Wenn ich Gott um etwas bitte, wie geht er dann mit meinen Wünschen um? Ist Gott wichtig, was mir wichtig ist?*

Mein Wunsch war ein Kombi, Diesel, unter 100.000 km, nicht unter 100 PS – bis dahin alles vernünftig! Einen Tempomat und eine Einparkhilfe waren meine Extra-Wünsche. *Wie würde Gott sich verhalten? Würde ich die Geduld haben?*

Die Zeit ging ins Land, insgesamt fast zweieinhalb Monate. Einige Leute fragten: *„Ja, wie stellt ihr euch das denn so vor, dass Gott euch versorgt?"* Mein Sohn schaute immer nach Maserati und Ferraris, was ich hier nicht kommentieren muss.

Im Februar hatten wir von einigen Freunden unserer Lebensgemeinschaft Geld in Höhe von 6.100 Euro geschenkt bekommen – **Wow! Ein Riesengeschenk!** Danke, Gott, Vater! Danke! Etwas konnten wir noch selber zulegen.

Ich saß mit meinem Sohn auf dem Sofa und schaute nach Autos, wieder mal eine Chance, mit ihm über Glauben und Vertrauen zu sprechen – ist das hohles Gerede, oder wie geht Gott als Vater mit uns um? Ich erzählte ihm, dass wir versorgt werden würden – aber wie? Was war z. B. mit dem Tempomaten?

Klingt lächerlich, oder? Ist doch trivial gegenüber wirklich wichtigen Sachen ... Mag ja sein, aber es geht um die Handschrift Gottes in unserem persönlichen Leben. Die Erfahrung und Prägung meiner Kindheit war:

So richtig sicher bin ich im Leben nicht. Dann muss ich halt selbst für meine Sicherheit sorgen. Manchmal geben gerade wir Männer unser Ringen mit Gott, unser Wünschen und Sehnen auf, weil wir enttäuscht worden sind. Ganz nach der Devise: Mach du, Gott, deinen Kram – und ich kümmere mich um meinen, ok? Es ist leicht, über Gott zu philosophieren, dass er gut ist und uns versorgt. Aber wenn es ans Eingemachte geht, an die Frage von innerer Stabilität und Sicherheit, dann entscheidet sich die Sache.

Eines Abends erhielten wir zwei Angebote – für einen Octavia und einen VW Touran. Für uns zwei gute Alternativen. Am nächsten Morgen ging der Familienausflug in den Harz. Beide Fahrzeuge standen nur etwa 40 Kilometer voneinander entfernt. Der VW war schon gut, der Skoda noch besser. Für mich stand fest: Das ist der Wagen – und er hatte einen Tempomat!

Der Händler war aus dem europäischen Osten, und die Verständigung war nicht immer ganz leicht. *Jesus hilfst du bitte? Oder soll es doch nicht sein?*

Ich fragte ihn, ob er unseren alten Wagen in Zahlung nehmen würde. Ja, dass würde er – so die Antwort. Ob der Wagen denn in Ordnung sei? *Was sollte ich da sagen?* Schlagartig merkte ich, wie ich anfing die Wahrheit zu dehnen. *Was erzähle ich, und was verschweige ich lieber? Muss ich denn alles sagen?* Ich war nicht ganz ehrlich, und er bot mir mehr Geld, als der Wagen wirklich wert war.

Da zeigte es sich: Wie schnell gerate ich im Alltag in Situationen, wo ich gefordert bin, zur Wahrheit zu stehen, selbst wenn es erst einmal einen scheinbaren Nachteil für mich bedeutet.

Dann kam meine „zweite Chance" – der KFZ-Meister. Auf seine Nachfrage erzählte ich ihm, was mit dem Wagen wirklich sei, und er korrigierte den Preis nach unten auf ein realistisches Maß. Es war, als wenn Jesus neben mir stehen und mir zuflüstern würde: *„Karsten, ich bin stolz auf dich! Und denk dran, ich werde euch versorgen!"* Ich spürte eine Energie in mir, die ich mit „kraftvoller Authentizität" umschreiben würde.

Doch wie sollten wir an diesem Abend den Wagen mitnehmen können? Wir hatten nicht die erforderlichen 8.000 Euro, denn das Ganze war ja ein Überraschungskauf, und die Banken hatten zu. Über die Geldautomaten konnten wir nur 3.000 Euro abheben. Das hieße, an einem anderen Tag nochmal in den Harz fahren, einen weiteren Tag auf der Straße unterwegs sein, um den Wagen abzuholen.

Ich hatte mich schon in mein Schicksal gefügt und ging zu meiner Frau. Sie erzählte mir, dass sie und mein Sohn die ganze Zeit gebetet hätten, dass wir den Wagen mitnehmen können. Ich solle nochmal nachfragen. *Ganz ehrlich?* Ein Teil von mir war genervt – ein anderer hatte sich schon abgefunden, den Wagen später abzuholen. Aber meine Frau ist eine ausgesprochene Beterin, und irgendetwas in mir sagte: *„Tu es, frage nochmal nach!"* Ich ging zurück und wollte den Händler gerade fragen, als er mich ansprach und meinte: *Er habe nochmal nachgedacht. Eigentlich würde er das ja nicht mehr machen, aber bei uns sei das irgendwie was anderes. Er wisse auch nicht warum. Er würde uns den Wagen mitgeben und wir sollten den Rest überweisen. Wir sähen ehrlich aus ...*

Boing! Unglaublich! Es war so, als wenn Jesus wieder an meiner Seite wäre und mir zuraunte: *„Ich habe dir doch gesagt, dass ich euch versorgen werde!"*

Ein Riesenjubel brach los und mein Sohn meinte auf der Rückfahrt im neuen Auto: *„Papa, irgendwie war das toll, wie Jesus das gemacht hat!"*

Stimmt! DANKE!

Kleine Anmerkung zum Schluss: Mittlerweile leben wir seit 10 Jahren innerhalb der Gemeinschaft bei LIVE und haben unzählige dieser kleinen und größeren Wunder erlebt. Einen Anspruch darauf haben wir nicht. **Aber es gab mir weiteren Mut, wachsen und reifen zu wollen.**

Karsten Sewing | Jg. 1970 | verheiratet | 2 Kinder | Bünde | Coach, Supervisor, Therapeut, leitet Männer-Abenteuertouren | www.live-gemeinschaft.de

Der väterliche Segen

„Wie sich ein Vater über Kinder erbarmt, so erbarmt sich der HERR über die, welche ihn fürchten" (Psalm 103,13 SLT).

Ich bin in der Mitte meines Lebens angekommen, vielleicht auch schon ein Stück darüber hinaus. Auf meinem Datenblatt stechen drei Zahlen hervor:

- seit fünfunddreißig Jahren Soldat, inzwischen vor dem letzten Dienstjahr stehend,
- seit zehn Jahren glücklich verheiratet mit meiner Katinka
- und stolzer Vater und Großvater von vier, bald fünf wunderbaren Kindern und Enkelkindern.

Was auf diesem Datenblatt nicht auftaucht, ist die Beziehung zwischen meinem Vater und mir. Ein Sohn zu sein, ist keine Epoche im Leben, die mit der Volljährigkeit endet, sondern eher das Fundament auf dem sich unsere Lebensgeschichte aufbaut.

Zu meinen Lieblingskapiteln in der Bibel gehört 1. Mose 49 – der Abschnitt, in dem Jakob seine Söhne und Enkelsöhne segnet. Die Geburtsstunde der zwölf Stämme Israels ist bis heute eine Säule des jüdischen Glaubens. So segnen auch jetzt noch wöchentlich die Väter in Israel ihre Kinder, und das Land blüht.

Als mein Vater vor gut zwei Jahren unheilbar an Bauchspeicheldrüsenkrebs erkrankte, schlugen zwei Herzen in meiner Brust: das des verletzten Sohnes und jenes, das ich Jahre zuvor Jesus Christus anvertraut hatte. Die Worte und Taten meines Vaters mir gegenüber hatten tiefe Narben hinterlassen. Unzählige Male hatte ich im Gebet Vergebung ausgesprochen, hatte die Beschimpfungen, Schläge, Tritte und den beißenden Geruch nach Schnaps und Bier, die mir als Kind viele Nächte voller Angst beschert hatten, unters Kreuz gelegt. Doch der Schmerz einer verlorenen Kindheit war mir ein stiller und unangenehmer Begleiter geblieben.

Als zum wiederholten Mal seine letzte Stunde drohte und nun eine fast aussichtslose Operation bevorstand, rief ich aus meiner oberbayrischen Heimat in dem Krankenhaus im Hohen Norden an. Ich bat eine Stationsschwester, eine kurze Notiz aufzuschreiben und meinem Vater zu übergeben, bevor er in den Operationssaal gebracht werden würde. Ich fand nicht den Mut, persönlich mit ihm am Telefon zu sprechen.

Die Notiz hat er vor der Operation nicht zu Gesicht bekommen – so viel erfuhr ich. **Die wenigen Worte „Ich vergebe dir" verschwanden vermutlich irgendwo in seinem Krankenhausschrank.** Die Operation überstand er, ohne auch nur im Ansatz geheilt zu sein oder eine positivere Perspektive erhalten zu haben.

Wenige Wochen später, nachdem er aus dem Krankenhaus entlassen worden war, machte ich mich auf den Weg in den Norden. Im Gepäck eine Bibel, darin geschrieben ein Übergabegebet und im Herzen einen Impuls meines Herrn Jesus Christus, fuhr ich zunächst nach Lüneburg zu meiner Tochter Sophie. Am folgenden Tag fuhr ich mit ihr zu meinen Eltern. Während der zweistündigen Fahrt sprachen wir nicht viel über den bevorstehenden Besuch, doch vereinte uns die Überzeugung im Glauben und das Vertrauen in Gott, dass etwas Besonderes bevorstand.

Während eines kurzen Stopps an einer Tankstelle notierte ich einige wenige Worte auf einem Blatt Papier. Sie waren lange vorher gereift, aber erst jetzt erschien mir der Zeitpunkt gekommen.

Der Anblick meines Vaters war ein Schock. Er war inzwischen bis auf die Knochen abgemagert, nur noch ein Schatten seiner selbst. Früher ein kräftiger Mann, wog er nun weniger als fünfzig Kilo. Es kam einem Wunder nah, dass er sich überhaupt auf den Beinen hielt, als er uns zögerlich begrüßte. Der Schleier des Vergessens aus den vergangenen Jahren bekam erste Risse. Ich glaube, nein, ich bin mir sicher, er ahnte bereits, dass die Zeit des Totschweigens an diesem Tag enden musste.

Nach dem obligatorischen Kaffeetrinken mit wenigen oberflächlichen Gesprächsfetzen zogen sich meine Mutter und Sophie in die Küche zurück. Alleine mit meinem Vater im Wohnzimmer, spürte ich, wie eine Flut aus Vergebung und Mitgefühl die letzten Mauern in mir zum Einsturz brachte. Nervös zog ich das Blatt Papier aus meiner Hosentasche, faltete es auseinander und blickte meinem Vater tief in die trüben Augen.

„Ich habe eine große Bitte an dich, einen einzigen Wunsch, den du mir erfüllen kannst."

Sein Blick wanderte hektisch zwischen meinem Gesicht und dem Stück Papier in meiner Hand hin und her. *„Was meinst du?"*, fragte er.

„Ich möchte, dass du mir deinen väterlichen Segen gibst."

Seine Augen weiteten sich und der schmale Körper vibrierte. *„Was soll ich? Was meinst du? Muss ich nicht in einer Kirche ..."*

Ich unterbrach ihn. *„Du musst nicht einmal dein Leben übergeben ha-*

ben." Ich stand auf und hielt ihm den Zettel hin. *„Sprich bitte nur das aus, was dort steht. Die Worte entfalten ihre Wirkung von ganz alleine."*

Er nahm den Zettel, beugte den Kopf, warf einen flüchtigen Blick darauf und seufzte tief. *„Gut. Wenn du das willst."*

Gerade wollte er ausholen, um zu lesen, da ging ich zu seinen Füßen auf die Knie und ergriff seine Hand. *„Warte noch, leg mir erst deine Hand auf den Kopf, und dann lies langsam vor."*

Ich löste meinen Griff, schloss die Augen und spürte schließlich seine zitternde Hand auf meinem Schopf.

„Mein geliebter Sohn ...", seine Stimme brach zum ersten Mal, *„... möge Gott, der Herr, dich auf allen deinen Wegen beschützen. Du sollst ein Segen sein für die, die dir anvertraut sind und meine größte Freude. Möge meine väterliche Liebe dich auf ewig begleiten. Ich danke Gott dafür, dass er mir diesen Sohn anvertraut hat. Kraft, Liebe und Gottvertrauen mögen deine stetigen Begleiter sein. Nimm meinen Segen und wisse, wie stolz ich auf dich bin. Amen!"*

Langsam öffnete ich meine feuchten Augen. **Als ich aufsah, lag ein Leuchten auf dem tränennassen Gesicht meines Vaters.** Ich stand auf und umarmte seinen zerbrechlichen Körper, der jegliche Bedrohung aus meinen Kindertagen verloren hatte.

Es vergingen Minuten, bevor ich mich wieder von ihm löste. Erst dann bemerkte ich meine Tochter, die im Türrahmen stand und ergriffen zu uns herübersah. Ich winkte sie heran und gemeinsam beteten wir inständig und mit Vollmacht für die Gesundheit meines Vaters. Zum Abschluss übergab ich ihm die Bibel und erklärte ihm die Bedeutung des Übergabegebets.

Er war noch immer überwältigt, aber auch verunsichert, so dass er sich Zeit ausbat, bevor er den nächsten Schritt gehen wolle. Es brauchte nur wenige Wochen. Als ich meine Eltern das nächste Mal besuchte, zusammen mit meiner Frau, lag die Bibel auf seinem Nachttisch. Als Katinka ihn fragte, ob er sein Leben nun übergeben wolle, bejahte er inbrünstig.

Gemeinsam sprachen wir mit ihm das Übergabegebet. Meine Mutter hingegen war mit der Entwicklung überfordert. Sie flüchtete auf die Terrasse. Als meine Frau ihr erklärte, dass Gottes Geschenk, sein Opfer am Kreuz von Golgatha, auch für sie bestimmt war, brach der Schmerz vieler Jahre aus ihr heraus. **An diesem Nachmittag schütteten meine Eltern mir erstmals ihr Herz aus, erzählten mir von der Tragik ihres**

Lebens, von Episoden, die mir in all der Zeit verborgen geblieben waren.

Es glich einer Morgendämmerung, dem späten Aufbruch in eine neue Beziehung. Kein Platz mehr für die Verletzungen der Vergangenheit. Mein inneres Kind fand Frieden.

Ein Jahr später saß ich am Sterbebett meiner Mutter. Wenige Stunden bevor sie ging, übergab auch sie ihr Leben dem Herrn.

Mein Vater lebt noch immer, zwei Jahre nach dem Todesurteil der Ärzte. Er ist noch immer schwach und oft dem Tode nahe, aber das Wort Gottes hat auch weiterhin einen Platz auf seinem Nachttisch, und sein väterlicher Segen bleibt auf ewig der Anker unserer nunmehr regelmäßigen Gespräche.

Vergebung und Buße schaffen Platz in unseren Männerherzen und öffnen den Horizont für die Prophezeiung des Herrn!

... und ein Mann wird sein wie ein Bergungsort vor dem Wind und wie ein Schutz vor dem Unwetter, wie Wasserbäche in einer dürren Gegend, wie der Schatten eines mächtigen Felsens in einem erschöpften Land (Jes 32,2 SLT).

Stefan Ackermann | Jg. 1966 | verheiratet | 3 Kinder, 2 Enkel | Tutzing/Oberbayern | Berufssoldat (Offizier)

Einer für alle, alle für einen

Dieses Wochenende kann deinen Charakter verändern, verspricht das Werbeheft für ein Charakterwochenende der Bewegung *Der 4te Musketier* vollmundig. Von *Grenzerfahrungen* ist da die Rede. Vom *Kräftemessen und Verantwortungtragen*. Und auch davon, sich *Gott hinzugeben* und *geistlich alles zu geben*.

Ich werde neugierig und mache mich erst mal schlau: *Der 4te Musketier* ist eine Männerbewegung, die in den Niederlanden begonnen hat und seit einigen Jahren auch in Deutschland aktiv ist. Ziel ist, in Anlehnung an den Roman *Die drei Musketiere* Verantwortung zu übernehmen für Familie, Gesellschaft und den König – in diesem Fall natürlich König Jesus. So wie der Held D'Artagnan mehrere Prüfungen ablegen musste, um der Vierte im Bunde zu sein, sollen auch hier Männer als *Musketier-Anwärter* in ihrem Ehrgeiz und ihrem Verantwortungsgefühl gestärkt werden.

Zuerst zögere ich, denn in dem, was landesweit als „Männerarbeit" angepriesen wird, finde ich mich meistens nicht wieder. Ich brenne nicht für Motorräder, bin kein leidenschaftlicher Handwerker und kann auch bei anderen Themen wie Auto und Sport nicht mitreden. Aber diese hier beschriebenen Outdoor-Erfahrungen und das Musketier-Motto *Einer für alle – alle für einen* klingen spannend. Also gebe ich mir einen Ruck und melde mich an. **Ich nehme mir vor, offen zu sein für das, was Gott mir persönlich zu sagen hat.**

An einem verregneten Oktoberabend um 22 Uhr stehen etwa fünfzig Männer mit Regenjacke, Warnweste und Rucksack auf einem Parkplatz in den belgischen Ardennen. Es gibt eine kleine Einführung. Einer soll hinter dem anderen herlaufen. Und dann geht es los. *Wohin?* Das wird nicht gesagt. *Wie lange?* Abwarten.

Irgendwann kommt dann der nächtliche Auftrag: *„Zelt aufbauen!"* *Wo sind wir? Wie spät ist es?* Keiner weiß es. Uhr und Handy mussten wir zu Beginn der Reise abgeben. Wir bauen kleine Zwei-Mann-Zelte auf und kriechen in die Schlafsäcke.

Mitten in der Nacht heißt es wecken, aufstehen, frühstücken, Zelt abbauen, Rucksack packen. *Okay, wir sollen an unsere Grenzen kommen,* denke ich mir, *wir haben es ja nicht anders gewollt.* Also beschwere ich mich nicht, auch wenn ich das auf jeder anderen Wochenend-Freizeit unverschämt gefunden hätte.

Beim Floßbauen in kleinen Teams am nahe gelegenen Fluss wird es hell, und langsam kehrt so etwas wie Teamgeist und Ehrgeiz in die müden Glieder der Musketier-Anwärter zurück. Das frisch gebaute Floß wird zu Wasser gelassen, die sechs Floßbauer schippern einen eiskalten Fluss entlang. Dann rein in trockene Klamotten, Rucksack auf und weitermarschieren.

Im Laufe des Weges stoßen wir immer wieder auf Musketier-Mitarbeiter, die uns biblische Inputs geben. Von David, der auch so etwas wie ein Musketier vor dem Herrn war. Er hat Gott in seinem Herzen als König verehrt, er ist für Familie, Gemeinschaft und Gerechtigkeit eingetreten. Interessante Gedanken. Aber für mich nicht wirklich bahnbrechend neu. Ich nehme mir vor, trotzdem offen für Gottes ungeahnte Botschaft zu bleiben.

Als es dunkel wird und noch kein Ende in Sicht ist, ermüden nicht nur die Beine, sondern auch die Sinne. **Die Gespräche werden dünner, das Tempo langsamer, die Pausen häufiger.** Aber man hilft sich, man ermutigt sich, man stützt sich. Man wartet, man trägt den Rucksack der Schwächeren. Irgendwann kommt man dann völlig fertig auf dem Platz für das nächtliche Lager an.

Um ein großes Feuer herum stehen schon zehn bis zwanzig Männer und halten ihre langen Unterhosen zum Trocknen vor die Flammen. Bei den damaligen Musketieren Athos, Porthos und Aramis schwer vorstellbar. Aber egal. Wir haben heute gekämpft, jetzt lassen wir unsere hausfräuliche Seite raus. Ich packe meine nasse Thermo-Unterhose aus und stell mich dazu. Auch eine neue Art von Gemeinschaft und Solidarität unter Männern, die ich so noch nicht erlebt habe.

Die actionreichen Spiele am nächsten Vormittag machen irre viel Spaß. Doch zwischendurch frag ich mich immer mal wieder: *Wo ist jetzt hier meine geistliche Neuerkenntnis? Was will Gott mir sagen?* Ich übernehme doch schon Verantwortung für Familie, Gemeinde und Gerechtigkeit. Die Baustellen meines Charakters kenne ich auch. Soll ich jetzt noch eine eröffnen?

Später werden wir aufgefordert, mit voller Montur 900 Meter in einem reißenden Fluss entlang zu waten, der uns teilweise bis zum Bauch geht – flussaufwärts natürlich. *„Das ist deine persönliche Herausforderung!"*, erklären die Mitarbeiter. *„Frag dich unterwegs: Wo bist du vielleicht mit Gott am Kämpfen? Oder mit dir selbst?"*

Ich stelle mich der Herausforderung und staune, wie lange und anstrengend 900 Meter sein können. Aber gedanklich komme ich nicht wirklich weiter. Ich habe im Moment keinen persönlichen Kampf mit Gott. Und mit mir auch nicht. Muss ich mir denn jetzt was ausdenken? Nein, bestimmt nicht. Ich beschließe die Herausforderung zu genießen und geh einfach mal weiter.

„Gott, wenn du mir was zu sagen hast, hast du nicht mehr lange Zeit", bete ich leise, während ich mir nach der Flusswanderung trockene Kla-

motten anziehe. *„Du hast mich auf dieses Wochenende geschickt. Du hast es möglich gemacht, du hast alle Hindernisse aus dem Weg geräumt. Ich dachte, du hättest mir was mitzuteilen. Jetzt ist es bereits Samstagnachmittag, so viel kriege ich auch ohne Uhr noch mit. Morgen Vormittag ist dieser Trip zu Ende. Also fang bitte mal langsam an zu reden."*

Auf meinem Weg vom Flussausstieg zurück zum Lager legt mir ein Mitarbeiter mit den Worten *„Jesus nimmt dir deine Last ab"* einen Baumstamm auf die Schultern. Ich beschwere mich natürlich nicht. Ist'ja klar, was die mir zeigen wollen: Ich krieg jetzt eine Last aufgelegt, und später leg ich sie wieder ab, und dann soll ich spüren, wie gut das tut. Von mir aus. Also geh ich tapfer mit dem Kreuzigungs-Querbalken auf den Schultern weiter. Und weiter. Und weiter. Nach spätestens 500 Metern kann ich nicht mehr. Wie weit denn noch?

Da steht ein Mitarbeiter und liest Teile aus Jesaja 53 vor: *„Er trug unsere Krankheit und nahm auf sich unsere Schmerzen ..."* Kurz darauf noch einer. Er liest Passionstexte. Meine Arme werden steif, mein Nacken wird steif. Ich kann schon nicht mehr gerade gehen.

Bei aller Liebe zu religionspädagogischen Spielchen – ich finde, jetzt reicht es mal! Da, schon wieder ein Mitarbeiter, der was vorliest. Dem knall ich gleich den blöden Balken in die Fresse. Soll er ihn doch selbst tragen! Ich hab keinen Bock mehr auf Spielchen! Meine Arme brechen gleich ab! Wieso trag ich diesen Balken überhaupt noch? Ich könnte ihn jetzt schön hier in die Ecke schmeißen und das Spiel beenden. *Ich muss hier keinen Preis gewinnen; wieso mach ich diesen Blödsinn überhaupt noch mit?*

Doch all die anderen vor mir tragen ihn auch. Und ich werde hier jetzt nicht auf den letzten Metern aufgeben. Ich nicht! Mir ist schwindlig, mir ist schlecht, ich kann nicht mehr, ich will ins Bett ...

Dann endlich das Ende. Der Balken kracht hinter mich auf den Stapel anderer Balken. Meine Arme sind taub. Ich taumle zu der Bank am Lagerfeuer, wo sich bereits andere versammelt haben, setze mich und schließe die Augen.

Ich habe das Gefühl, mit dem Balken sind mir alle Lasten dieser Welt abgefallen. Die Last der Kontrolle. Die Last der To-Do-Listen, der Apelle, der ständigen *„Was muss ich jetzt noch für dich tun?"*-Fragen ...

Als flüstere eine Stimme in mir: *„Entspann dich. Hier gibt es keine neue To-Do-Liste. Ich habe dir dieses Wochenende freigeschaufelt, weil ich Zeit mit dir verbringen wollte! Hörst du? Zeit! Spielen, Leute kennen lernen, lachen, auspowern – alles in Gemeinschaft mit uns beiden! Kapierst du endlich, dass ich mich nach dir sehne, auch ohne, dass ich ständig etwas von dir erwarte? Ich habe dir deine Lasten abgenommen. Also lad du dir nicht andauernd selbst wieder welche auf."*

Weinen ist nicht so mein Ding. Aber während ich das so denke und höre, kommen mir die Tränen.

Es folgen ein Abendmahl, die offizielle „Musketier-Ernennung" und ein Abschlussfest im Wald. Beim Abschlussgottesdienst am Sonntag erzählen weinende Männer ihre Begegnungen mit dem lebendigen Gott. ***„Ich hab Pipi in den Augen"***, bekennt einer, als die nicht enden wollende Zeugnisrunde vorbei ist. Nicht nur er. Ich auch. Und ich wette, alle anderen Männer hier unter der Eisenbahnbrücke in den Ardennen auch.

Was Gott in diesen Männern bewirkt hat, wie er sie angespornt, ermutigt, bewegt hat, das lässt hier keinen kalt. Und als später alle gemeinsam das Vaterunser beten, klingt das wie ein Schlachtruf, wie ein Bekenntnis vor dem König aller Könige, in strammer Haltung ausgerufen von einem Heer von Musketieren, die nur eins im Sinn haben: dem König zu dienen. Und zwar dem König, dem sie an diesem Wochenende begegnet sind. Und der sie herausgefordert hat zu kämpfen. *Einer für alle und alle für einen.*

Harry Voß | Jg. 1969 | verheiratet | 2 Kinder | Gummersbach | Autor (u.a. Der Schlunz), Bereichsleiter für die Arbeit mit Kindern beim Bibellese-bund e.V. | www.harrysblog.de
Aktuelles Buch: „Woran merke ich, dass Gott mich liebt?" Kinderfragen über Gott und die Welt, Verlag SCM R.Brockhaus

Power-Connection

Bist du ein Power-Mann? Mit Power-Anzug, Power-Schuhen, Power-Aftershave, Power-Unterhose in Rot und Power-Krawatte? Ich war so einer. Es gab tatsächlich Zeiten in meinem Leben, in denen ich mir einbildete, ich könne alles schaffen, wenn ich es wirklich wollte und hart daran arbeitete.

Das nennt man landläufig Stolz. Ein Kennzeichen von Stolz ist die Abwesenheit von Demut. Demut wiederum wird einem von Gott gelehrt. So war es jedenfalls bei mir. Klar, ich war mit Gott unterwegs; habe immer wieder gebetet und versucht, ihn bei wichtigen Entscheidungen einzubeziehen. Im Kern ist Jesus jedoch eher mir hinterhergelaufen, als dass ich wirklich ihm konsequent nachgefolgt bin.

Ein bevorzugtes Erziehungsmittel Gottes sind Krisen. Um sich weiterzuentwickeln, brauchen viele Männer offenbar diese Notsituationen. Wir haben eine gewisse Veränderungsresistenz und großes Beharrungsvermögen – wie ein gestrandeter Wal. Wir fühlen uns in unserer schöngeredeten Komfortzone pudelwohl. Wir sind Meister der Verdrängung. Wenigsten war das bei mir der Fall.

Ich will dir jetzt nicht irgendwelchen Humbug erzählen wie „Umarme deine Krise" oder gar von dir erwarten, dass du dankbar für die bescheidene Situation sein solltest, in der du gerade steckst. **Nein – seien wir mal ehrlich – Krisen sind beschissen!** Mir fällt keine bessere Beschreibung ein. Keiner ist versessen darauf, sie zu erleben. Niemand will mit schwierigen Situationen und unangenehmen Gefühlen konfrontiert werden. Ich möchte dir aber Mut machen, die Chance in deiner Krise zu entdecken ... sozusagen deinen persönlichen Goldklumpen im Misthaufen zu finden.

Krisen sind der Ausgangspunkt für Wunder und für nachhaltige Veränderung. Die Grundlage für Wunder ist, das man vorher in Not war. Seelen, Körper, Beziehungen und Finanzen, die gesund sind, brauchen keine Wunder; die Kranken, Schwachen und Verzweifelten schon. Also, ich verspreche dir, wenn du gerade mitten in einer fetten Krise steckst, Gott hat dein ganz persönliches Wunder für dich parat – was sage ich – weit mehr als eines. Oft nicht so, wie und wann wir uns das ausmalen oder an dem Punkt, wo wir es eigentlich erwarten. Aber im Endeffekt immer besser, als wir uns das jemals hätten vorstellen können. Gott ist unendlich viel größer als unsere Vorstellungskraft (vgl. Epheser 3,20).

Ich weiß, wovon ich rede. In den letzten Jahren haben mich mehrere Krisen ganz schön umgehauen. Von wegen: hinfallen, aufstehen, Krönchen richten und weiterlaufen. Realistischer ist, auf die Schnauze fallen und weiterkriechen und irgendwie funktionieren.

■ Angefangen hat es mit dem Burnout meiner Frau. Das warf unsere Ehe und Familie völlig aus der Bahn. Nichts war wie vorher, die eingebildete gute alte Zeit endgültig vorbei. Die wichtigste Säule in meinem Leben war eingebrochen.

■ Eine meiner Töchter hatte eine sehr schwere Phase in der Schule. Jugendliche können wirklich grausam zueinander sein. Ich war mit ihren vorpubertären Verzweiflungsausbrüchen völlig überfordert. Zu diesem Zeitpunkt war ich ihre einzige Vertrauensperson. Ich fühlte mich so allein und hilflos.

■ Hinzu kam, dass sich meine nicht ganz optimalen Blutwerte verschlechterten. Eine Odyssee von Facharztbesuchen, Untersuchungen und frühmorgendlichen Blutabnahmen begann. Medikamente mit beunruhigenden Nebenwirkungen wurden getestet.

■ Durch fragwürdige Umstrukturierungen wurde das, was ich in den letzten Jahren beruflich mit viel Herzblut aufgebaut hatte, schnell mal über Bord geworfen. Mir wurde die tragfähige Vision genommen, die mir Sinn gab, mich motivierte und Energie lieferte. Meine Perspektive war, das letzte Drittel meines Berufslebens als Söldner vor mich hin zu vegetieren. Gut bezahlt – aber innerlich hohl und leer.

Jackpot: Alles kam zusammen. Krise in der Ehe, in der Familie, in der Gesundheit und im Berufsleben. Was will man mehr? Das hat mich innerlich wirklich umgehauen. Meine Seele kroch auf allen Vieren. Klar habe ich nach außen weiterhin prächtig funktioniert – als Ehemann, Vater und Chef – war immer noch Stütze und Halt für andere. Nur wenigen Menschen offenbarte ich mich. Innerlich war ich haltlos, ziellos und hoffnungslos. Ich begann, Dinge zu verändern, habe hart an mir gearbeitet, mich weiterentwickelt und vieles gelernt. Manches hat sich auch verbessert. Doch mit jedem gelösten Problem erschienen mindestens zwei neue. Obwohl ich mich mächtig ins Zeug legte, Wunder konnte ich nicht vollbringen. Keine Hoffnung in Sicht. Nicht einmal fern am Horizont.

Ich war genau da, wo Gott mich haben wollte: auf meinen Knien und betend. Letztendlich soll uns unser vorprogrammiertes Scheitern genau dorthin bringen – damit das Gleichgewicht der Schöpfung wieder geradegerückt und unser Ego auf die richtige Größe zurechtgestutzt wird. Durch unseren Kniefall vor Gott finden wir Frieden und entfalten unsere gottgegebene Bestimmung, die er in unseren Talenten, Stärken und Leidenschaften angelegt und vorbereitet hat. Wir besinnen uns auf den für uns vorgesehenen Segensweg. Gott will uns nicht demütigen, dafür liebt er uns zu sehr. Er will uns aber Demut lehren, damit wir Ehrfurcht vor ihm lernen. Auf dieser Ehrfurcht liegt unglaublich viel Segen. Lies selbst mal in der Bibel nach.

Vielleicht denkst du dir jetzt: Wie blöd ist der eigentlich? Gebet ist doch das Erste, woran man als Christ denkt. Stimmt, so sollte es sein! Natürlich habe ich auch vorher schon gebetet und andere darum gebeten, dies ebenfalls für mich zu tun. In der irrigen Meinung, je mehr Leute für mich beteten, desto erfolgversprechender sei es. Das war alles sehr tröstlich und hilfreich. Die richtige Veränderung kam aber erst, als ich meine eigene Haltung veränderte und anfing, wieder eine lebendige und tragfähige Beziehung zu Jesus aufzubauen. Ich hörte auf zu glauben, dass ich das alles allein schaffe, und begann darauf zu vertrauen, dass Gott alles schaffen kann. Der entscheidende und alles verändernde Bibelvers war und ist für mich Johannes 15,5 (HFA):

Ich bin der Weinstock, und ihr seid die Reben. Wer mit mir verbunden bleibt, so wie ich mit ihm, der trägt viel Frucht. Denn ohne mich könnt ihr nichts ausrichten.

Die Verbindung zu Jesus ist der Schlüssel. Viele Jahre war ich auf dem Holzweg, meine eigene Energie ins Fruchtbringen zu investieren. Darin war ich gut. Darin sind wir Männer gut. Wir erreichen Ziele. Wir feiern Erfolge. Wir liefern und verlieren dabei zuerst den Kontakt zu Jesus und dann zu uns selbst. Irgendwann funktionieren wir nur noch. Die Verbindung zu Jesus ist verkümmert, und wir pflegen meist nur noch geistliche Routinen und Gewohnheiten.

Ich durfte lernen, dass sich alles verändert, wenn ich meine verbliebene Restenergie in die Belebung der Beziehung zu Jesus stecke – dem wahren Weinstock – alles, was mir noch zur Verfügung stand. Erst durch diese vorbehaltlose Investition wendeten sich die Dinge nachhaltig zum Guten. Ich habe verstanden, dies zu meiner Toppriorität zu machen, denn die Verbindung zu Jesus ist kein Selbstläufer. Wie jede anderen Beziehung auch, muss sie gepflegt werden. Das erfordert Zeit und Ruhe. Es muss exklusiver Raum dafür geschaffen werden. Ein „Vater-Unser-to-go" ist zu wenig, um dauerhaft tragfähig zu sein. Der sonntägliche Gottesdienst alleine reicht leider auch nicht aus, sorry.

Du brauchst deine ganz persönliche Zeit mit Jesus. Jeden Tag. Für mich ist es mittlerweile wie eine geistliche Erfrischungsdusche am Morgen geworden. Keine moralische Pflichtübung, wie wir es vielleicht einmal gelernt haben. Es ist eine pure Lebensnotwendigkeit. Jesus verspricht uns, dass er dann auch in uns bleibt. Wenn nicht, verdorren wir. Zuerst geistlich und dann auch in unserem Leben. Ohne ihn können wir nichts ausrichten. Nur durch eine starke Verbindung mit Jesus – eine Power-Connection – sind wir mit der Quelle des lebendigen Wassers verbunden. Das Fruchtbringen wird dann einfach geschenkt, ganz nebenbei.

Falls du mitten in einer Krise steckst, wenn es dir geht wie in Psalm 69 beschrieben und dir das Wasser bis zum Hals steht, begib dich auf deine Knie (oder raffe dich mit letzter Kraft vom Boden auf deine Knie hoch) und fang an zu beten. Mach es auch, wenn es dir eigentlich ganz gut geht. Dann kannst du dir möglicherweise einiges ersparen.

Bete jeden Tag, so oft es dir möglich ist. Das kannst du nicht delegieren. Auch nicht an deine Frau. Werde zum Beter. Jeder kann und muss ein Beter werden. Lass dir nichts anderes einreden! Beginne, darauf zu hören, was Gott dir zu sagen hat, und mach es dann auch. Lies so oft es geht in seinem Wort. Und tue alles, was in deiner Macht steht, um die Verbindung zu Jesus zu beleben, aufrechtzuerhalten und zu verstärken.

Dann wirst du alles erleben, was auch ich erleben durfte: Trost, Hoffnung, Annahme, Identität, Frieden und natürlich kleine und große Wunder. Es ist ein Prozess, der sich beständig als Segen für dich, deine Familie und dein Umfeld entfaltet.

Einige Bereiche meines Lebens haben sich seither prächtig entwickelt. Weit besser, als ich mir das jemals hätte vorstellen können. Andere Bereiche sind noch eine ordentliche Baustelle. Trotzdem durfte ich auch dort innere Heilung und Frieden erleben. Und alles nur, weil ich mich auf die Verbindung zu Jesus fokussierte. Ich habe mich auf das Abenteuer Nachfolge eingelassen, und mein Leben ist spannender und aufregender denn je geworden. Das wünsche ich auch dir von Herzen!

Thomas Fremdt | Jg. 1971 | verheiratet | 2 Kinder | Oberderdingen | Geschäftsführer | www.powerconnection.de

Neuer Job gefällig?

Meinen kurzen Arbeitsweg von zehn Minuten hatte ich immer sehr geschätzt. Doch nun waren meine Frau und ich glücklich in eine gemeinsame Wohnung gezogen, welche 40 Kilometer von meiner Arbeitsstätte entfernt lag. **Nun hieß es, täglich eineinhalb Stunden – bei schlechtem Wetter oder Baustellen auch zwei Stunden – für die Hin- und Rückfahrt einzurechnen.** So manches Hörbuch verkürzte subjektiv die Fahrt, und ich sah es als Fortbildungszeit. Der Optimismus war groß, denn alles war neu und aufregend, der Job machte Spaß und war für das Selbstwertgefühl wichtiger, als mir damals im Oktober 2016 bewusst war.

Als Abteilungsleiter im Bereich Service hatte ich ein achtköpfiges Team um mich, welches ich zum großen Teil selbst ausgebildet und herangezogen hatte. Nicht umsonst waren meine Kollegen ein Grund, weshalb ich gerne zur Arbeit ging. Auch für den Bereich Ausbildung schlug mein Herz, weshalb ich 2013 bereits stellvertretender Ausbildungsleiter wurde. Diese doppelte Leitungsverantwortung war herausfordernd und verlangte neben der stets steigenden Auftragslage auch entsprechende Überstunden. So kam es nicht selten vor, dass ich neuerdings erst zwischen 19 und 20 Uhr nach Hause kam und um 22 Uhr müde ins Bett fiel.

Das war frustrierend, denn die „Work-Life-Balance" war für mein Empfinden nicht mehr gegeben. Daher arbeitete es in mir und ich dachte die Optionen durch. Ein neuer Job in der Nähe oder vielleicht mehr Home-Office-Anteil?

Du musst wissen, dass ich die Angewohnheit habe, wichtige Anliegen bzw. Personen auf Karten zu schreiben und diese morgens im Gebet vor Gott zu bringen. So sammelten sich im Laufe der Zeit einige Karten an.

Es war ein langer Prozess, bis ich mich entschloss, dringend eine Weiterbildung nachzuholen, um die Weichen für einen neuen Job zu stellen. Allerdings schätzte ich die Chancen auf eine vergleichbare Stelle als sehr gering ein. Eine leitende Funktion, z.B. als hauptamtlicher Ausbilder oder IT-Service-Leiter, schwebte mir vor. So schrieb ich auf eine Gebetskarte „Beruf: Björn – neuer Job", auf eine andere „Weiterbildung".

Ich prüfte das Angebot an Weiterbildungen. Doch alle technischen Fortbildungen kamen nicht zustande, was frustrierend war. Schließlich fiel mir der IT-Business-Manager (zu Deutsch: IT-Projektleiter) bei der IHK ins Auge, für welchen ich mich entschied.

Aber wie sollte diese Weiterbildung noch in mein enges Zeitfenster passen? Sie wurde nur samstags ab 7.30 Uhr in Augsburg angeboten. Bei der Vorstellung, nun zusätzlich samstags um 6 Uhr nach Augsburg loszufahren, war mir klar, dass meine Nerven nach kürzester Zeit blank liegen würden. Meine Frau gab mir den Tipp, meine jetzige Arbeit auf 80 % zu reduzieren, so dass ein freier Tag in der Woche dabei herauskäme. Den Verdienstausfall würden wir verkraften.

Gesagt, getan – mit gut vorbereiteten Unterlagen konnte ich meinen Chef davon überzeugen, meine Arbeitszeit zu reduzieren. **Das war ein kleines Wunder**, denn mein direkter Vorgesetzter hatte sich deutlich dagegen ausgesprochen. Seine Gründe, die viele Arbeit und die ohnehin notwendigen Überstunden, waren durchaus nachvollziehbar.

Mein Team stand hinter mir, wofür ich sehr dankbar war. Ich meldete mich also für die Weiterbildung, welche über zwei Jahre dauern sollte, verbindlich an: Der Weg zur beruflichen Veränderung schien geebnet.

Doch die Arbeit und der Druck stiegen weiter an. Hinzu kam, dass mich beim Autofahren die Müdigkeit fast zu überwältigen schien und Sekundenschlaf drohte. Ich wurde mir immer mehr bewusst, dass ich so nicht weitermachen konnte. Es schien nur noch Arbeit und Autofahrt zu geben, und die Kopfarbeit schlauchte mich gewaltig.

Über ein Seminar durfte ich dann lernen, dass auch nicht-körperliche Arbeit den Menschen ermatten kann, was auch der Grund war, warum ich unter der Woche kaum noch Kraft für Sport hatte. Das zog wiederum Rücken- und Gelenkschmerzen nach sich.

Schließlich machte ich mich mit den IT-Firmen rund um meinen neuen Wohnort vertraut, und mir fiel sofort eine Firma ins Auge. *„Ja, das ist es!"* sagte ich mir. In einer Firma mit Schwerpunkt auf IT und von dieser Größe könnte ich mich optimal einbringen, auch wenn ich schweren Herzens mein Erarbeitetes hinter mir lassen musste. **Dann traf mich sprichwörtlich der Schlag, als ich sah, dass eine Stelle als Serviceleiter ausgeschrieben war, die große Ähnlichkeit mit meinem bisherigen Job aufwies.** Jetzt galt es, sich schnell zu bewerben. Das war Mitte 2018.

Leider war das Stellenangebot kurz darauf schon gelöscht. Ich ließ jedoch nicht locker, bewarb mich initiativ und konnte mich nach ein paar freundlichen Telefonaten über ein sehr angenehmes Bewerbungsgespräch freuen. Die Stelle war wie vermutet bereits vergeben; wir verblieben jedoch so, dass die Unterlagen einbehalten würden und wir Ende des Jahres nochmal in Kontakt träten.

Jetzt hieß es warten und vertrauen ... und durchhalten. Ich ging noch einen Schritt weiter und sagte zu meiner Frau sinngemäß: *„Diese Firma oder keine!"* – worüber sie sich wunderte. Durch den Eindruck aus dem Bewerbungsgespräch wusste ich, wohin ich wollte.

Zwischenzeitlich hatte die Weiterbildung begonnen, und am Ende des Jahres richtete ich per E-Mail meine Grüße an die Herren des Bewerbungsgesprächs, in der Hoffnung, dass die Sache neu ins Rollen käme. Jedoch Fehlanzeige. Trotzdem blieb ich überzeugt, dass Gott mir den Weg ebnen würde. *„Es wird klappen!"*

Es verging ein Jahr, und mir ging langsam die Puste aus. *Hatte ich mich geirrt? Wird es nichts mit dem Traum, ein Teil dieser Firma zu werden?* Meine Frau empfahl mir, ich solle mich noch woanders bewerben. Als vernünftiger Ehemann tat ich es bei zwei weiteren etablierten Firmen, von denen jedoch Absagen kamen; und die andere Firma hüllte sich in Schweigen.

Es waren inzwischen eineinhalb Jahre vergangen, als sich der Geschäftsführer plötzlich meldete und mich erneut zum Gespräch einlud. Ich folgte gespannt seiner Einladung.

Er erzählte mir, dass die Firma im Bereich Service einiges umstellen müsse und es die Stelle, auf welche ich mich beworben hatte, nicht mehr geben würde. Es bestehe jedoch Bedarf an einem Projektmanager, eine Stelle, die zu Beginn des Jahres 2020 neu geschaffen werde. Ob ich mir das vorstellen könne? Und ob! Noch dazu passte die laufende Weiterbildung perfekt dazu. Allerdings war noch eine weitere Person in der engeren Auswahl. Der Geschäftsführer würde sich telefonisch melden.

An einem der folgenden Tage nahm ich morgens wieder eine Gebetskarte aus der Box. Darauf stand „Beruf: Björn – neuer Job". Es war, als wollte Gott sagen: *„Das packen wir heute an!"*, und ich betete dafür.

Abends bekam ich einen Anruf. Es war der Geschäftsführer, und er bot mir den Job des Projektmanagers an. Ich freute mich so, dass ich für deutsche Verhältnisse jubelnd meine Zustimmung „kundtat".

Noch gerührt von der Gebetskarte, dachte ich nach, wie Gott heute mit mir gesprochen hatte. Du musst wissen, dass in dieser Box etwa 60 Karten enthalten sind und jede eigentlich nur alle zwei Monate zum Einsatz kommt. Ich persönlich werte es nicht als Zufall, dass ich genau an diesem Tag diese Karte gezogen und den Anruf erhalten hatte.

Der Abschied von meiner bisherigen Arbeitsstelle und den Kollegen fiel mir alles andere als leicht. Aber meine persönliche Überzeugung ist, dass Gott von Anfang an dabei war. Ich wollte ursprünglich eine andere Weiterbildung machen, doch genau diese öffnete mir am Ende die Tür. **Ich arbeite heute motiviert und zufrieden in einem neuen Feld, das ich vorher nicht im Blick hatte.** Auch wenn ich frustriert war, dass ich die erste Stelle nicht bekommen hatte, ist es mir jetzt doch zum Segen geworden, denn die Stelle des Service-Leiters war durch das neue Konzept weggefallen.

Ich durfte durch diese Geschichte lernen, dass mein Gott meine Not sieht und kennt, und dass er einen Plan hat sowie Vertrauen und Geduld belohnt.

Björn Kapfer | Jg. 1986 | verheiratet | Nördlingen | IT-Projektmanager

Liebe – vom Entscheiden zum Fühlen

Als meine Frau im Februar vor zwei Jahren schwanger wurde, war es der Anfang einer an vielen Punkten herausfordernden Reise. Einen kleinen Teil davon möchte ich mit euch teilen.

Im Juni begann die Schwangerschaft schwierig zu werden; bereits im August kam die kleine Livia zur Welt – 16 Wochen zu früh und schwer krank. Die Ärzte gaben ihr sehr wenig Chancen, und so wussten wir lange Zeit nicht, worauf wir uns einstellen sollten. Wird sie überleben? Wie wird unser Leben nun aussehen? Doch eine Frage stand über allen anderen: Warum, Gott?

Warum lässt du das zu? Warum diese Ungewissheit? Warum dieses Leid? Wo bist du? Warum ich? ...

Vielleicht hast du dich auch schon mal im Stich gelassen gefühlt. Daraus resultiert oftmals ein Gefühl des Ungeliebtseins.

Im Verlauf der ersten Lebensmonate meiner Tochter fühlte ich mich oft im Stich gelassen. Sowohl von Menschen, als auch von Gott. Besonders schmerzhaft war das Gefühl, von Gott im Stich gelassen zu werden. Ich wusste doch, dass ein Wort von ihm reichen würde, und es würde geschehen. Er könnte meine Tochter gesund machen, könnte meine Probleme lösen, meine Fragen beantworten ...

Anfangs habe ich noch viel zu ihm geschrien, ihn gebeten einzugreifen, doch es geschah nichts. Ich kam mit meinen Fragen zu ihm, doch erhielt ich keine Antwort. Ich klagte und flehte ihn an, kam mit meinem Schmerz zu ihm, doch scheinbar war er fern. Sein Handeln und sein Reden blieben aus. Ich distanzierte mich immer mehr von ihm, fühlte mich ungeliebt; seine Nähe war mir ein Stück weit egal geworden. Die Kraft dranzubleiben fehlte mir. *Bringt doch eh nichts*, dachte ich mir.

Ich arbeite hauptamtlich in einer Gemeinde mit, und so war ich quasi gezwungen, mich weiterhin mit Gott auseinanderzusetzen. **Lust dazu hatte ich oftmals keine.**

Irgendwann, nach zwei oder drei Monaten, begriff ich, dass es so nicht ging und ich nicht nach meiner Lust handeln konnte. Ich begann, mich aufzuraffen, mich auf den Weg zu machen. Anfangs zwang ich mich selbst dazu, mich wieder mit Gott auseinanderzusetzen. Innerlich wusste ich, dass er mich liebte, aber ich wollte es auch wieder fühlen. Eines Morgens las ich also in meiner Bibel und „stolperte" dabei über das

Doppelgebot der Liebe:

„Du sollst den Herrn, deinen Gott, lieben mit deinem ganzen Herzen, mit deiner ganzen Seele und mit deinem ganzen Denken. Dies ist das größte und wichtigste Gebot. Aber das folgende Gebot ist genauso wichtig: Liebe deinen Mitmenschen wie dich selbst" (Matthäus 22,37-39, Basisbibel).

Liebe deinen Gott? Aber wie soll ich lieben, wenn ich mich selbst nicht geliebt fühle?

Ich machte mir Gedanken über Jesus, seinen Tod, seine Liebe, die *er* gelebt hat. Und da wurde es mir (neu) klar.

Ich weiß nicht, wie es dir geht; aber was denkst du: Wie sehr hat sich Jesus geliebt gefühlt, als er für uns ans Kreuz ging? Als er für uns ausgepeitscht wurde, geblutet, gelitten hat? Vermutlich nicht so sehr. Zumindest nicht aus menschlicher Sicht. Und doch hat er sich dafür entschieden zu lieben.

An ihm wollte und will ich mir ein Vorbild nehmen. Ich will lieben. Will mich dafür *entscheiden*, auch dann, wenn ich mich nicht geliebt fühle. Ich will meine Entscheidung nicht davon abhängig machen, was ich gerade empfinde, und was der andere über mich denkt. Ich will mich nicht von Gefühlen, sondern von meiner Entscheidung leiten lassen: Ich will lieben! Gott ist es, der mich zuerst geliebt hat, und er befähigt mich dazu, zu lieben. An ihm will ich festhalten.

Ich will meinen Gott lieben, auch dann, wenn ich ihn nicht verstehe.

Ich will ihn lieben, selbst wenn meine Wege anders verlaufen, als ich sie mir gedacht habe.

Und auch den zweiten Teil des Gebots der Liebe will ich leben. **Ich will den Nächsten lieben.** Auch den, der mir Schmerzen zufügt. So wie Jesus will ich lieben. Er war in der Lage, diejenigen zu lieben, die ihn kreuzigten. An ihm will ich mir ein Vorbild nehmen.

Und: Ich will mich selbst lieben. Denn auch das steht dort. Liebe dich selbst! Ich will mich mit meinen Fehlern, meinen Macken und Schwächen lieben.

Aus mir heraus schaffe ich das nicht. Ich schaffe es nicht, Gott zu lieben, wenn er scheinbar fern ist. Wenn er anders handelt, als ich es mir wünschen würde. Ich schaffe es nicht, den anderen zu lieben, wenn er meine Gefühle mit Füßen tritt. Aber ich entscheide mich dafür, mich auf den Weg zu machen. Ich schaffe es auch nicht, mich selbst zu lieben, wenn ich Fehler mache, schwach bin, wenn ich versage, und, und, und ... Aber ich will mich dafür entscheiden. Will mich auf den Weg machen und erleben, wie Gott verändert. Gott schafft, was ich nicht schaffe. Und manchmal schafft er es auch durch mich.

Aus meiner Erfahrung kann ich euch berichten, dass ich genau das erleben durfte. Als ich mich dafür entschied, Gott zu lieben, habe ich auch wieder angefangen, seine Nähe zu fühlen. Nicht sofort, es war ein Weg. Aber es kam, Stück für Stück. Ich habe (wieder) entdeckt, wo Gott da war; habe gesehen, an welchen Stellen er die Dinge führte und leitete. Und ich erhielt auch manch eine Antwort auf meine Fragen. Gott veränderte nicht nur mein Gefühl, sondern vor allem mein Herz und meine Liebe zu ihm.

Meine Tochter ist ein wahres Wunder. Die Ärzte sind erstaunt, wie sie sich entwickelt, und wie sie es überhaupt geschafft hat zu überleben. Aus Gottes Kraft heraus war das möglich. Weil er einen Plan hat und genau weiß, was er tut. Die Wege des Herrn sind eben doch unergründlich.

Lasst uns an Gott und seiner Gnade genügen!

Weil Gott liebt! Lasst uns auch lieben!

Robert Messer | Jg. 1993 | verheiratet | 1 Kind | Berlin | Gemeindemitarbeiter

Meine erträumte Freiheit – eine neue Männlichkeit

2014, nach einer gescheiterten Firma, einer gescheiterten Ehe und dem Tod meiner Eltern, suchte mich eine Depression heim. Ich hatte sie jahrelang wegdrücken wollen, aber dann kam sie wie ein Keulenschlag. Ich brauchte elf Stunden Schlaf am Tag und konnte mich zu fast nichts mehr aufraffen. Die Krankenkasse zahlte den Höchstsatz für eine

Gesprächstherapie, aber so richtig kam ich dort nie an meine kranken Wurzeln und Aggressionen heran. Dann empfahl mir ein Pastor, ich solle es doch mal mit einem Profi der Seelsorgearbeit der GGE (Geistliche Gemeindeerneuerung der evangelischen Kirche) versuchen. **Das wurde eine der größten Segnungen meines Lebens.**

Eine der ersten Aufgaben war: *Schreibe deine Träume auf.* Das mache ich jetzt seit acht Jahren, und vor mir liegen ein halbes Dutzend dicker Tagebücher voll mit Träumen. Fast jede Nacht zeigt sich ein Aspekt meiner Seele, der gerade dran ist und an den ich ran darf. Ich bin begeistert! Seitdem gehe ich mit Pastor Dr. Wenzelmann alle zwei Wochen fast alle Träume durch und lege sie im Gebet Gott hin. Gerade diese spirituelle Seite ist mir wichtig. **Und ich gelange endlich an meine Wurzeln.**

Ein wiederkehrendes Element meiner Träume ist das Haus und darin bestimmte Räume, vom Fundament über zugemüllte Kellerräume bis zu brüchigen Leitungen und verstopften Abflüssen. Die Symbolik für mein Lebenshaus ist so klar, dass ich kaum noch Auslegung brauche. Und „das Haus" wird über die Jahre immer schöner und vor allem aufgeräumter.

Ab 2018 hatte ich immer wieder Träume von Rockern. Meistens war ich vor ihnen auf der Flucht – pure Angst. Die Rocker waren voller „Männlichkeit", mit dicken Lederkutten und ausgesprochen stark. Oft war mein Sohn in den Träumen dabei und sagte mir: *„Die Rocker sind freundlich, die wollen nichts Böses."* Aber ich lief weg. Zu diesen Träumen hatte ich kaum Zugang, obwohl ich wusste: *„Wovor du wegläufst, das will zu dir."* Es lag auf der Hand: *Eine neue Männlichkeit will zu mir. Noch unreif und halbstark, aber neu, voller Energie und Virilität.* Und ich laufe weg. Habe einfach nur Blockaden.

Ich hatte eine sehr schwierige Kindheit und Jugend, war in der Schule Außenseiter; und „Männlichkeit" wurde mir von anderen und vor allem von mir selbst nicht zugestanden. Mein Vater war ein Verstandestyp und ließ Emotionen kaum zu. Auch mein Studium förderte eher die intellektuellen Fähigkeiten: Ich bin Diplom-Wirtschaftssoziologe.

Wie so viele andere Männer, hätte ich mich hinter Job, Titel, Erfolgen und Prestige verstecken können, wäre ein „domestizierter", braver und erfolgreicher Mittelschichtsmann geworden. Glücklicherweise war mein erster wichtiger Ausbruch aus diesem Fahrwasser, dass ich Straßenkünstler und Artist wurde – **eine der besten Entscheidungen meines Lebens.**

Doch Männlichkeit, Standing und ein starkes Auftreten habe ich auch dabei größtenteils über den Kopf gelernt, das richtige Verhalten über den Verstand gesteuert. Das kann ich gut ...

Die zwölfjährige Künstlerkarriere war recht erfolgreich; ich verdiente jährlich im sechsstelligen Bereich. Aber innen drin blieb die „Kastration". Danach war ich zehn Jahre Start-Up-Consultant. **Und Anfang vierzig begann die Depression.**

Die ersten bewussten und aufgeschriebenen Träume handelten von Häusern, die von außen wunderschön waren, in die ich aber nicht reinkam. Und wenn, dann war ab dem Fundament alles brüchig, voller Gift oder verseucht. Das ist eine klare Bildsprache.

Die Grundsanierung bzw. Aufarbeitung tat am Anfang echt weh. Brutal weh. Dieses Sich-Eingestehen, was für Schmerzen in einem sind. All der ganze Scheiß, den ich weggedrückt, verdrängt und abgespalten habe. **Das Blöde ist: Auch wenn man es nicht mehr spürt – die Ablehnung, der Selbsthass, der Ekel und die Scham vor sich selbst, all das bleibt und arbeitet im Untergrund weiter.** Es wird nur hauchdünn vom Verstand gedeckt. Wie sehr können wir uns doch selbst betrügen!

Neben den Rockern hatte ich zeitgleich eine zweite Traumserie (was mehrfach geträumt wird, will wirklich bearbeitet werden). Darin bin ich nach dem zweiten Weltkrieg kurz vor dem Wiederaufbau auf der Flucht vor einer Agentin. Auch vor der habe ich panische Angst. Die „Rolle" der Agentin in meinen Träumen „übernahm" eine der schönsten Frauen, die mir im „echten Leben" begegnet ist. Die Agenten-Träume wandelten sich über eineinhalb Jahre hinweg, von der puren Flucht und Angst hin zur Zusammenarbeit und am Ende zur „Verschmelzung mit der Agentin" – nicht sexuell, sondern wir werden einfach eins. Sie wird ein Teil von mir. Der zweite Weltkrieg steht für den wirtschaftlichen Zusammenbruch und die gescheiterte Ehe nach 19 Jahren. Aber wofür steht die Agentin? Dr. Wenzelmann zeigte mir klar auf, dass die Agentin für meine eigene Attraktivität steht. Nur, ich wollte das einfach nicht glauben und lebte weiter in meiner Selbstablehnung. Der Selbsthass saß einfach tief.

Anfang 2020 kam ich zu dem Schluss, dass ich mich diesen Rocker- und Agentinnen-Träumen echt in der Tiefe stellen musste. Aus einer Mischung von Verzweiflung, Hoffnung und Vertrauen, dass mich meine Träume auch in die Freiheit führen würden, stellte ich mich diesen

Ängsten. Vier Nächte betete ich zu Gott durch und „brüllte" ihn stundenlang an, dass ich zum Thema Männlichkeit und Attraktivität seine Wahrheit annehmen wolle; dass ich die Männlichkeit, die zu mir kommen will, und meine eigene Attraktivität akzeptiere. Und wie sehr hatte ich dabei meinen Selbsthass direkt vor Augen! Konnte richtig sehen, wie ich mich aus Angst vor anderen und vor mir selbst klein gemacht habe, in das Angepasst-Sein ging und meine Männlichkeit verneinte. Das waren Entscheidungen in ganz jungen Jahren gewesen. Diesen „Mantel" durfte ich nun ausziehen und das Neue anziehen – ohne eine Ahnung zu haben, was das heißt. **Das ist ja das Schräge: Es fühlt sich an wie ein Turmsprung vom Zehner ohne Wasser.**

Für diejenigen, die es etwas „frommer" ausgedrückt haben wollen: Wenn Gott JA zu mir sagt, mich als Mann geschaffen hat, mich attraktiv findet – warum in aller Welt glaube ich ihm das nicht in der Tiefe meines Seins? Ist Jesus nicht genau dafür gestorben, dass ich wieder ganz Mensch sein darf? Ohne Entfremdung von mir und ihm?

Ich habe Dr. Wenzelmanns Worte noch exakt im Ohr, wie er mir danach sagte: *„Pass auf! Die Männlichkeit hat viel Energie, eine dicke Haut und ist noch unreif!"* Dafür steht eben das Symbol der Rocker. Aber in gewisser Weise musste ich meine Virilität halt nachholen und ausleben. Meine Jugend hatte mir da etliches geraubt, was zu mir wollte.

Und seitdem ist vieles anders. Klar, bin ich im Prozess, und manchmal fühlt es sich noch ganz nach „Anfang" an. Aber ich kann meine Außenwirkung auf Frauen und Männer in ein Vor und ein Nach diesen durchbeteten Nächten einteilen. Ich werde seitdem öfters von Frauen angemacht. Sowas kannte ich vorher nicht (oder habe es nicht wahrgenommen). Es ist so signifikant anders, dass es selbst Freunden auffällt.

Kurz vor dem Corona-Lockdown war ich noch auf einem großen Event und abends auf einer Feier. Ein Freund war dort DJ und sagte mir anschließend, **ich sei sein Highlight des Abends gewesen.** Der brave, fromme Lutz, der immer 100 % korrekt gewesen war, wird mehrfach von attraktiven Frauen angemacht und eingeladen, sodass er „besoffen" ins Bett geht. Ich selbst habe an dem Abend nur ein Bier bezahlt. Irgendwie kann ich es selbst noch nicht so ganz glauben – sowas ist mir vorher nie passiert. Wirklich nie! Es wirkt auf mich immer noch surreal. Klar ist Flirten nicht der Hauptaspekt von Männlichkeit. Aber es zeigt sich dabei so viel über das selbstgelebte Mannsein. Über den Umgang mit mir selbst und meiner Identität. Starke Frauen „riechen" das intuitiv, wie sehr Mann bei sich und in seiner Männlichkeit ist.

Ein weiterer Aspekt der Rockerträume ist die dicke Haut, die fetten Lederklamotten. Ich litt früher stark unter Lampenfieber, doch seitdem ist es fast weg. Auch hatte ich Angst vor negativen Amazon-Bewertungen für mein Buch. Diese Angst hat mich fast vollständig verlassen. Im Mai gab es die erste negative Troll-Bewertung, und ich lächelte nur noch müde darüber. Beim Schreiben 2013 hatte ich noch schlaflose Nächte wegen eventueller negativer Kommentare. Ich bin so dankbar für diese Entwicklungsschritte in meinem Leben.

Mein letzter Traum sprach über eine radikale, geerdete Hingabe an Gott; über die „Beschneidung" des Lebemanns (ok, vielleicht habe ich es mit Tinder dieses Jahr „etwas" übertrieben); über die Integration der weiblichen Aspekte in mir; und darüber, dass die unreife, verletzende und herablassende Männlichkeit nun die Klappe hält.

Das war früher ein nicht schöner Charakterzug von mir: meine verletzende Zunge. Da ist aber durch die Traumarbeit in der Tiefe in den letzten sieben Jahren so viel passiert, dass es diesen alten Lutz in der Schärfe nicht mehr gibt. Ja, auch in den Träumen werden Siege manchmal gefeiert. Die Rocker-Männlichkeit wandelt sich langsam.

Was für ein Geschenk sind die nächtlichen Botschaften. Ich bin so dankbar für den Zugang zu meinem Herzen und Unbewussten.

Lutz Langhoff | Jg. 1970 | 2 Kinder | Diplom-Soziologe, Redner, Autor, Feuermacher | Hamburg | www.lutzlanghoff.de
Aktuelles Buch: Die Kunst des Feuermachens (Gabal 2014)

Der Barmherzige Samariter

Verlass dich auf den HERRN von ganzem Herzen und verlass dich nicht auf deinen Verstand; sondern gedenke an ihn in allen deinen Wegen, so wird er dich recht führen (Sprüche 3,5-6 LUT).

Dieser Bibelvers hat mir immer wieder sehr geholfen. In meinem Leben gab und gibt es viele Entscheidungen, bei denen mein Verstand *Nein* sagte, aber mein Herz *Ja* – wenn ich mit meinem Anliegen zu Jesus kam. **Manche Entscheidungen sind mir sehr schwergefallen, weil sie diametral zu meinen Überzeugungen standen.**

Ich erinnere mich ganz besonders an eine Begebenheit im Seeberger Steinbruch bei Gotha. Ich bin Bildhauer und musste für einen Auftrag einen sehr großen Rohblock für eine Skulptur aussuchen. Die Rohblöcke waren frisch gesprengt, und wenn sie bruchfrisch sind, sind sie einfacher zu bearbeiten.

Ich war mehrere Stunden im Steinbruch auf der Suche nach dem richtigen Rohblock für meine Skulptur *Der barmherzige Samariter*. Es kamen zwei infrage, die vom Maß und von der Farbe passend waren. Bei dem ersten, den ich entdeckte, war ein Stich (eine Trennung der Schichten, im oberen Drittel) erkennbar. Mein Verstand und meine langjährige Erfahrung sagten sofort: *„Auf keinen Fall!"* Denn der Stich ging offensichtlich fast durch den ganzen Stein. Der zweite Rohblock war um einiges größer und ohne Mängel, d.h. es war kein Stich, kein offenes Lager zu sehen.

Dann fing ich an zu beten und mir den Bibelvers zu zitieren *„Verlass dich nicht auf deinen Verstand; sondern gedenke an ihn in allen deinen Wegen, so wird er dich recht führen."* Ich fragte Jesus, welchen Rohblock ich nehmen solle, während ich zwischen beiden hin und her ging. Mein Verstand sagte eindeutig und ganz klar, dass ich den größeren und „gesunden" nehmen sollte. Aber mein Herz drängte mich immer wieder zu dem mit dem Stich.

Tief in meinem Herzen spürte ich Frieden bei dem „ungesunden" Rohblock. Mein Verstand dagegen rebellierte und hatte Angst. Immer wieder betete ich zu Jesus und fragte, welcher der Richtige ist. Mit äußerem Unbehagen und Angst, aber trotzdem im tiefsten Inneren mit Frieden, entschied ich mich für den Block mit dem Stich.

Als er zu meinem Atelier geliefert wurde, rechneten wir mit einem Gewicht von circa 12 Tonnen. Ein großer Kran auf einem LKW hievte ihn über meine fünf Meter hohe Mauer in den Hof. Als der Kranfahrer den Rohblock anhob, waren wir bei etwa 15 Tonnen. Der Kranfahrer sagte mir, wenn der Stein nur 200 kg mehr hätte, würde er ihn nicht mehr anheben, geschweige denn abladen können, da der Kran eine Belastungsgrenze von 99 % anzeigte. In diesem Moment wusste ich, dass ich den richtigen Stein gewählt hatte.

Der Stich war tatsächlich zu zwei Dritteln offen, aber kurz vor dem Kopf der Skulptur hörte er auf, und das Material war gesund. Auch musste ich den Block nur bis zu diesem Stich bezahlen, dadurch wurde er erheblich günstiger.

Es lohnt sich, sich auf den Herrn zu verlassen und nicht auf seinen Verstand – auf das zu hören, was unser Herz im Gebet antwortet.

Markus Sauermann | Jg. 1967 | verheiratet | 4 Kinder | Guntersblum | Bildhauer | www.bildhauer-sauermann.de

Der lange Weg aus der Finsternis

Im Grunde bin ich ein ganz normaler Kerl. Als Junge bin ich ohne richtigen Vater aufgewachsen, weil dieser kein Interesse an mir hatte. Meine Mutter war alleinerziehend und sehr unstetig. Wir sind sehr oft umgezogen, und so musste man sich halt immer wieder anpassen. Irgendwann gab es einen Stiefvater, aber der war sehr oft betrunken und wurde dann sehr herablassend.

Mir erging es wie so vielen da draußen. **Auch der Missbrauch, den ich über drei Jahre über mich ergehen lassen musste, ist ein Schicksal, das viele Kinder teilen, mehr als man denken mag.** Aber natürlich macht das etwas mit einem. Schon als Kind mit so viel Bösem konfrontiert, fragt man sich, was das Leben wohl so mit einem vorhat.

Gott hatte auf jeden Fall etwas mit mir vor, denn er stellte sich mir, als ich 13 war, so massiv in den Weg, dass ich nicht an ihm vorbeikam. Gott hat mich gefunden, auch wenn viele andere mich nicht gesehen haben. Er begegnete mir in Form eines alten Mannes, er hieß Martin, der mich ganz schön herausgefordert hat und mir sehr krass die Bibel um die Ohren haute. Aber ich brauchte genau das! Gott öffnete mir die Augen für Jesus und das Kreuz, so dass ich wirklich eine Wiedergeburt erfuhr. Tolle Geschichte, oder?

Es war natürlich umfangreicher. Aber ich halte diesen Teil so kurz, weil es mir um das geht, was danach kam. Das ist für mich bis heute der krasseste Abschnitt.

Man könnte ja meinen, dass durch meine Bekehrung irgendwie alle Wunden geheilt wurden und so nach und nach alles gut wurde. Aber so leicht war es dann doch nicht. Denn mir ist nicht nur viel Finsternis begegnet, auch in mir selbst war noch viel Finsternis; und die Auseinandersetzung damit war und ist ein langer Weg.

Nach meiner Bekehrung habe ich ganz natürlich Gottes Wort, die Bibel, intensiv gelesen und studiert. Ich begriff immer mehr, wo all das Böse herkam, und wieso die Menschen so viel Grausamkeit begehen können. Lies mal Römer 3,10-18!

Es ist keiner gerecht, auch nicht einer; es ist keiner, der verständig ist, der nach Gott fragt. Sie sind alle abgewichen, sie taugen alle zusammen nichts; da ist keiner, der Gutes tut, da ist auch nicht einer! Ihre Kehle ist ein offenes Grab, mit ihren Zungen betrügen sie; Otterngift ist unter ihren Lippen; ihr Mund ist voll Fluchen und Bitterkeit, ihre Füße eilen, um Blut zu vergießen; Verwüstung und Elend bezeichnen ihre Bahn, und den Weg des Friedens kennen sie nicht. Es ist keine Gottesfurcht vor ihren Augen (SLT).

Stellen wie diese gaben mir endlich die Antworten, die ich immer gesucht hatte. Aber sie taten auch etwas für mich sehr Schwieriges: Sie hielten mir selbst den Spiegel vor. Und was ich da sah, gefiel mir gar nicht.

Jetzt sagst du vielleicht: *„Ey, du warst doch bekehrt. Du musst das mit deiner eigenen Schuld doch begriffen haben, dass Jesus dafür ans Kreuz ging ..."*

Ja, grundsätzlich war mir das auch klar. Aber Gott ist ein geduldiger und liebender Vater. Er haut einem nicht auf einen Schlag alles um die Ohren. Manche Dinge bricht er erst nach Jahren auf. Eben dann, wenn er meint, dass es jetzt dran ist. Da er aber auch ein heiliger und gerechter Gott ist, wird er es auf jeden Fall tun. Er gibt einem Zeit zum Wachsen.

Jeder, der an Jesus glaubt, kennt das – wenn einen die eigene Schuld wie ein Schlag trifft und man sich fühlt, als stünde man völlig beschmutzt und dreckig vor dem Heiligen selbst.

Jesaja drückt das so aus:

Wir sind ja allesamt geworden wie Unreine, und alle unsere Gerechtigkeit wie ein beflecktes Kleid. Wir sind alle verwelkt wie die Blätter, und unsere Sünden trugen uns fort wie der Wind (Jesaja 64,5 SLT).

Da sprach ich: Wehe mir, ich vergehe! Denn ich bin ein Mann mit unreinen Lippen und wohne unter einem Volk, das unreine Lippen hat; denn meine Augen haben den König, den Herrn der Heerscharen, gesehen! (Jesaja 6,5 SLT).

Bei mir war es der Moment, als Gott mir klar machte, dass ich nicht das Opfer bin, für das ich mich immer gehalten hatte. Klar, für das, was mir als Kind angetan worden war, konnte ich nichts. Aber was ich jetzt bin, dafür stehe ich ganz klar in der Verantwortung.

Mir begegnete all mein Hass. Diese abgrundtiefe Wut, die so bösartig war, dass ich sehr gut verstehe, was Jesus in der Bergpredigt meint (vgl. Matthäus 5,21 ff.). Ich verachtete die Menschen mit einem so tiefen Hass, dass ich Angst vor mir selbst bekam. Da ich dies schon so lange in mir trug, hatte ich das nie als falsch empfunden. Jetzt aber, wo mir Gott in all seiner Heiligkeit und seiner Liebe in Jesus begegnete, wurde diese Finsternis aufgedeckt.

Dies löste einen geistigen Kampf in mir aus, der mich fast über-wältigte. Aber ich stand nicht alleine da. Der Allmächtige selbst stand mir bei. Seine Hand setzte einen Prozess in Gang, bei dem ich lernte, das einzig Richtige zu tun: Immer wieder zum Kreuz zu gehen und meine Finsternis an dem Ort der größten Liebe abzugeben. Dennoch war dieser Prozess sehr lang. Er führte sogar zu mehreren Klinikaufent-halten in der Psychiatrie. Meine Erlebnisse in der Kindheit hatten nun mal ihre Spuren hinterlassen, und es gab viel aufzuarbeiten.

Auch für uns als Familie, ich habe eine wundervolle Frau und zwei ge-niale Töchter, war dies eine harte Zeit. Aber durch die Gnade Gottes haben wir zusammen Heilung und Frieden gefunden. Mittlerweile kann ich das Erlebte sogar für Gottes Reich einsetzen, weil ich Menschen, die Ähnliches erlebt haben, verstehe.

So nutzt Gott das, was Satan an Chaos angerichtet hat, nun genau für das Gegenteil. Aus Finsternis wird Licht. Ich bin recht aktiv in unserer Ge-meinde und darf auch in der Verkündi-gung dienen. Zudem schlägt mein Herz für die Mission unter Bikern. Diese Ty-pen müssen einfach erfahren, wer Jesus ist.

Natürlich werde ich das, was gesche-hen ist, in diesem Leben nie vergessen. Aber es hat keine Macht mehr, weil bei Jesus Vergebung und Wiederherstel-lung ist. Seine Macht und seine Herr-lichkeit sind unfassbar! Ihm allein sei alle Ehre.

Armin Gritzan | Jg. 1980 | verheiratet | 2 Töchter | Michelbach | Instal-lateur- und Heizungsbaumeister

Dieter – hinschauen oder wegschauen?

„Da liegt jemand unter der Eingangstreppe!" Vorsichtig wagte ich einen Blick unter die Treppe. Verängstigte Blicke trafen mich. Er lag auf mehreren aufeinandergestapelten Kartons. Mühsam kroch ich zu ihm hinunter.

„Ich hau gleich wieder ab." Mir wehte eine Fahne aus Alkohol und altem Schweiß entgegen. Doch sein Blick strahlte eine Verletzlichkeit aus, die mein Herz berührte.

„Komm mit, wir trinken einen Kaffee miteinander."

Eigentlich wollte ich an diesem Sonntagmorgen nur den Gottesdienst unserer Gemeinde besuchen, doch mit dieser Begegnung kam ein Gottesdienst ins Rollen, der Herzen verändern sollte.

„Ich verrate niemals meinen Schlafplatz", sagte er mir eindringlich, nachdem ich ihn gefragt hatte, ob er schon öfters hier geschlafen habe. Er hatte meine Einladung zu einer Tasse Kaffee zögernd angenommen. Wir saßen gemeinsam an einem Tisch im Bistrobereich unseres Gemeindehauses und beschnupperten uns gegenseitig. Beide waren wir ziemlich unsicher und fühlten uns nicht wirklich wohl in unserer Haut. Diese Unsicherheit und Anspannung steigerten sich dann noch, als der Gottesdienst zu Ende war. Viele der Gottesdienstbesucher strömten ins Bistro und betrachteten uns neugierig. Einige kamen zu uns an den Tisch und wollten Genaueres wissen. *„Wer bist du? Woher kommst du?"*

Langsam ließ die Anspannung bei uns beiden nach.

„Ich heiße Dieter und bin momentan in Aalen."

„Dieter ... Herzlich willkommen!"

So war es dann auch. Er erlebte, dass es nicht nur leere Worte waren. Von nun an kam er sonntags zum Gottesdienst. Wir saßen immer nebeneinander und freuten uns, dass wir uns sahen. Dieter wurde nach wie vor von einer Fahne aus Alkohol und altem Schweiß begleitet. Doch etwas hatte sich verändert ... es wuchs Vertrauen. Dieter und ich waren im gleichen Alter. Auch das verband uns beide.

„Wo schläfst du?" Ich wusste, meine Frage war für Dieter nach wie vor die ultimative Herausforderung. Doch unglaublich ... Er vertraute mir die Orte seiner verschiedensten Schlafplätze an. Dieses Vertrauen, das er mir entgegenbrachte, machte mich sprachlos und glücklich. Ich erlebte, dass eine Beziehung zwischen uns beiden entstanden war.

„Wolle, ich vertrau dir. Ich erzähl dir, was bei mir passiert ist."

Dieter hatte es nie einfach gehabt in seinem Leben. Er hatte in sehr jungen Jahren geheiratet und war kurz danach Vater einer Tochter geworden. Aber als Berufskraftfahrer war er oft wochenlang unterwegs und sehr wenig zuhause. Das Geld war immer knapp. Er kam mit seiner Lebenssituation immer weniger zurecht, suchte Zuflucht im Alkohol und kam mit dem Gesetz in Konflikt. Dies alles war eine große Belastung für die Ehe. Doch das war leider noch nicht alles. Dieter verursachte einen Unfall, bei dem ein Mensch ums Leben kam. Schuldig! Schuldig! Schuldig!

Seine Frau verließ ihn. Die Ehe wurde geschieden und er sah Frau und Tochter nie wieder. Dieter hatte keinerlei Halt mehr in seinem Leben. Er landete auf der Straße und wurde obdachlos.

Eine tiefe Betroffenheit breitete sich in mir aus. Ich wusste sofort, weshalb mich seine Lebensgeschichte zutiefst erschütterte. **Seine Geschichte war meiner Lebensgeschichte sehr ähnlich, und doch waren sie unterschiedlich verlaufen.**

Armut, Sucht, Tod ... dies waren auch in meinem Leben keine Unbekannten. Auch ich war schuldig geworden.

Und doch war mein Lebensweg gänzlich anders verlaufen. Und ich bin trotz allem nach wie vor mit der Liebe meines Lebens verheiratet – seit mehr als 45 Jahren. Dafür bin ich Gott unendlich dankbar!

Ich frage mich, weshalb die Wege von uns Menschen mit einer ähnlichen Lebensgeschichte so unterschiedlich verlaufen können? Darauf gibt es wohl keine schnelle Antwort. Doch in einem Punkt bin ich mir absolut sicher: Dieters Herz hatte ich erreicht, weil ich ihn verstand.

Dieter war nicht einfach. Er war ein zutiefst verletzter Mann. Doch er durfte Beziehung erleben, weil er es zuließ. Er hatte den Mut, den Menschen wieder zu vertrauen, und er durfte durch unterschiedlichste Menschen Annahme erfahren. Durch diese Annahme konnte ein Teil seiner erlittenen Lebenswunden heilen.

Dieter hatte sich wieder für das Leben geöffnet. Er hatte dieses JA zu seinem Leben gefunden. Er verbrachte seine restliche Lebenszeit in einem Pflegeheim in Aalen. Er musste auch noch die Amputation eines seiner Beine über sich ergehen lassen. *„Wolle, es ist halt so!"* Dieter war ein Kämpfer, und noch etwas beeindruckte mich an ihm: Er verlor bis an sein Lebensende nie wieder die Nähe zu den Menschen.

„Ja sagen zum Leben bedeutet, trotz seiner Biographie und all dem Erlebten, immer wieder einen Schritt ins Leben zu wagen." (John Eldredge) Rest in Peace, Dieter. Ruhe in Frieden.

Wolfgang Gröber | Jg. 1955 | verheiratet | 4 Kinder | Aalen | Rentner

Geschieden – will Gott mich noch gebrauchen?

Unter einer Sache litt ich sehr: Unsere Ehe wurde nach 21 Jahren geschieden; meine Frau hatte mich verlassen. Ausgerechnet ich, Sohn eines Missionars und Predigers, war gescheitert. **Ich war am Nullpunkt angekommen, fühlte mich als totaler Versager.**

Die Scheidung kam nicht völlig überraschend. Dennoch traf es mich mehr, als ich dies für möglich gehalten hatte. Eigentlich bin ich eine Frohnatur, doch jetzt zeigten sich über einen längeren Zeitraum depressive Verstimmungen. Ich zog mich, wann immer möglich, zurück, mochte nicht wirklich darüber reden. Ich machte mir viele Gedanken, was schiefgelaufen war.

Dabei stellte ich fest, dass ich meine Prioritäten nicht richtig gesetzt hatte, dass mein „Schatz" der Erfolg, die Karriere gewesen war. Millionenumsätze, Überstunden und Provisionen. Dann zwei Unternehmensgründungen.

Materiell gesehen ging es uns gut, doch meine Frau war nicht glücklich. Sie hatte einige Jahre ihrer Kindheit in einem Kinderheim verbracht. Ich war damals unfähig, ihr das zu geben, was sie dringend gebraucht hätte: bedingungslose Liebe und Nähe. Ich war überfordert und hatte mich in meine „Businesswelt" geflüchtet.

Bei ihrem Auszug aus unserem gemeinsamen Haus sagte sie: *„Eine glückliche Frau geht nicht!"* Das traf mich hart.

Bei meiner Reflexion stellte ich fest, dass Gott in unserem Leben und unserer Ehe eine „Rolle" gespielt hatte, aber eben nur eine „Rolle". Er war nicht Mittelpunkt unseres Lebens gewesen. **Mein Glaube war gesetzlich und nicht wirklich barmherzig.**

In der Bibel lesen wir: *Wo dein Schatz ist, da ist dein Herz* (vgl. Matthäus 6,21). Ich hatte versucht, meiner Familie materiell viel zu geben, doch im Rückblick war dies eindeutig zu wenig. Noch heute schäme ich mich dafür, dass unsere Kinder so viel Streit mitbekommen haben. Was ist denn das für ein Glaube, wo mehr gestritten als geliebt wird?

Meine Abgründe wurden mir immer bewusster, meine rebellische Haltung, mein Stolz – vermischt mit Unsicherheit und Verletzlichkeit, geschützt durch eine harte Schale.

Lange wollte ich ein gutes Bild von mir aufrechterhalten. *Kennst du das auch?* Doch dann kapitulierte ich und erkannte, dass ich eine „göttliche Herzoperation" benötigte, damit mein hartes Herz weich werden würde. **Ich bat Gott von Herzen um Vergebung, Heilung und Erneuerung.**

Und der Durchbruch geschah, doch es war ein Prozess: Ich fühlte, dass meine Schuld vergeben ist; Verhärtungen lösten sich auf; ich konnte wieder weinen. Ich erlebte Freiheit und eine nie gekannte Beziehungsqualität mit Gott; mein anerzogener Glaube wurde zu einer Herzensangelegenheit.

In der Folge bat ich meine Kinder und meine Ex-Frau um Vergebung für mein Fehlverhalten und lernte, auch mir selbst zu vergeben. Ich betete auch für die Wiederherstellung unserer Ehe; doch sie wollte ihren eigenen Weg gehen.

Seit März 2010 bin ich mit Johana verheiratet. Gott hat uns eine zweite Chance gegeben und uns zusammengeführt; davon sind wir fest überzeugt. Wir haben ein gemeinsames übergeordnetes Ziel: Unser Leben mit und für Jesus zu leben. In unserem Ehering ist Josua 24,15 eingraviert: *„Ich aber und mein Haus, wir wollen dem Herrn dienen!"*

Heute habe ich ein schönes Verhältnis zu unseren vier Kindern – Johana hat eine Tochter mit in die Ehe gebracht – und fünf Enkeln. Ich liebe sie sehr! Auch mit meiner Ex-Frau bin ich versöhnt, das ist für mich ein großes Geschenk von Gott.

Doch die eine Frage blieb: *Will Gott mich trotz Scheidung noch immer als Evangelist und Prediger gebrauchen?* Ich schämte mich so sehr, dass meine Ehe zerbrochen war!

Mehrere Geschichten in der Bibel halfen mir zu verstehen, dass Gott meine Berufung nicht aufkündigt, wenn ich aufrichtig bereue und von meinen verkehrten Wegen umkehre. Die Geschichte von König David half mir sehr. Gott verwarf David als König nicht, obwohl er die Ehe gebrochen hatte und sogar zum Mörder wurde (vgl. 2. Samuel 11; Psalm 51). David gestand seine Schuld ein: *Gott, sei mir Sünder gnädig!*

Einige Jahre sind seit meiner „göttlichen Herzoperation" vergangen, und ich kann nicht anders, als von Gottes Wundern zu berichten. 2004 startete ich zusammen mit meinem Team *WunderHeute.TV*, eine Video-Internetplattform, auf der wir regelmäßig darüber berichten, dass Gott heute noch Wunder tut, Menschen heilt, befreit und einen Neuanfang ermöglicht. Mittlerweile werden die Beiträge auch im Fernsehen ausgestrahlt.

Andreas Lange | Jg. 1960 | verheiratet | 4 Kinder, 5 Enkel | Weinfelden/ Schweiz | Evangelist und Pastor | www.WunderHeute.TV

Hart am Limit

Mein Name ist Uwe Beck; ich bin verheiratet mit meiner lieben Andrea. Wir haben einen Sohn, Luan Samuel, welcher im Mai 2006 unter dramatischen Umständen zur Welt kam. Beinahe wäre sein Leben zu Ende gewesen, bevor es richtig begann. Das Baby blieb im Geburtskanal stecken, sodass nur sein Köpfchen zur Hälfte auf der Welt war und es somit unter akutem Sauerstoffmangel litt. Vier Ärzte kämpften nacheinander mit einer Saugglocke darum, seinen kleinen Körper aus dem Geburtskanal zu ziehen. Es sah aus wie auf einem „Schlachtfeld", und noch heute habe ich den eisenhaltigen Geruch des Blutes, das in Strömen floss, in Erinnerung.

Meine Frau musste einer Notoperation unterzogen werden, da es nicht glückte, das Kind auf normalem Wege zur Welt zu bringen. Es musste durch den Geburtskanal zurück über einen Notkaiserschnitt geholt werden, was zur Folge hatte, dass meine Frau beinahe ihr Leben ließ und eine Nahtoderfahrung hatte.

Am Rande meiner psychischen Belastbarkeit angekommen, schrie ich stumm zu Jesus, obwohl ich zu diesem Zeitpunkt noch weit weg war von ihm – er aber anscheinend nicht von mir.

Bist du in Not, so rufe mich zu Hilfe! Ich werde dir helfen und du wirst mich preisen (Psalm 50,15).

Mein Schwiegervater, ein gläubiger Mann, wusste zu diesem Zeitpunkt nichts von der dramatischen Situation, in welcher seine Tochter um ihr Leben kämpfte. Doch exakt zum Zeitpunkt der Nahtoderfahrung meiner Frau, wir konnten es im Nachhinein belegen, sprang mein Schwiegervater zuhause vom Mittagessen auf, fiel auf die Knie und flehte weinend um Gnade: *„Lieber Herr Jesus, lass meine Andrea nicht sterben!"*

Meine Frau hörte eine Stimme: *„Andrea, komm zurück!"* – und sie war wieder in ihrem Körper.

Es folgten Jahre der Horrordiagnosen, was unseren Sohn anging, vom jederzeit möglichen Herzinfarkt, über Mukoviszidose, bis hin zu der Prognose, dass unser Sohn vermutlich niemals selbstständig gehen können würde und viele weitere niederschmetternde Aussagen der Ärzte. **Es folgten im Laufe der ersten 5 Jahre 15 Notarzteinsätze, wobei es um Leben und Tod ging**, da unser Kind aufgrund der Geburtssituation unter einer schweren Form von Epilepsie litt und wir das Atmen nur über eine Notfallmedizin wiederherstellen konnten, bis der Notarzt da war. Wir waren am Rande dessen angelangt, was ein Mensch ertragen kann!

Um Stress abzubauen, machte ich viel Sport, obwohl mein Körper nur noch müde war, da wir jede Nacht mehrfach wach waren und die Atmung unseres Kindes überwachten. Meine damalige Wing-Tsun-Kampfkunstschule, habe ich in der Überlastungsphase aufgelöst, um mich von weiteren Verpflichtungen freizumachen. Ich musste mich auf die Familiensituation fokussieren.

Als unser Sohn drei Jahre alt war und wir durch Jesus bereits viel Trost und Halt in schweren Prüfungen erhalten hatten, schlossen wir uns einer freien evangelischen Gemeinde in Reutlingen an. Wir lernten eine gläubige Familie kennen, die wir als sehr gute Freunde bezeichnen dürfen – und die uns noch eine große Hilfe sein sollten.

Mit vier erkrankte unser Sohn an einem Norovirus. Heftige Durchfälle, die nicht gestoppt werden konnten, waren Anlass, dass uns der Kinderarzt erneut in die Klinik einwies. Das Problem war, dass Luans Medikamente, welche die akuten Krampfanfälle verhindern sollten, nicht mehr vom Körper aufgenommen wurden.

Wir wurde in eine Isolationsstation gebracht, und die Schwestern und Pfleger kamen nur noch mit entsprechenden Schutzanzügen ins Zimmer, da es sich um einen aggressiven Virus handelte und niemand in der Kinderklinik wollte, dass es zum unkontrollierten Ausbruch kommt. Die Durchfälle waren so heftig und stetig, dass wir unser Kind nicht mal mehr wickeln konnten, da die Flüssigkeit, welche über einen Zugang verabreicht wurde, direkt durchgeflossen ist! Wir legten unseren Sohn nur auf eine im Bett liegende, saugfähige Unterlage.

Die Verzweiflung wurde immer größer, auch bei den Ärzten, da allmählich die Gesichtsfarbe unseres Kindes aschfahl war und es apathisch und mit leeren Augen, völlig kraftlos zur Decke starrte. Es war mittlerweile der dritte Tag, ein Sonntag, und unsere Sorgen und Ängste stiegen ins Unermessliche. Meine Frau kämpfte Tag und Nacht wie eine Löwin. An ihren Schlaf war gar nicht zu denken; was für eine Mutterliebe!

Nun war es Sonntagabend und die Lage wurde immer dramatischer, die Ärzte äußerten höchste Bedenken und konnten nichts machen, außer immer wieder den Tropf wechseln, dessen Inhalt nach wie vor ungebremst durchlief! Ich war körperlich am Ende, da ich weder gegessen noch die Nacht zuvor geschlafen hatte. Schweren Herzens verließ ich die Klinik am Abend, da nur ein Elternteil dortbleiben durfte. Ich hatte eine ganz dunkle Vorahnung, dass es bei unserem Sohn nun um Leben und Tod ging, da sein Blick beim Abschied leer und glanzlos war. **Es zerriss mir fast das Herz.**

Zuhause angekommen, fand ich keine Ruhe, die Gedanken kreisten permanent um Frau und Kind. War es das letzte Mal, dass ich meinen Sohn lebend gesehen hatte? Quälende Fragen, Hilflosigkeit und Verzweiflung bestimmten mein Denken. Ich betete, konnte aber keinen klaren Gedanken fassen und saß regungslos am Tisch.

Plötzlich hatte ich das Bedürfnis, der befreundeten Familie aus unserer Gemeinde die Situation mitzuteilen und um Gebet zu bitten, stand doch Folgendes in der Bibel, was mir urplötzlich und drängend ins Bewusstsein strömte:

Wenn sie im festen Vertrauen beten, wird der Herr den Kranken heilen. Er wird ihn aufrichten und ihm vergeben, wenn er Schuld auf sich geladen hat (Jakobus 5,15 HFA).

So schrieb ich eine SMS an Benni, den Sohn der Familie, schilderte die Lage um unseren Luan, den sie ja auch gut kannten, und bat um Gebet. Um zu telefonieren, hatte ich keine Kraft mehr, mir fehlten die Worte.

Im Warten auf Antwort, was mir am Sonntagabend allerdings unwahrscheinlich erschien, wurde der psychische Druck und die Angst immer größer. Es verging eine Stunde, eine gefühlte Ewigkeit, als plötzlich unser Festnetzapparat im Wohnzimmer läutete. Auf dem Display sah ich die Stationsnummer der Klinik. **Ich fiel in Schockstarre.** *Kam jetzt die befürchtete Nachricht?* Ich zögerte abzunehmen, wollte es nicht hören … tat es aber dann doch, weil ich wusste, dass meine Andrea mich brauchte.

Zögernd fragte ich: *„Andrea, was ist passiert?"*

Andreas Stimme klang aufgeregt, fassungslos und zugleich freudig: ***„Uwe … es ist vor fünf Minuten ein Wunder geschehen!*** *Luan hat sich schlagartig aufgerichtet, bekam Farbe ins Gesicht und sagte ‚Hallo!', als wäre nichts gewesen! Als hätte er nur geschlafen und wäre erfrischt aufgewacht. Unfassbar!!!"*

Andrea konnte nur noch sagen, dass Luan eine Spontanheilung erlebt hatte und sie nun den Hörer auflegen müsse, da laufend Ärzte ins Zimmer strömten und staunend, ja, kopfschüttelnd am Bett standen und das Kind untersuchten. Luan war restlos und spontan gesundet!

Ich erlebte einen wahren Glücksrausch und schickte einen Sturm von Dankgebeten zu unserem Gott, der wieder einmal treu gewesen war und über unseren Glauben hinaus gewirkt hatte.

Noch während ich den Hörer auflegte, klingelte mein Handy. Benni war am Apparat: *„Uwe, ich habe deine SMS gelesen, habe die ganze Familie zusammengetrommelt; wollte dir nicht erst antworten, sondern gleich für Luan beten. Das haben wir vor zehn Minuten gemacht, bitte gib uns Bescheid, wie es Luan geht."*

Ich rang nach Worten und sagte: *„Benni, gerade habe ich den Hörer aufgelegt. Andrea hat angerufen. Luan ist vor zehn Minuten vollkommen* geheilt aufgewacht, zum Erstaunen aller Ärzte."

Wir beteten und dankten Gott von ganzem Herzen für seine Wahrheit und Treue! Unser Glaube wird durch solche Erlebnisse gestärkt, und wir dürfen wissen, dass wir nie alleine sind!

Fürchte dich nicht, denn ich stehe dir bei; hab keine Angst, denn ich bin dein Gott! Ich mache dich stark, ich helfe dir, mit meiner siegreichen Hand beschütze ich dich! (Jesaja 41,10 HFA).

Uwe Beck | Jg. 1964 | verheiratet | 1 Sohn | Kusterdingen/Mähringen | leitender Angestellter (Betriebsleiter Fitness-/Gesundheitsclub)

Bart mit Herz – Herz mit Bart?

Für meine Mutmach-Geschichte bedarf es zunächst einiger einleitender Worte: Ich bin seit vielen Jahren würdevoller Träger eines stattlichen Vollbartes. Dieser ist kein modisches Accessoire – ist er doch seit dem Beginn seines Wachstums nicht nur mit meinem Gesicht, sondern in gewisser Weise auch mit meiner Identität und meinem Herzen eng verwachsen.

Irgendwann ergab es sich, dass ich meinen „Gesichtsteppich" im Rahmen einer Bart-Meisterschaft vor Publikum und einer Fachjury zur Schau stellen konnte. Im Vergleich mit meinen haarigen Konkurrenten gab es ein enges Rennen – doch letztendlich wurde ich zum internationalen deutschen Meister meiner Starterklasse gekürt. Von diesem fulminanten Einstand in der Bart-Wettkampf-Szene an, der eindeutig Lust auf mehr machte, zog ich durch die Lande und trat bei diversen

Meisterschaften an, die mir einige weitere Titel und Auszeichnungen bescherten.

So kam es auch, dass ich eines Tages für einen Wochenend-Trip im Flugzeug saß, auf dem Weg nach Liverpool zu den offiziellen *„British Beard- and Moustache-Championships"*. Die Aufregung ergriff mich schon vor dem Abflug, so sehr, dass ich vergaß, auf dem Flughafenparkplatz meine Autofenster zu schließen und es erst drei Tage später bei meiner Rückkehr bemerkte. Hätte ich geahnt, in was für einer Situation ich mich am nächsten Tag wiederfinden würde, hätte ich mir die 500 Euro für diese Exkursion vermutlich gespart.

Doch der Reihe nach. Nach der Ankunft und dem üblichen Prozedere mit anschließendem 3-stündigem Styling war es soweit: Ich befand mich auf dem Weg in die geschichtsträchtige *St. George's Hall* mitten im Zentrum von Liverpool.

Dazu muss man sagen, dass die Briten das Thema „Bartmeisterschaft" echt auf eine andere Ebene gehoben haben. Herrschte auf den bisherigen Bartmeisterschaften eher eine gemütliche Festzelt-Stimmung, so traf sich in dieser ehrwürdigen Halle das Who-is-Who der europäischen Bart-Szene. Hersteller der verschiedensten Bartpflegeprodukte und Styling-Partner hatten ihre Stände aufgebaut, lokale Brauereien brachten ihr Guinness zum Fließen und Bart-Persönlichkeiten, die man bisher nur aus dem Internet kannte, flanierten an den Säulen entlang. Ich war völlig überfahren von diesen Dimensionen.

Nach der offiziellen Begrüßung durch die Jury nahm die Meisterschaft ihren Lauf. Die Teilnehmer der jeweiligen Kategorien betraten der Reihe nach die Bühne, präsentierten dem Publikum und der Jury ihren Bart, wurden kurz vom Moderator interviewt und verließen das Podium wieder.

Da die Vollbärte erst am frühen Nachmittag bewertet würden, hatte meine Aufregung genügend Zeit, sich in sämtlichen Zellen meines Körpers auszubreiten. Doch schließlich war der Moment da: Meine Start-Kategorie wurde aufgerufen, um sich nach Startnummern vor der Bühne aufzustellen. Meine Beine zitterten, und ich versuchte mir den Dialog mit dem Moderator im Kopf zurechtzulegen.

Mit der Startnummer 5 war ich ziemlich schnell an der Reihe. Und alles, was dann passierte, hätte ich mir in meinen verrücktesten Träumen nicht ausmalen können …

Ich ging auf die Bühne, stand vor allen diesen Menschen (es waren deutlich über 500) und präsentierte meinen Bart. Anschließend fragte mich der Moderator:

„Hey, how are you?" (Na, wie geht's dir?).

Ich antwortete ehrlich: *„Well ... I'm really upset!"* (Was ich sagen wollte: „... Ich bin ziemlich aufgeregt!" Was ich in Wahrheit gesagt habe: „Naja, ich bin ziemlich verärgert/genervt!")

Der Moderator machte einen überraschten Eindruck. *„Tell me – Why are you upset?"* („Erzähl mir – Warum bist du verärgert?")

„Because I have to go on this stage and everbody is looking at me right now." („Weil ich auf diese Bühne hier gehen muss und mich gerade alle anschauen!")

In der Halle wurde es auf einmal leiser. Mein Herz explodierte fast und ich fragte mich, warum der Moderator mich so komisch fragte. Das war doch wohl logisch!

„But you have to come up here, if you wanna compete!" („Aber du musst halt hier hoch, wenn du mitmachen willst!")

„I know ... but ... yeah ..." („Ich weiß ... aber ... naja ...") Innerlich dachte ich: *Was will der denn jetzt bitte von mir?*

Der Moderator merkte, dass mir die Worte fehlten. Er verabschiedete mich. Ich ging von der Bühne und einige Leute klatschten, jedoch bei Weitem nicht so viele wie bei meinen bärtigen Kollegen. Dafür schauten mich ziemlich viele irgendwie komisch an, als ich durch die Reihen zurück an meinen Platz ging.

Ich setzte mich hin, trank einen großen Schluck, und mein Sitznachbar meinte: *„Well ... It was a bit rude, wasn't it?"* („Hmm ... Das war aber etwas unhöflich, oder?")

Und plötzlich hatte ich ein ziemlich mieses Gefühl in der Magengegend. Irgendwas stimmte hier nicht. Ich zog mein Handy aus der Tasche und googelte die Übersetzung des Wortes „upset". Da merkte ich, dass es überhaupt nicht „aufgeregt" bedeutet, sondern „verärgert", „genervt" oder „aufgebracht".

Jetzt wurde mir alles klar. Die komische Stimmung in der Halle, die Worte des Moderators, die Blicke auf dem Weg zum Platz. *Was hatte ich denn da angerichtet!* Ich wäre am liebsten auf der Stelle im Boden versunken oder gar nicht erst in Liverpool gewesen. Was für ein riesiges Missverständnis!

Mein Magen gab keine Ruhe. In meinem Gehirn drehten sich die Gedanken: *Was denken jetzt all diese Leute von mir? Wie soll ich den restlichen Tag bis zur Verkündung der Ergebnisse am Abend jetzt hier noch durchstehen? Jeder der vielen hundert Anwesenden hatte gehört, was ich gesagt hatte.*

Mit klopfendem Herzen saß ich an meinem Platz. *Was soll ich jetzt machen?* Vor meinem inneren Auge tauchten verschiedene Szenarien auf, wie ich in der Zukunft an dieses Ereignis zurückdenken und dabei immer dieses widerliche Gefühl in meinem Magen haben würde. **Spontan kamen mir einige andere Situationen aus meinem Leben in den Sinn, in denen ich das Gleiche gefühlt hatte:**

- Das Gefühl, es einfach vermasselt zu haben.
- Das Gefühl, mich in ein völlig falsches Licht gerückt zu haben und nichts dagegen gemacht zu haben.
- Das Gefühl, mich blamiert zu haben und nicht verstanden worden zu sein.
- Das Gefühl, das Richtige unausgesprochen zu lassen und den Moment verpasst zu haben, an dem man es hätte klären können.

Ich blickte nach vorne. Die letzten Männer aus meiner Starterklasse warteten vor der Bühne. Die wenigen Minuten, die seit meinem Auftritt vergangen waren, fühlten sich ewig an. Eine Entscheidung musste her: *Lasse ich es einfach so und hoffe, dass das miese Gefühl beim Gedanken an Liverpool irgendwann verschwinden wird? (Das wird erfahrungsgemäß aber wohl nicht passieren.) Oder versuche ich das Ganze irgendwie doch noch zu retten?*

Aber wie sollte das gehen?

Ich weiß nicht genau warum, aber plötzlich war der Drang da, die Situation klären zu wollen. In einem Moment, in dem ich mich am liebsten alleine im tiefsten und dunkelsten Loch verkrochen hätte, weil es mir so unangenehm war, nahm ich all meinen Mut zusammen und fasste den Entschluss, mich noch einmal auf die Bühne zu stellen. **Im Nachhinein glaube ich, dass es einfach eine Herzensentscheidung war.**

Ich stand also auf, ging nach vorne. Der letzte Teilnehmer meiner Kategorie war gerade auf die Bühne gegangen. Ich wartete seinen Auftritt ab und hüpfte dann schnell nach oben, bevor der Moderator die Ab-Moderation für meine Kategorie machen konnte.

Er schaute mich verwundert an. Ich nahm das Mikrofon an mich und fing an zu reden: *„Hey folks. It's me again."* („Hey Leute. Ich bin's nochmal.")

In der Halle wurde es wieder leise.

*„I just want to say, I'm sorry. I am so, so sorry. I absolutely used the wrong word. Of course I'm **not** upset. I meant **nervous**. I was freaking nervous …"* („Ich wollte sagen, dass es mir leidtut. Es tut mir so, so leid. Ich habe ein absolut falsches Wort benutzt. Natürlich bin ich **nicht** verärgert oder genervt. Ich meinte **aufgeregt**. Ich war so verdammt aufgeregt.")

Und während ich so sprach, begannen die Menschen in der Halle zu klatschen, zu lachen und zu jubeln. Ich gab das Mikrofon an den Moderator zurück. Er lachte, umarmte mich, klopfe mir auf den Rücken und sagte: *„You are just crazy!"* („Du bist einfach verrückt!")

Ich verließ die Bühne. Ein Mitarbeiter eines Merchandise-Standes kam auf mich zu und drückte mir mit den Worten *„Great performance!"* („Großartiger Auftritt!") ein T-Shirt als Geschenk in die Hand. Auf dem Weg zu meinem Platz klopften mir immer wieder Menschen auf meine Schultern und streckten mir ihre Hände zum Abklatschen entgegen. Sie riefen mir zu: *„You were best!" „Great performance!" „You rocked it!"* („Du warst der Beste! Großartiger Auftritt! Du hast es gerockt!"). Und auch den restlichen Tag kamen immer wieder Menschen zu mir, um mit dem *„nervous guy"* anzustoßen, abzuklatschen, ins Gespräch zu kommen oder ein Selfie zu machen. Was für eine Kehrtwende!

Einen Titel bekam ich an diesem Wochenende nicht, dafür wurden mir zwei umso wertvollere Erfahrungen geschenkt:

■ Es lohnt sich, mutig zu sein.
■ Und es lohnt sich, auf sein Herz zu hören.

Wer mutig ist und auf das hört, was sein Herz (oder wer auch immer da spricht) einem zu sagen hat (egal wie haarig die Situation auch ist), der wird beschenkt werden!

Christian Berger | Jg. 1988 | verheiratet | 1 Sohn | Riedlingen | Sonderschullehrer, ProTactics M.S.E. Trainer | Süddeutscher, deutscher und französischer Bartmeister

„Aus dem wird nichts mehr!" – außer mit Gottes Hilfe

Ich komme aus einer sehr sportlichen Familie. Schon mit fünf Jahren war ich aktiver Geräteturner im Verein und hatte Erfolg. Ich war voller Energie – bis zu dem Tag, als ich einen schweren Fahrradunfall hatte. Ich war gerade mal fünfzehn. Vier Wochen lag ich tief im Koma. Mit meinen heutigen medizinischen Kenntnissen ist mir klar: Das war sehr knapp!

Die Ärzte sagten damals zu meinen Eltern: *„Aus dem wird nichts mehr!"* Mit mir lagen siebenundzwanzig weitere Schädel-Hirn-Trauma-Patienten auf der Intensiv-Station. **Ich war der Einzige, der überlebte!** Aber es wurde ein harter Weg für mich.

Alles musste ich wieder ganz neu lernen: Schreiben, Lesen, Hören, Gleichgewichthalten. Alles war weg! Vor dem Unfall hatte ich mit Leidenschaft Schlagzeug in einem klassischen Akkordeon-Orchester gespielt. Danach war ich nicht mal in der Lage, die Stöcke zu halten.

Trotzdem habe ich irgendwann wieder angefangen zu üben. Der innere Schweinehund musste bekämpft werden. Das war mühsam, hat aber meine Ausdauer gefördert. Ich wusste, dass die Ärzte gesagt hatten: *„Aus dem wird nichts mehr!"* Aber für mich stand fest: *Ich will nicht mit fünfzehn im Rollstuhl sitzen! Ich lasse das nicht zu!*

Heute würde ich sagen, mit Gottes Hilfe war das kein Problem. Denn jetzt weiß ich: *Mit meinem Gott kann ich über Mauern springen.* (Psalm 18,30 NGÜ) Aber das musste ich auch *wollen. „Steh auf, nimm dein Bett und geh!",* sagt Jesus zu dem Gelähmten (Johannes 5,8). So ist das: *Ich muss selber aufstehen, das Bett nehmen und gehen.* Und wenn ich keinen Bock habe, lässt Jesus mir die freie Entscheidung!

Wenn ich das aber machen möchte, dann ist Jesus dabei! Dann bekomme ich alle Möglichkeiten und vor allem die *Kraft.* Das ist meine Erfahrung!

Während meiner Rekonvaleszenz entschied ich mich, Physiotherapeut zu werden. Alle lachten mich aus. Sie sagten: *„Dafür muss man Kraft haben!"* Ich trainierte fleißig, bekam eine Ausbildungsstelle und bildete mich kontinuierlich weiter.

Immer wieder merkte ich in meinem Leben, besonders in schwierigen Situationen, dass dieser Satz *„Aus dem wird nichts mehr!"* mich einholen und mutlos machen wollte. Aber mit Gottes Hilfe konnte ich diese Blockade abstreifen.

Heute arbeite ich als Physio- und Manualtherapeut, Osteopath, Reflexzonen-Therapeut, Heilpraktiker und Gesundheitstrainer nach der Gerd-von-Kunhardt-Methode.

Auch wenn ich viel erreicht habe: **Der Unfall als 15-jähriger hat tiefe Spuren in meinem Leben hinterlassen.** Zum Beispiel habe ich immer noch Einschränkungen in der Motorik und Mobilität, deutliches Sprechen fällt mir schwer.

Einen heftigen Rückschlag erlitt ich Ende 2018, als meine Ehe nach 29 Jahren scheiterte. Kurz darauf, im Januar 2019, traf mich dann ein weiterer Schlag, leider nicht nur bildlich gesprochen. Wie sich herausstellte, hatte ich einen Schlaganfall mit Hemiparese rechts. Wie damals als Fünfzehnjähriger musste ich wieder mühsam alles neu lernen.

Ich war zu der Zeit schon lange Christ. Aber meine Beziehung zu Jesus Christus wurde nach dem Schlaganfall noch viel intensiver. Als ich alleine auf der *Stroke Unit*, der Schlaganfall-Spezialstation, lag, stand mir ganz klar vor Augen, dass Jesus mein Arzt und Heiland ist, dass ich mich ständig an ihn wenden kann – und muss. Jesus soll meine erste Adresse sein, wenn es um Heilung und Hilfe geht.

Ich möchte allen Mut machen, die einen Schlafanfall erlitten haben, und auch deren Angehörigen! Oft habe ich gehört, dass angeblich nur im ersten Jahr nach dem Schlaganfall Verbesserungen eintreten und danach nicht mehr. Das kann ich nicht bestätigen! Im Gegenteil! Es geht immer weiter. Nicht mit großen Schritten, aber es zählen doch auch die kleinen! Dranbleiben, das ist meine Devise, und nicht aufgeben! Mit Gottes Hilfe.

Ich bin dankbar, dass mich mit Gottes Hilfe der Satz *„Aus dem wird nichts mehr!"* heute nicht mehr negativ beeinflussen darf!

Uwe Schall | Jg. 1960 | geschieden | 3 Söhne | Koblenz | Osteopath und Heilpraktiker | www.praxis-schall.com

Je und je geliebt

Wenn man es nicht besser wüsste, könnte man meinen, Probleme seien mein Hobby. Ich hatte zum Beispiel lange Zeit immer wieder Probleme damit, wirklich von Herzen zu glauben, dass Gott mich liebt. Ich war schon lange Christ; ich *wollte* es auch glauben, aber manchmal wurde der Zweifel an mir selbst einfach zu groß (ein durchaus berechtigter Zweifel, könnte man meinen, wenn man bedenkt, was für ein Chaot ich sein kann). Vielleicht lag es daran, dass ich früher nie ein gutes Verhältnis zu meinem irdischen Vater hatte und mir deshalb nicht vorstellen konnte, dass der himmlische Vater anders sein könnte. Oder, weil ich mal wieder ein Problem zu meinem „Hobby" machte.

Im Jahr 2010 bekam mein Vater die Nachricht, dass er Darmkrebs hat. Sicher war diese Zeit sehr schwierig für ihn, auch wenn er nie darüber geredet hat. **Es war aber auch eine schwere Zeit für mich, denn mich belasteten gleich mehrere Dinge.** Zum einen konnte mein Vater, soweit ich es wusste, nichts mit Gott anfangen, und ich wollte unbedingt, dass er mit ihm ins Reine kommt, gerade jetzt, wo es um Leben und Tod ging. Zum anderen zeigen sich bei mir manchmal hypochondrische Züge. Das würde ich in der Öffentlichkeit nie zugeben, das muss also unter uns bleiben. Ich bekam selbst – wie soll ich es nennen? – Schwierigkeiten mit dem Verdauungstrakt. Ich will nicht weiter ins Detail gehen, aber wir wissen ja: Das Leben kann sein wie eine Klobrille: Man macht viel durch.

Ich fing an zu beten. Ich betete um Heilung für meinen Vater, am besten in Verbindung mit einem fetten Wunder, durch das er dann auch gleich noch zum glühenden Jesus-Nachfolger werden würde. Ich betete um Heilung für mich, denn auch wenn ich nichts hatte, was irgendwie diagnostizierbar war, so waren die Schmerzen doch real.

Nichts geschah. Mein Vater blieb krank, und trotz der vielen christlichen Büchergeschenke, mit denen ich ihn freundlicherweise bombardierte, konnte ich auch an der Glaubensfront keine Fortschritte erkennen. Meine Schmerzen blieben die gleichen. Was sich aber vermehrte, waren meine Zweifel. Leise Fragen im Hinterkopf: *Hört Gott mich nicht, oder will er mich nicht hören? Interessieren ihn meine Bitten gar nicht? Kann es sein, dass er mich gar nicht liebt?*

Diese Frage wurde immer bohrender. *Liebt Gott mich überhaupt?*

Na, bis ich darauf eine Antwort fände, könnte ich ja mal unseren Dachboden entrümpeln, dachte ich mir. Manchmal hilft es ja, wenn man äußeres Chaos sortiert, dass sich dann auch das innere Chaos ordnet.

Und dann fand ich sie: Die kitschigste Postkarte, die diese Welt jemals gesehen hat. Sie war uralt und wirklich abgrundtief hässlich. Und doch haute mich der Satz, der darauf stand, total aus den Socken: Es war, als hätte Gott das persönlich an mich adressiert:

„Ich habe dich je und je geliebt."

Dieser Satz aus dem Propheten Jeremia war eine Antwort ganz persönlich für mich. *„Je und je geliebt"* – keinen einzigen Moment gab es, in dem ich nicht geliebt war.

So sehr diese Zusage mitten im Chaos mich auch berührte, gab es dennoch ein paar Dinge, die sicher waren:

- Sicher hätte ich die Karte schnell wieder vergessen, schon alleine wegen ihrer Hässlichkeit und so.
- Sicher wusste Gott das schon, dass ich sie vergessen würde, schon alleine wegen seiner Allwissenheit und so.
- Und sicher hat er eine Menge Humor, schon alleine wegen Geschöpfen wie dem Ameisenbären und mich.

Deshalb hat er (also Gott, nicht der Ameisenbär) sich da noch was zusätzlich einfallen lassen, sozusagen um dafür zu sorgen, dass diese Botschaft mit der Liebe auch nachhaltig bei mir ankommen würde.

Am Wochenende nach meinem Kartenfund war ich auf einer Freizeit. Dort gab es unter anderem die Möglichkeit, für sich beten zu lassen. Ich dachte mir, dass das ja zumindest nicht schaden könne und ging zu einem älteren Ehepaar. Sie kannten mich nicht und wussten nichts von dem, was ich gerade erlebt hatte. Mitten während des Gebets schaute mich die Frau plötzlich an und sagte: *„Ich habe da gerade einen Bibelvers im Sinn, ich glaube, den soll ich dir sagen: **Ich habe dich je und je geliebt.**"*

Bam! Ich weiß nicht mehr, ob mein Mund wirklich offenstand, aber auf jeden Fall fühlte ich mich so. Ich hatte zwar immer daran geglaubt, dass Gott zu uns sprechen kann, aber als er es dann tat, erschrak ich. Es gab doch so viele Verse in der Bibel, warum ausgerechnet dieser gleich zweimal? Konnte es sein, dass Gott mir tatsächlich etwas mitteilen wollte?

Am nächsten Tag auf eben dieser Freizeit schrieben alle Teilnehmer ermutigende Verse, Sprüche oder Liedtexte für andere auf kleine Zettel.

Auch ich bekam einen solchen Zettel ... Jetzt überlege ich gerade: Gibt es eine Steigerung zum „offenen Mund"?

Auf meinem Zettel standen 7 Worte: *Ich habe dich je und je geliebt.*

Ich würde ja gerne sagen, dass seitdem alles besser geworden ist und ich nun ein total perfekter Christ bin, der seine Gebete nur denken muss, und schon passieren überall Wunder um ihn herum. Aber mein Vater ist 2012 gestorben; und während ich das hier schreibe, habe ich mal wieder Schmerzen im Bauch. Nur eines vergesse ich nie wieder, nämlich diese 7 Worte: *„Ich habe dich je und je geliebt."* Gott hat mir diese Botschaft so „um die Ohren gehauen", dass ich sie einfach nicht mehr übersehen kann.

Ich verstehe nicht alles, was in meinem Leben geschieht, aber ich werde mich daran festhalten, dass ich **geliebt** bin, auch wenn alles gerade dunkel aussieht.

Und daran, dass Gott Humor hat, daran will ich mich auch festhalten. Am letzten Abend der Freizeit gab es ein leckeres und festliches Menü. Ich setzte mich willkürlich auf einen freien Platz und – musste laut lachen. Ich entdeckte, dass vor mir als Tischdeko (die an jedem Platz anders war) eine Blumenvase stand, mit der Aufschrift: *„Je t'aime!"* (franz. für: „Ich liebe dich!") ...

Tommy Bright alias Michael Albrecht | Jg. 1979 | verheiratet | 4 Kinder | Aspach bei Ludwigsburg | christlicher Zauberkünstler | www.christliche-zauberkunst.de

Laudatio für meine persönlichen „Abflussreiniger"

Als ich heute versuchte, unseren Badabfluss zu reinigen, merkte ich, dass die Verstopfung viel tiefer lag als vermutet. Der Knoten aus unappetitlichem Material versperrte in etwa ein Meter Tiefe den Weiterfluss des Abwassers. **Wie oft erlebe ich bei mir genau diese geistliche Verstopfung:** Fragen an die Welt, Zweifel, Nichterleben dieses großen Gottes und mein Unvermögen, bei Gott abzuladen – da gibt es dann einen Abwasserrückstau in meinem Herzen. Bitterkeit naht, und ich erlebe hierbei immer wieder, dass meine Freunde meine persönlichen Abflussreiniger sind. Sie helfen mir zu „ent-stopfen" und mir so wieder einen klaren Abfluss zu ermöglichen, hin zum Kreuz von Jesus Christus.

Während ich beginne, diese Zeilen zu schreiben, fühle ich mich überhaupt nicht so, als hätte ich irgendjemand etwas Mutmachendes mitzuteilen. Ich denke, dass das genau der richtige Ausgangspunkt ist, weil das wirklich Mutmachende immer ein Geschenk dieses großen Gottes ist und ich so meinen Blickwinkel verändern lassen kann.

In meinem Leben habe ich erfahren, dass Gott mir immer wieder Mutmacher und „Abflussreiniger" an meine Seite gestellt hat, wie meinen besten Freund Eugen. Er spricht mir Mut zu, wenn ich selbst keinen mehr habe. Er glaubt für mich mit, wenn ich selbst nicht mehr glauben kann. Als wir vor einigen Wochen in meinem Musikzimmer saßen, Musik hörten, einen wunderbaren Whisky zusammen tranken und dabei schwiegen, war das wie ein Stück Himmel auf Erden. Worte waren nicht nötig, weil unsere Herzen sich spürten. **Dieser Moment war ein perfekter Abflussreiniger, er tat meiner Seele gut.**

Mein irischer Freund Sammy Horner spielte im November 1993 mit seiner Band *The Electrics* auf der Hochzeit meiner Frau Iris und mir in den tief verschneiten Bergen im Kanton Glarus. Er komponierte uns das Lied *Berni's Wedding Jig*, welches auf einigen Alben seiner Band erschienen ist. Als meine Frau Iris 1996 nach der Geburt unseres Sohnes starb, sah ich kurz darauf Sammy, Davie und Paul (Mitmusiker/Freunde) auf einem Konzert in der Schweiz wieder. Zusammen weinten wir vor dem Konzert, und sie legten mir ihre Hände auf die Schulter und trösteten mich. Was für eine Gnade, solche Freunde zu haben!

Sammy und ich verloren uns danach viele Jahre aus den Augen. Als ich ihr neues Album Jahre später in den Händen hielt, hörte ich einen

Remix von Berni's Wedding Jig. Mein Freund Sammy versuchte am Schluss des Liedes, wieder einen Kontakt zu mir herzustellen. Die Tochter des Produzenten sprach dort plötzlich einen unglaublich lieben Gruß meines Freundes Sammy für mich drauf. Wie groß war die Freude bei mir, als ich diesen überraschenden Liebesgruß erhielt. Dadurch wurde unsere Freundschaft aus dem Dornröschen-Schlaf erweckt.

Wahre Freundschaft erinnert, Freundschaft kann auch über große Distanzen bestehen, Freundschaft verbindet Herzen. Was für eine powervolle Gnade, wenn wir Männer Freundschaften untereinander haben dürfen und gegenseitig unsere persönlichen Abflussreiniger sind. Freundschaften setzen manchmal Zeichen, die nur der Freund mitbekommt, und manchmal dringen sie auch nach außen.

Ich bin schon viele Jahrzehnte in der Musikszene aktiv. Früher war ich mit verschiedenen Bands als Roadie auf Tournee. Meine Freundschaften aus der Musikszene dauern zum Teil bis heute an, und manchmal überrascht mich Gott mit wunderbaren neuen Begegnungen, die mich zutiefst berühren.

Im Juni 2020 war ich auf einem Geburtstag eingeladen, eine Outdoor-Party mit Live-Musik, Grillen und Barbetrieb. Ich traf auf dem Fest diverse Bekannte und Freunde. Dort kam ich auch mit Daniel, einem professionellen Bassisten, ins Gespräch. Daniel erzählte mir von dem

spannenden Musikprojekt der progressiven Metalband Mirayon, deren Songs er komponierte. Er erlebte, dass Gott ihm die Lieder richtiggehend schenkte und er daraus eine durchgehende Geschichte in dem Album erzählen konnte.

Aus dieser Begegnung und dem Herzensteilen mit Daniel wurde eine wunderbare Freundschaft, und Gott begegnete mir durch das Plattencover und die Texte des Albums, die mir bis heute als persönlicher „Abflussreiniger" dienen. Auf dem Gemälde des Albumcovers zeigt sich mein Lebensweg, der immer wieder dunkle Schatten und auch Hoffnungslosigkeit hatte. Mein Lebensweg geht auf

diesen erleuchteten Thronsaal mit dem lebendigen Wasser zu. Unterwegs ist eine Person, die mir die Hand reicht. Ein Bild von den Freundschaften in meinem Leben, ein Bild von Jesus Christus, der so stark in unsere Männerfreundschaften hineinwirken will.

Bernie Schlott | Jg. 1968 | verheiratet | 4 Kinder | Wimmis/Schweiz | Lebens-und Sozialberater

Mit kleinen Gesten dranbleiben

Es ist der 3. Advent. Wir packen ein Päckchen ein und legen eine Karte dazu. Es soll an Weihnachten einen besonderen Menschen erreichen.

Als Sozialarbeiter an einer Schule habe ich Kinder und Jugendliche in ganz unterschiedlichen Situationen begleitet: mal in einem Konfliktgespräch, mal wegen eines verlorenen Spindschlüssels, oder es gab ein für den Schüler brenzliges Gespräch bei der Schulleitung. Mit über 1.400 SchülerInnen an der größten allgemeinbildenden Schule der Stadt erlebt man in 10 Jahren die ganze Bandbreite von Themen.

Eine besondere Geschichte davon ist und bleibt die mit Leon (Name geändert). Eines Tages brachte meine Kollegin ihn zu mir: *„Jochen, ich habe da einen Jungen, für den, glaub ich, ein Mann als Begleitung besser wäre."* Leon, damals etwa zehn Jahre alt, schaute mich mit großen Augen an. Was er *„beim Sozialarbeiter"* sollte, konnte er sich wohl nicht vorstellen.

Anfangs war er sehr schüchtern, die familiären Hintergründe schwierig. **Seine Mutter war nicht in der Lage, sich um ihn zu kümmern. Seinen Vater kannte er nicht, und es gab auch sonst keine Verwandten oder Freunde im sozialen Umfeld.** Im Grundschulalter war er damit tatsächlich auf sich alleine gestellt gewesen und hatte sich und seine Mutter monatelang mit Fertigpizzas alleine versorgt. Schließlich veranlasste das Jugendamt, dass er in einer Pflegefamilie unterkam. Zeitgleich wechselte er in der 5. Klasse die Schulform; wir wurden zuständig.

Kurz vor Weihnachten entschied die Pflegefamilie, dass er *„für sie nicht mehr tragbar"* sei. Die genaueren Hintergründe dafür kenne ich nicht. Er kam nun in eine Wohngruppe unserer Einrichtung. Doch über die Feiertage fuhren die Jugendlichen nach Hause zu ihren Angehörigen. *Wohin aber sollte Leon?*

Entgegen den allgemeinen Empfehlungen, Privates und Dienstliches zu trennen, boten meine Frau und ich an, er könne die Weihnachtstage bei uns verbringen. Alle Beteiligten stimmten zu – und so wurde das Fest für Leon, aber auch für uns und unsere Herkunftsfamilien ein Weihnachten mit besonderen Vorzeichen. Interessanterweise ist es bis heute allen Beteiligten in sehr guter und lebendiger Erinnerung geblieben.

Ab dieser Zeit nutzte Leon immer wieder mal die Gelegenheit, bei mir im Büro reinzuschauen. Selbst wenn es mir in dem Moment eigentlich nicht passte, versuchte ich, wenn auch nur kurz, für ihn da und aufmerksam zu sein. Wir wechselten ein paar Sätze, oft griff er dabei noch kurz ins Bonbonglas, dann gingen wir beide wieder unserem Alltag nach.

Mit der Zeit entdeckten wir das Thema Mountainbiking und konnten im Rahmen der Kooperation mit der Einrichtung einige erlebnisreiche Ausflüge in den naheliegenden Wald und die dortigen Trails realisieren. Damit hatten wir dann auch wieder gemeinsamen Gesprächsstoff im tristen Schulalltag. So blieben wir mehr oder weniger intensiv in Kontakt, bis er nach der 10. Klasse unsere Schule verließ.

Ich fragte mich: *Was war Gottes Idee gewesen? Hatte ich genug getan? Hätte man Leon in geistlichem Sinn mehr auf das Leben da draußen vorbereiten können, oder sollen? War es dran, eine Erziehungsstelle einzurichten, um dauerhaft für Leon da sein zu können?* Doch dafür gingen keine Türen auf.

Nach seinem Schulabschluss waren wir noch ein einziges Mal biken. Er wollte eine Ausbildung zum Zweiradmechaniker machen und der Umzug aus der Wohngruppe in eine Anschluss-WG war geplant. Dann haben wir uns aus dem Blick verloren.

Die Jahre vergingen, und anstatt weiterhin in unserer bis dahin viel zu kleinen 3-Zimmer-Wohnung über eine Erziehungsstelle nachzudenken, wollten wir in einer Art „Lebenshof" leben. Dabei hatten wir auch immer den Gedanken, Leon und anderen Menschen in persönlichen Herausforderungen einen Platz bieten zu können. In dieser Zeit beteten wir intensiv für Wegführung und Lösungen, auch mit Blick auf Leon. Aus dem Hof vor Ort wurde leider nichts. Stattdessen zeichnete sich ein Umzug auf den Marienhof ab (eine Art Lebenshof des CVJM Baden).

An jenem Morgen, an dem wir den Umzugstermin festmachten, brachte meine Frau wie gewohnt unsere Kids in den Kindergarten. Völlig unverhofft begegnete sie da Leon: Er arbeitete dort just in dem Moment bei einer Firma für Landschaftsbau – für uns kein Zufall, sondern eine Gebetserhörung. Als meine Frau mir das erzählte, radelte ich sofort hin. Aufgrund seiner umherstehenden Kollegen, konnten wir allerdings nicht ausführlich sprechen. Immerhin nutzten wir die Gelegenheit zum Austausch unserer aktuellen Handynummern.

Der Beginn eines neuen persönlichen Kontakts zu Leon startete damit, dass ich ihn fragte, ob er uns beim Umzug auf den Marienhof helfen würde. Dabei erfuhr ich, dass er die Ausbildung zum Zweiradmechaniker abgebrochen hatte. Auch bei der dann erfolgten Ausbildung zum Landschaftsgärtner habe er bereits zweimal die Abschlussprüfung leider nicht bestanden und würde jetzt eben einfach bei der Firma „jobben". Mit der Wohnsituation in der WG sei er nicht glücklich und eine erste Beziehung war gescheitert.

Wir boten ihm an, jederzeit als unser Gast auf den Hof zu kommen und auch da mitarbeiten zu dürfen. Das war nun auch schon zweimal der Fall. Leon sitzt dann offen bei uns am Familientisch, erzählt, fragt nach und spielt mit den Kids. Er erlebt bei Begegnungen und Gesprächen die Hof-Gemeinschaft. Beim letzten Mal sagte er, er fände unsere Form zu leben spannend, auch wenn er mit Gott an sich nichts anfangen könne. Und er will wiederkommen.

Wir machen ihm Mut, sein Leben Schritt für Schritt zu gestalten. Und ich glaube, wir laden ihn mit unserer Art zu leben dazu ein, sich von dem finden zu lassen, der das Leben in seiner Hand hält, auch für Leon.

Warum ich diese Geschichte erzähle? Weil ich mich im (Schul-)Alltag oft gefragt habe, was „die Tasse Tee" bringt – ob es sich lohnt? Heute weiß ich um die Kraft der kleinen Gesten und möchte dich (und mich) ermutigen, gerade damit anderen zu dienen.

Außerdem kann ich zurückblickend sagen, dass ein Dranbleiben sich offensichtlich lohnt, selbst wenn ein Kontakt nur sporadisch oder streckenweise gar nicht stattfindet.

Heute, am 3. Advent, sitzen wir da und schicken ein Päckchen zu Leon auf die Reise. Es geht dabei nicht um den Inhalt, sondern um die Geste, die ihm hoffentlich zeigt, dass wir an ihn denken und ihn wertschätzen.

In die Zukunft kann ich nicht blicken und weiß nicht, ob Leon sich jemals auf Jesus einlassen wird. Es ist mein und unser Gebet. Aber ich möchte mit kleinen Gesten dazu beitragen, dranbleiben und offen sein – mit der Perspektive, dass Gott mehr bereit hält: für Leon und für uns.

Jochen Stähle | Jg. 1979 | verheiratet | 3 Kinder | Hohberg bei Offenburg | Sozialpädagoge, CVJM-Sekretär | www.cvjm-marienhof.de

Planetshaker

Ich sitze in einem schwach beleuchteten Zimmer in einer Jugendherberge in den österreichischen Bergen. Wir hatten gerade den „Entscheidungsabend" unserer christlichen Freizeit, und ein junger Kerl von 14 Jahren möchte nun sein Leben Jesus anvertrauen. Am Ende des langen Gespräches strahlt sein Gesicht, und er beginnt sein Leben mit Jesus, noch ohne zu wissen, was das bedeutet.

Zuerst war es nicht sicher, ob ich mitfahren können würde. Als Unternehmer und Vater von drei Jungs muss man sich die Zeit einteilen. Aber nun kann ich hier sein und mich um das Leben von jungen Erwachsenen kümmern.

Als der junge Kerl freudig grinsend das Zimmer verlässt, muss ich an das Jahr 2004 zurückdenken:

Ich hatte gerade mein Abi in der Tasche und wollte einfach mal weit weg. Trotz der christlichen Erziehung hatte ich das Gefühl, Gott sei mir nie wirklich nahe gewesen. Und weil ich immer wieder ins Zweifeln kam, überlegte ich: *Wenn ich mal so weit weg gehe wie Jona, dann werde ich vielleicht etwas mit Gott erleben.* **Dass ich – wie Jona – dabei fast ums Leben kommen sollte, konnte ich ja nicht ahnen.**

Mit einem Freund beschloss ich, für drei Monate nach Neuseeland und Australien zu reisen. Weit weg von allem. Das Geld dazu hatte ich mir in einem Autokonzern erarbeitet und dort leider auch den armseligen Rest meines Glaubens gelassen. Die Gespräche der Männer waren an Verdorbenheit und Spott nicht zu überbieten gewesen, und irgendwann hatte ich jedes Mal ausgiebig mitgelacht, wenn jemand wieder einen üblen Witz gemacht hatte. Wirklich gut fühlte sich das nicht an. Aber ich wollte Gott ein bisschen herausfordern. Wenn ich durch meine brave Art nichts von ihm gesehen hatte, vielleicht würde er sich ja offenbaren, wenn ich ihm mal meine andere Seite zeigte?

Am 2. November stiegen wir ins Flugzeug nach Neuseeland. Die ersten Wochen waren frei und abenteuerlich. Wir schliefen in Herbergen, Zelten und unter freiem Himmel, wuschen uns in Flüssen und an Seen und lernten Menschen aus aller Welt kennen. Eines Sonntagmorgens beschlossen wir, einen neuseeländischen Gottesdienst zu besuchen, aus Neugierde. Das wollte ich mal erleben, obwohl ich schon seit vielen Tagen kein Wort mehr mit Gott gewechselt hatte.

Es war im Grunde nichts Besonderes, bis auf die Musik: Von den *Pla-netshakers* (Planeten-Erneuerer/Planeten-Schüttler) hatte ich vorher noch nie etwas gehört. Der Song *It's all about Jesus* (Es geht nur um Jesus) machte mich sehr ruhig und nachdenklich. Als der Gottesdienst zu Ende war, kam ein Mann auf mich zu und drückte mir ein dickes, braunes Buch in die Hand. Aber da wir im nächsten Moment von Jugendlichen zum Volleyball-Spielen eingeladen wurden, warf ich es achtlos in unseren verrosteten Wagen, den wir für 500 Euro gekauft hatten.

Dann kam der Punkt, an dem mein Freund und ich uns so heftig stritten, dass wir die Nacht nicht am gleichen Ort verbrachten. Während er auf einem Spielplatz übernachtete, legte ich mich in die Lobby einer Jugendherberge, da sie keinen Platz mehr hatten. Schlafen konnte ich aber aus lauter Frust und Ärger nicht, also suchte ich nach einer Beschäftigung – und fand das dicke, braune Buch. *The Purpose Driven Life* (dt. Ausgabe: „Leben mit Vision") stand darauf, es war von Rick Warren.

Ich begann zu lesen, und es packte mich so sehr, dass ich jeden Tag eines der 40 Kapitel las. Mit jedem Kapitel begann ich mehr zu spüren, dass Gott leise zu mir redete. Als ich kurz vor dem Ende war, wandte ich mich ihm zu: *„Gott, wenn es dich wirklich gibt, dann zeig es mir drei Mal. So wie Gideon. Ich bin bereit. Du auch?"*

In den letzten Tagen in Neuseeland packte mich dann eine schwere Erkältung. Es war nasskalt, obendrein war unsere Stimmung gedrückt, da vor wenigen Tagen 300.000 Menschen ihr Leben durch einen großen Tsunami verloren hatten. Außerdem waren wir mit unserem Auto in einen Unfall verwickelt worden. Wir wollten eigentlich nur noch weiter, ins warme Australien.

Von Gott hatte ich immer noch nicht viel gesehen. Dass mein Leben nun bald drei Mal am seidenen Faden hängen würde – davon ahnte ich nichts.

Wir kamen an Silvester 2004 in Sydney an und freuten uns sehr auf das große Feuerwerk an der Harbour Bridge. Allerdings hatten wir keine Unterkunft, alles war restlos belegt oder völlig überteuert. Über E-Mail teilten mir Freunde mit, dass eine Mitschülerin ebenfalls irgendwo in Sydney sein müsse und in einer WG wohne – vielleicht hätten die ja Platz. Und sie hatten! Der einzige, verhängnisvolle Nachteil: Ihre WG lag in Redfern, für Touristen einer der gefährlichsten Stadtteile von Sydney. *Aber woher sollten wir das wissen?*

Als wir, total übermüdet am Neujahrsmorgen aus der Straßenbahn in Redfern ausstiegen, merkten wir sofort, dass etwas nicht stimmte. Überall Polizeisirenen und Wachleute. Egal – wir waren müde und gingen schnurstracks Richtung Park, an dessen Ende die Wohnung war. *„Hatte Alina nicht gesagt, dass wir nicht durch den Park gehen sollen?"*, meinte mein Kumpel. *„Ja, aber was soll's. Kennst du einen anderen Weg?"*

Kurz darauf stockte mir der Atem. Da lag eine leicht bekleidete Frau in einem Hauseingang. Ein betrunkener Mann schimpfte auf sie ein und wollte sie mit einer Flasche schlagen. Weiter vorne sahen wir eine Gruppe Jugendlicher, die uns aufmerksam beobachtete. **Ich trug alle Wertsachen bei mir, genauso wie Viktor, mein Reisekumpan.** Nun bekamen wir doch etwas weichere Knie. Die Sirenen heulten, der Mann brüllte, die Frau duckte sich unter ihm weg, und die Gruppe der Jugendlichen kam auf uns zu. Unser erster Impuls war, wegzurennen, aber uns blieb nur noch ein Stoßgebet: *„Gott, was sollen wir machen?!"*

Plötzlich hielt ein Wagen an, der innen komplett vergittert war, als würden die Insassen sich damit vor Gefahren schützen. Die Scheibe wurde heruntergelassen. *„Where are you heading?"* („Wo wollt ihr hin?") Ich zeigte mit dem Finger in den Park hinein. *„Go around, it's not safe here!"* („Geht außen rum, hier ist es nicht sicher!"), sagte der Mann – und so schnell wie der Wagen da war, war er auch wieder verschwunden, in Richtung der Jugendlichen, die schnell auseinanderrannten.

Wir rannten auch, und zwar so schnell wir konnten aus dem Park. Dass wir hier in einer der übelsten Ecken Sydneys waren, machte mir Angst. Verschwitzt und hechelnd erreichten wir Alinas WG. Nachdem sie drei Riegel aufgeschoben und die Gittertür geöffnet hatte, ging die Haustür hinter uns zu.

Ich war so müde, dass ich an diesem Neujahrsmorgen innerhalb weniger Sekunden einschlief.

Einige Tage später befanden wir uns mit 13 weiteren Personen auf einem mehrtägigen Segeltörn in den *Whitsundays*, eine unglaublich herrliche Region zum Tauchen und Genießen. **Was wir allerdings nicht wussten: Unser Boot hatte ein Leck bekommen und es gab viele Haie in dem Gebiet.** Die Crew war unter Deck und versuchte unbemerkt, Wasser herauszupumpen.

Wir sprangen derweil unbekümmert vom Boot immer wieder ins Wasser – ich natürlich mittendrin. Bis ein Mädchen plötzlich rief, sie habe Haiflossen gesehen. Zu dem Zeitpunkt waren wir etwa zu fünft im Wasser. Von den lauten Rufen animiert, kam ein Crew-Mitglied die Treppen hoch und schrie uns an, sofort aus dem Wasser zu kommen. Verwirrt schwammen wir ans Heck des Bootes. Ich war der dritte, der an Bord ging, und hinter mir kamen die beiden letzten Jungs in Windeseile knapp in Sicherheit. Von oben sahen wir dann, wie zwei oder drei größere Haie das Boot umkreisten.

Niemand rief mehr, es war sehr leise geworden.

Mir wurde allerdings erst beim dritten Vorfall bewusst, dass Gott mir gerade meinen Wunsch erfüllt hatte. Es geschah in der Nähe des Ayers Rock. Mit einer anderen Reisegruppe waren wir durch die Wüste gefahren und hatten uns am Abend um ein Lagerfeuer versammelt. Es gab Kamelfleisch mit Bohnen – und mir war richtig schlecht. Ich rollte meine Iso-Matte unter dem herrlichen Sternenhimmel aus und schlief ein, bevor es in der Wüste richtig kalt wurde.

Als einer der ersten wachte ich am Morgen auf, kurze Zeit später war auch der Rest der Reisegruppe aufgestanden, und wir packten zusammen. Der Reiseleiter war genau neben mir, als ich meine Matte zusammenrollte – und vor Schreck erstarrte.

Unter meinen Fingern krochen zwei weiße, kleine Skorpione hervor. Der Reiseleiter sprang mit einem „Whou!" zur Seite und bedeutete mir, ebenfalls das Weite zu suchen. Langsam bewegte ich mich rückwärts und auch die beiden Skorpione suchten nun das Weite. Sie hatten einen

Schreck bekommen, als plötzlich die warme Iso-Matte über ihnen weggezogen wurde. Scheinbar waren sie in der Nacht unter mich gekrochen. *„Crazy!"*, meinte einer der Reisenden. *„Du hättest dich nur ein bisschen falsch bewegen müssen und wir hätten hier vielleicht einen Toten gehabt."*

Und dann fiel mir schlagartig ein, zu was ich Gott in meiner naiven Art herausgefordert hatte. **Und hier stand ich und lebte immer noch.**

Auf der Rückfahrt ließ ich alle drei Erlebnisse nochmals Revue passieren, und dabei wurde mir klar, was ich in *Purpose Driven Life* gelesen hatte: *Ich bin kein Zufall. Gott hat mich gewollt. Er hat mich genauso gemacht, wie ich bin, weil er einen bestimmten Plan mit mir hat. Alles dient zu seiner Ehre.* Dann fiel mir wieder das Lied von den Planetshakers ein: *It's all about Jesus.* Gott hatte mir seine Gnade gleich drei Mal gezeigt. Sollte es in meinem Leben nun um Jesus gehen – oder nur um mich?

Ab diesem Zeitpunkt änderte sich mein Leben. Gott hatte mich voll überzeugt. Ich weiß heute, dass ich es nie mehr anders will. Seit diesen Abenteuern vor fast 16 Jahren habe ich ihn in vielen Situationen immer wieder erfahren. Und das gebe ich weiter, an Jugendliche und Teenager, aber auch an ältere Menschen, die glauben, sie wären Gott egal.

Albert Brückmann | Jg. 1984 | verheiratet | 3 Jungs | Mosbach | Digitaler Marketer & Gründer Meminto GmbH | www.albertbrueckmann.de | Instagram: planetshaker

Rambo & Co. – Der Traum vom Elitesoldat

Geländespiele draußen im Wald, bei Wind und Wetter – was für schöne Kindheits- und Jugenderinnerungen. Die Gesichter mit verkohlten Korken geschwärzt oder zur Tarnung gleich mit Schlamm und Laub „eingesaut". Durch den Dreck robben, lautlos im Unterholz anschleichen, im Überraschungsangriff den Feind überwältigen. Zurück durch die feindlichen Linien, zum König, der in der „Burg" mit Lob und Anerkennung für deine Heldentat auf dich wartet. Das war eine prägende Zeit in Natur und Gemeinschaft.

Dann kam Rambo, einer meiner Helden aus der Jugendzeit. So wäre ich auch gerne gewesen. Einer der nichts braucht als seinen Instinkt, seine antrainierten Fähigkeiten und sein Messer, um in der Wildnis zu überleben. Ein Elitesoldat, der für seine Überzeugung kämpft. Ohne Furcht davor, dabei sein Leben zu verlieren, weil er Werte hat und einer Sache dient, für die es sich lohnt zu leben und zu sterben. Für die Gerechtigkeit, allein gegen alle. Was für ein Held und Kämpfer, was für ein Mann!

Während andere in der Disco abhingen, verbrachten wir unsere Zeit draußen in der Natur: Lagerfeuer, Kameradschaft, Mutproben, Schlafsack und Bier. Freiheit! Wir übten uns im Regenwürmer und Wildgemüse essen. Bauten Notunterkünfte im dichten Nadelwald. In absoluter Finsternis, ohne Taschenlampe nachts zum Pinkeln das schützende Lager verlassen, während streunende Hunde Wildtiere jagen und ein Fuchs neugierig dein Lager umkreist – geliebte Herausforderungen jener Zeit.

Bundeswehr oder Zivildienst war keine Frage für mich. Das Ziel war klar: Alles oder nichts! Ausbildung zum Elitesoldat in einer Spezialeinheit, Fernspäher zu werden, das war mein Traum. Der Soldat springt über feindlichem Kampfgebiet mit dem Fallschirm ab, erkundet die dortigen Begebenheiten, überquert dann zu Fuß die Frontlinie, um, falls er dies überleben sollte, seinen Befehlshabern Bericht zu erstatten. Ein Job für todesmutige Helden. Ein Job wie ein großes, realistisches Geländespiel für echte Männer.

Als der Tag der Musterung durch die Bundeswehr kam, war meine Angst groß, nicht stark, gesund oder klug genug zu sein, um den Traum vom Elitesoldaten auch leben zu dürfen. Doch: *„Herr Reinhardt, wir dürfen Ihnen gratulieren. T1 ohne Einschränkung. Bestnote! Wir schlagen Sie hiermit für eine Ausbildung zum Fallschirmjäger vor."*

Fallschirmjäger – die Voraussetzung für einen Werdegang als Fernspäher. Ich hatte es geschafft! Ein Traum ging in Erfüllung!

Dann kam Jesus! Schon längere Zeit hatte ich begonnen, in der Bibel zu lesen und Fragen zu stellen (unter anderem angeregt durch junge Männer, die ihre Drogensucht überwunden und ihre kriminelle Vergangenheit hinter sich gelassen hatten und sich jetzt Nachfolger Jesu nannten). Dann war es soweit: Überführt von eigenem Versagen, konfrontiert mit meiner Sündhaftigkeit und überwältigt von überfließender, göttlicher Liebe, ging ich vor Gott auf die Knie und stellte mein Leben unter seine Autorität. Er, der größer, stärker und mächtiger war als meine Helden und Vorbilder, schlug in meinem Leben ein. Wie Rambo seinem Ausbilder und Ziehvater am Ende des Films lag ich nun Rotz und Wasser heulend „in den Armen" meines Retters. Ich begann zu begreifen, dass dies die Fähigkeit ist, die einen Mann zum wahren Helden macht: seine Knie zu beugen. Die eigenen Schwächen, Vergänglichkeit und Hilfs-bedürftigkeit zu er- und bekennen, ist überlebensnotwendig. Ich mag den Satz: **„Wer vor Gott kniet, kann vor Menschen aufrecht stehen."**

Eine neue Situation. Nicht nur die menschliche, vergängliche Bundes-wehr war es nun, die um meine Hingabe warb. Der König aller Könige selbst rief mich in seine Gefolgschaft. Er, der Herr der Heerscharen ge-nannt wird, hielt mich für stark, gesund und klug genug, ihm zu dienen – was für eine unbeschreibliche, ungeahnte und unverdiente Ehre. Eine neue *„Erste Liebe"*, für die es sich zu leben und zu sterben lohnt. Neue Prioritäten und neue Ziele, aber nach wie vor: *„Alles oder nichts!"*

Dieser neue Weg forderte ein großes Opfer. Noch jung im Glauben, ging ich davon aus, dass der Dienst an der Waffe mit der Nachfolge Jesu unvereinbar sei. Also hatte ich eine Entscheidung zu treffen und reichte meine Kriegsdienstverweigerung ein. Es hatte sich schmerzhaft aus-geträumt vom Elitesoldaten. Ich gab den Traum auf, ohne damals zu ah-nen, dass Gott selbst es war, der mich mit diesem Traum und diesen Charaktereigenschaften erschaffen hatte.

Wie aber nun dieses „Alles oder nichts" auf meinem neuen Lebensweg umsetzen? Die Bereitschaft, alles zu geben, ist das Entscheidende. Es war wie Schritt um Schritt neu laufen zu lernen, eine Herausforderung nach der anderen. Ein Trainingsprogramm begann. Es ging sogar so weit, dass ich einen Orden besuchte, um zu prüfen, ob ein Leben als Mönch in der Auslandsmission meine Berufung sei. Stattdessen verließ ich meine Heimat, um den Beruf des Krankenpflegers zu erlernen. Das war mit Sicherheit nie mein Traum gewesen. **Verwandte und Bekannte schlugen die Hände über dem Kopf zusammen.**

Türen öffneten sich, andere gingen zu. Alte religiöse Vorstellungen mussten über Bord geworfen werden, damit das Schiff nicht sinkt. Jesus ist halt doch keine Religion! Immer wieder, neben all den tollen Erfah-rungen und Erlebnissen, auch bittere und schmerzhafte Enttäuschungen, vor allem im kirchlichen, religiösen Umfeld. Trotzdem, jetzt erst recht: Treu bleiben. Weiter machen. Nicht aufgeben. Kämpfen! Wie das ein Soldat eben so macht.

Nun bin ich über 50 Jahre alt, habe eine wundervolle Frau und vier Prachtexemplare von Kindern. Auf vielen Trainingsfeldern durfte ich lernen und geschliffen werden: als Ehemann und Vater, beim Rettungsdienst, als Krankenpfleger, bei Missionseinsätzen auf der ganzen Welt, als Pastor – Schritt um Schritt. Meinen Lebensunterhalt verdiene ich heute als Selbstständiger mit einem ambulanten Pflegedienst. Diese Arbeit ist die Grundlage für meine eigentliche Berufung.

Seit einigen Jahren bin ich zusätzlich ehrenamtlich als Katastrophenhelfer für zwei Organisationen tätig. Diese Arbeit führte mich in Kriegs- und Kampfgebiete im Irak und Syrien. Buchstäblich durfte ich Frontlinien überschreiten, um „Feinden" zu dienen. Meine Berufsausbildung war letztendlich der Schlüssel, der mir Zugang zu einem außergewöhnlichen Auftrag verschaffte. Als Partner und an der Seite einer der besten Armeen dieser Welt durfte ich erleben, wie Juden Grenzen öffnen, damit Christen Muslimen in größ-  ter Bedrängnis dienen können. Ich durfte schwer verwundeten Soldaten und Zivilisten unter Beschuss medizinisch und als Freund zur Seite stehen – nach dem Motto: *gemeinsam überleben oder sterben* –, und ich durfte einem meist jungen Einsatzteam väterlich zur Seite stehen und Rückendeckung geben.

Ein Traum ging in Erfüllung. Heute bin ich Soldat in der Armee Gottes – wahrlich eine echte Spezialeinheit unter direktem Befehl des mächtigsten Königs. Und der Weg ist noch nicht zu Ende. Es geht weiter, Schritt um Schritt. Auch für dich, wenn du möchtest.

Holger Reinhardt | Jg. 1968 | verheiratet | 4 Kinder | Achern | Geschäftsführer eines ambulanten Pflegedienstes

Beten mal anders

Zugegeben, die vielen Jahre als Christ sind nicht immer randvoll mit erfülltem Alltag, zufriedenem Christsein und Gottesbegegnungen. Im Gegenteil, ich zumindest kenne auch Phasen der Sättigung, Bequemlichkeit und Lethargie. Mein Christsein verschwimmt dann im Alltag und in der Gesellschaft.

Ja, ich ertappe mich häufiger, dass ich bei Predigten, Andachten oder Vorträgen zu Beginn einen kurzen „Checkup" mache. Welcher Text? Welches Thema? Wie oft habe ich das schon gehört? Ist der Einstieg spannend? Ein (un)bewusstes Abwägen – dann fällt eine schnelle Entscheidung in meinem Kopf: Kenne ich! Habe ich schon x-mal gehört. Nix Neues. Die Konzentration schwindet und die Aufmerksamkeit sinkt auf vielleicht noch 50 % ...

Ja, ich tauche in eine geistliche Komfortzone ab, die mir suggeriert, wie viel ich doch weiß und wie wenig Input ich noch nötig habe. Eine Selbstzufriedenheit, die schnell zu Überheblichkeit und Selbstüberschätzung führen kann.

Doch es kann auch anders sein:

Im Juli 2015 hatte ich die Gottesdienstmoderation in unserer Gemeinde. An diesem Sonntag sollte ein unbekannter Gastprediger kommen. Das ist für einen Moderator immer etwas Besonderes, zumal man häufig nicht weiß, was einen so erwartet. Im Vorfeld tauschten wir einige Informationen aus und stimmten die Inhalte, sowie den Ablauf des Gottesdienstes miteinander ab.

Er schrieb mir, dass er über das Gebet des Jabez predigen wolle. Sendepause bei mir. *Was will er?* Es gab eine Stellenangabe. Ich schlug in der Bibel nach:

Ein Mann namens Jabez aber war angesehener als alle seine Brüder. Seine Mutter nannte ihn Jabez, denn sie sagte: „Ich habe ihn unter Schmerzen zur Welt gebracht."

Er (Jabez) war es, der zum Gott Israels betete: „Segne mich doch und erweitere mein Gebiet! Sei bei mir in allem, was ich tue, und bewahre mich vor allem Kummer und Schmerz!" Und Gott erfüllte ihm seine Bitte (1. Chronik 4, 9-10 NLB).

Ich las den Text und die Worte ließen mich aufhorchen. Was war Gottes Antwort auf diese fast schon vermessene Bitte des Beters Jabez? Meine

Neugier war geweckt und ich war auf den Gottesdienst und die Predigt so gespannt, wie lange nicht mehr.

Gefesselt und begeistert, aber gleichzeitig mit gebremster Euphorie und Erwartung hörte ich dem Prediger zu. *Das konnte doch unmöglich heute noch aktuell sein!? So handelt Gott doch heutzutage nicht mehr!?* Solche „Vernunftgedanken" wollten mir die Entdeckung trüben.

Ricardo (der Gastprediger) machte mir auch nochmal ganz persönlich Mut, es auszuprobieren. *„Lass dich darauf ein, Thomas"*, gab er mir zum Abschied mit. *„Gott hört dein Gebet und kann überraschend und kreativ handeln."* Und er sollte recht behalten.

Mein erster Schritt war, nach einem Buch zu suchen, welches er mir empfohlen hatte: Das Gebet des Jabez von Bruce Wilkinson (Gerth Medien). Es motivierte mich, das Gebet regelmäßig zu sprechen:

Segne mich doch und erweitere mein Gebiet! Sei bei mir in allem, was ich tue, und bewahre mich vor allem Kummer und Schmerz!

Mit der Zeit lernte ich die Verse auswendig, was nun wirklich nicht meine Stärke ist. Aber es war ja zum Glück echt wenig Text!

Die Erwartungen waren hochgesteckt, und ich fragte mich, was Gott mir nun so schenken wollte. *Kommt ein unerwarteter Reichtum auf mich zu? Entdecke ich Fähigkeiten, die mich zu einem besonderen Menschen machen? Werde ich vielleicht berühmt? Bin ich auf einmal besonders schlau oder entdecke etwas Revolutionäres?* Da können die Gedanken und Vorstellungen eines sonst so bodenständigen und nüchternen Mannes schon mal durchgehen. Ich bewegte mich zunehmend in einer eigenen Wunschfabrik.

Doch es geschah – nichts. Alles ging seinen gewohnten Lauf. Keine unerwartete Erbschaft, keine Anfrage einer Filmproduktion, keine Fernsehauftritte, kein Geistesblitz, auf den die Menschheit schon immer gewartet hatte, kein Beginn einer politischen Karriere.

So langsam wurde ich ungeduldig. Ich konnte doch nicht ewig warten. *Gott könnte so langsam mal konkret werden, dachte ich. Oder bin ich vielleicht doch nicht fromm genug? Wie ist mein Glaube eigentlich? Eher sensationsorientiert oder doch vertrauensvoll? Vielleicht bin ich nicht gut genug, damit Gott handeln kann?*

Doch nach „schon" vier Monaten bekam ich eine überraschende Anfrage: Ob ich die kommissarische Leitung einer Region mit 500 Mitarbeitern übernehmen würde? *Wow, was für eine Herausforderung.*

Konnte dies die „Gebietserweiterung" sein?

Dazu muss man wissen, dass ich mich bei der Ausschreibung auf diese Stelle nach langer Prüfung und intensiven Gesprächen *nicht* beworben hatte. Ich wusste, dass es nicht *mein* Job, *meine* Aufgabe ist. Und dennoch sollte ich nun die Chance haben, mich eine Zeit lang darin zu probieren und Erfahrungen zu sammeln, bis ein geeigneter Bewerber gefunden wäre.

Es wurden – sowohl beruflich, als auch geistlich – sechs spannende und herausfordernde Monate. Mit der Unterstützung vieler Menschen durfte ich ausprobieren und gestalten, Verantwortung übernehmen und Entscheidungen treffen, neue Menschen kennenlernen und Beziehungen stärken, Erfolge feiern und Niederlagen teilen. Dabei erlebte ich Ermutigungen, aber auch Enttäuschungen, Gottesnähe und Gottesferne, Überraschungen und Zusammenhalt. Eine Achterbahn von Emotionen und Erlebnissen.

So hatte ich mir die Gebetserhörung nicht vorgestellt, aber Gott hat mir das so gegeben. Das war für mich dran! Ich bin froh und dankbar, dass ich diese Zeit hatte. Und das Wichtigste daran war, zu erkennen, dass Gott zu seinen Verheißungen steht. Er hatte in meinem Leben gehandelt. **Sein Wort ist aktuell und gilt!**

Heute höre ich aufmerksamer auf das, was Gott mir sagen will. Texte erschließen sich neu für mich. Ich gewinne einen anderen Blickwinkel auf bekannte Aussagen der Bibel und bin offen für Gedanken, denen ich früher keinen Raum gegeben hätte.

Ich möchte dir Mut machen, nach dem Willen Gottes für dich zu fragen. Lass zu, dass Gott etwas für dein Leben will. Auch wenn es etwas anderes ist, als du vielleicht erwartest oder erträumst, es ist auf jeden Fall gut für dich.

Thomas Meier | Jg. 1963 | verheiratet | 2 Kinder | Köln | Dipl. Ing. Kfz

Echte Männer

Welch eine Ehre, als Mann zu anderen Männern zu sprechen, mitten aus meinem Herzen für andere Männerherzen, aber vielleicht auch zu manchem Herzen einer Frau.

„Echte Männer" lautet meine Überschrift. Ist sie zu gewagt oder gar übertrieben? Oder ein zu hoher Anspruch? Ich sehe vor meinen geistigen Augen einen sterbenden, armen, aber doch so reichen Mann, der in meiner Gegenwart weinte und betete und mir unter Tränen zuflüsterte: *„Echte Männer können weinen und beten."*

Mein Beitrag zu diesem Buch stand noch in keinem anderen. Möglicherweise ist diese Geschichte für manchen nicht so bedeutend, sondern eher klein, aber vielleicht auch gerade deshalb groß und wertvoll.

Mehrfach durfte ich bereits im Rahmen einer christlichen Männerreise in Israel sein. Seit ich ein kleiner Junge war und Jesus kennen- und lieben gelernt hatte, hatte diese Sehnsucht in mir gebrannt, dort zu sein, wo er gewesen war.

Wir waren bei dieser Reise fast 60 Männer – was für ein liebevoller, verrückter Haufen! Männer aus allen Gesellschaftsschichten, wunderbare Typen, die ich so lieb gewann auf dieser Reise!

Es waren Männer dabei, die Jesus kaum oder gar nicht kannten, und welche, die schon fast ihr ganzes Leben mit ihm gingen. Doch eines verband uns alle: Eine Sehnsucht in unseren Herzen, die nicht von dieser Welt war, und die auch niemand in dieser Welt stillen konnte, sondern nur der eine, der aus seiner Welt in die unsere kam. Sein Ziel war dein und mein Herz, um uns ganz nah zu kommen.

Auf dieser Reise standen viele Orte auf dem Programm, unter anderem der Garten Gethsemane. Ich durfte in diesem unbeschreiblich schönen Garten mit dieser unfassbaren Atmosphäre eine Andacht halten.

Ich erzählte den Burschen von dem Mann aller Männer, der hier im Garten gelegen, geweint und Blut geschwitzt hatte. Der zuvor noch so liebevoll die Füße seiner Freunde gewaschen hatte, obwohl er wusste, dass sie kurze Zeit später alle weglaufen würden. Was für ein Gott, der aus Liebe Mensch wurde!

Ich erzählte den Männern, wie Jesus wenige Augenblicke später einer kleinen Armee von Soldaten, die ihn suchten, aufrecht und furchtlos gegenüberstand und ihnen antwortete: *„Ich bin es!"* Wie diese Armee dann zurückwich und zu Boden fiel.

Ich sagte: *Wenn der Mann aller Männer im Staub gelegen und geweint hatte, dass auch wir uns dafür nicht schämen müssen. Aber dass wir auch wieder aufstehen und unseren Stand einnehmen dürfen – und sollen. Dass wir uns unserer Identität, wer wir in Gottes Augen sind, bewusst werden müssen. So kann aus dem Versagen und der Schuld unseres Lebens auch Großartiges entstehen. All die Täler, die so mancher von uns durchqueren musste (oder in ihnen noch unterwegs ist), können zum Segen für uns selbst und andere werden.*

Ich habe Gewalt in vielen Formen erlebt; dadurch verstehe ich andere, die Gewalt erleben. Ich war nicht selten auch Täter; dadurch verstehe ich jene, die zu Tätern wurden. Ich war obdachlos und verstehe diejenigen, die kein Dach über dem Kopf haben. Ich war ein miserabler Sohn, Ehemann, Vater, Bruder und Freund und verstehe jene, die in ähnlichem Maß schuldig geworden sind wie ich. Ich musste Katastrophen erleben und nach einem Infarkt um mein Leben kämpfen; dadurch verstehe ich die, welche Ängste haben, sich sorgen und zweifeln ...

Ich glaube, an diesem Tag im Garten haben alle Männer geweint und gebetet, auch die, die es bis dahin vielleicht noch nie getan hatten. **Es war eine heilige Atmosphäre an einem heiligen Ort, wo alle Herzen berührt wurden.**

Als meine Andacht zu Ende war, lagen sich viele Männer weinend und betend oder auch nur schweigend in den Armen. Manche saßen irgendwo in der Wiese oder lehnten an einem Baum, wie vielleicht Jesus einst.

Mein Herz war so berührt, und ich bat Gott um ein Zeichen, zu welchem der Männer ich mich gesellen sollte. Mein Blick richtete sich auf einen, der allein und gedankenverloren auf einer Bank saß. Meine innere Stimme sagte mir, dass ich mich zu ihm setzen und mit ihm beten solle. Ich gehorchte dieser Stimme, obwohl ich mich dabei irgendwie unwohl fühlte. Ich wollte diesen Mann eigentlich nicht stören.

Ich fragte ihn: *„Ist es okay, wenn wir gemeinsam beten?"*

In diesem Moment brach er in Tränen aus und sagte: *„Ich habe so viele Kämpfe in mir. Mir ist so schwer. Und ich konnte eigentlich nicht viel mit Gott und Jesus anfangen. Doch hier wurde mein Herz so berührt. Und gerade habe ich zu Jesus gesagt: ‚Wenn es dich wirklich gibt, dann möge sich jetzt einer der Männer neben mich setzen und mit mir beten.' Und da kommst du genau zu diesem Zeitpunkt … !"*

Unfassbar! Überwältigend!

Da saßen wir nun beide und weinten und beteten. Kurze Zeit später lud er Jesus – den Mann aller Männer – in sein Herz ein!

Ist dies nun eine kleine oder große Geschichte? Zu unbedeutend für dieses Buch? Oder so wertvoll, dass sie auch dein Herz bewegt?

Was macht einen echten Mann aus? Sein Haus, sein Auto, seine Karriere oder sonst irgendetwas, was doch eines Tages nicht mehr sein wird?

Echte Männer können weinen und beten. Sie können darin ihre Liebe zu dem ausdrücken, der aus Liebe sein Leben für sie gab. **Diese Liebe stirbt nie; sie bleibt in Ewigkeit …**

Michael Stahl | Jg. 1970 | verheiratet | 2 Kinder | Bopfingen | Redner, Motivationstrainer, Gewaltpräventionsberater, Buchautor, Trainer für Selbstverteidigung | www.protactics-stahl.de

Wenn Gott wirkt und ich es verschlafe

Mein Wecker klingelt. Es ist 6 Uhr 30. Eigentlich keine ungewöhnliche Zeit, um aufzustehen. Trotzdem haue ich etwas genervt auf den Aus-Schalter, denn heute ist eigentlich mein freier Tag. Und an freien Tagen mache ich vor allem eines gerne: richtig lange schlafen.

Den Wecker habe ich mir trotzdem ganz bewusst gestellt, denn heute möchte ich einen kleinen Ausflug machen. Seit knapp drei Monaten bin ich nun Volontär in der Altstadt von Jerusalem. Mitten im Herzen der Stadt darf ich leben und arbeiten. Und klar, in Jerusalem gibt es so einiges anzuschauen und zu entdecken. Das möchte ich mir natürlich nicht entgehen lassen.

Mein Tagesziel heute Vormittag ist der berühmte Tempelberg mit sei-ner goldenen Kuppel – ein Wahrzeichen der Stadt. Er ist nicht nur schön anzuschauen, in der Geschichte des Landes spielt er auch eine entscheidende Rolle. Und für mich als Christ ist es ein bedeutsamer Ort, denn so viele Geschichten aus der Bibel erzählen von diesem besonderen Flecken Erde.

Kurzum: Das Areal des Tempelbergs muss auf jeden Fall erkundet werden, und da lohnt es sich auch, früh aufzustehen (denn die Besuchszeiten am Vormittag sind von halb acht bis zehn Uhr klar geregelt und limitiert).

Doch ich habe die Beine beim Klingeln des Weckers nicht gleich aus dem Bett geschwungen, und je länger ich da so liege und mit dem Aufstehen kämpfe, desto stärker werden die typischen Gedanken: *Ach Simon, weiterschlafen wäre jetzt halt auch schön … Ach Simon, du bist doch sowieso noch ein paar Monate hier. Den Tempelberg kannst du immer noch anschauen. Hau dich ruhig nochmal aufs Ohr.*

Naja, was soll ich sagen, ich schlafe einfach zu gerne. Ich drehe mich um, schließe die Augen, und weg bin ich …

Die Geschichte ist eigentlich zu schlicht, um sie zu erzählen. Warum tue ich es trotzdem?

Zwei Tage später sitzen wir am Frühstückstisch in Jerusalem und jemand liest die News (neuesten Nachrichten) der letzten Woche vor. Plötzlich die Schlagzeile: *„Krawalle und Ausschreitungen auf dem Tempelberg. Am Samstagvormittag kam es zu starken Auseinandersetzungen mit Waffeneinsatz."* Eine Schlagzeile, wie sie leider ab und zu in den israelischen News zu lesen ist.

Trotzdem werde ich hellhörig. Samstagvormittag? Wo war ich denn da eigentlich? Stimmt, das war ja mein freier Tag … Ups! Da war ja was. Das war doch da, wo ich mir in aller Seelenruhe den Tempelberg anschauen wollte. Plötzlich fällt mir ein Stein vom Herzen, und ein kurzes Stoßgebet geht in den Himmel: *„Danke Gott, dass ich am Samstag so müde war und einfach weitergeschlafen habe!"*

Man kann mein Erlebnis mit verschiedenen Augen sehen. Für manche ist es Zufall, für manche Glück. Ich selbst deute es als Gottes bewahrendes Handeln. **Gott, der gewirkt hat: schlicht, banal, im Alltag, völlig unspektakulär** – ich war einfach müde. Und hätte mir keiner die News vorgelesen, hätte ich bis heute noch nicht mal etwas davon gewusst.

Natürlich ist mein Leben keine Blumenwiese. Auch als Christen erleben wir Rückschläge und Schicksalsschläge. Offensichtlich bewahrt Gott

uns nicht vor *allem*, warum auch immer! An dieser Realität haben sich die biblischen Autoren damals schon genauso abgearbeitet, wie wir es auch heute tun. Das Leben kann manchmal herausfordernd, schwierig und sogar gefährlich sein.

Schon die Bibel kennt beides: Gottes Schutz (Gottes Handeln) auf der einen Seite, und auf der anderen Seite die quälende Frage: *„Warum dann nicht auch in dieser Situation? Warum greifst du da nicht ein?"* Selbst für die biblischen Autoren war das ein Hin und Her, das sie offensichtlich nicht lösen konnten. Mich lässt das etwas durchatmen, da ich merke, dass es ihnen manchmal ging wie mir.

In dieser banalen Alltagsgeschichte in Jerusalem habe ich etwas für mein Leben entdeckt:

■ Ich bin überzeugt, dass Gott immer noch auf uns aufpasst. Gott wirkt manchmal sogar so banal, dass ich (fast) nichts davon mitbekomme. Deshalb bete ich weiter fröhlich: *„Bewahre mich Gott, denn ich traue auf dich"* (Psalm 16,1).

■ Hätte mir keiner die News vorgelesen, hätte ich mich heute wahrscheinlich längst nicht mehr an diesen Tag zurückerinnert. Aber was heißt denn das für mein ganzes Leben? Könnte es sein, dass das noch viel öfter passiert? Ich freue mich auf den Moment bei Gott, an dem er mir zeigt: *Da, da, da und da habe ich in deinem Leben gewirkt (und auf dich aufgepasst), und du hast nicht mal etwas davon mitbekommen.*

■ Trotzdem ist mir bewusst: Auch mit Gott an meiner Seite wird es Rückschläge und Schicksalsschläge geben. Andere Touristen waren zu der Zeit auf dem Tempelberg und haben diese Situation miterlebt. *Warum hier, warum dort nicht? Warum in der Situation und in anderen nicht?* Diese Fragen bleiben leider offen (zumindest für mich). Gleichzeitig möchte ich Gott so sehr vertrauen, dass ich sogar dann beten kann: *„Er steht mir zu Rechten"* (Psalm 16,8), wenn es sich gerade nicht danach anfühlt. Wenn Gott wirklich Gott ist, dann tut er das.

Simon Trzeciak | Jg. 1994 | ledig | Kraichtal | CVJM-Sekretär im CVJM-Lebenshaus Unteröwisheim | www.schloss-unteroewisheim.de

Sich dem eigenen Schatten stellen

Schon als Kind hatte ich einen Traum: Ich wollte Mönch werden. Dieser Traum wurde durch das Buch *Sebastian* geweckt. Sebastian Franck kam aus einer Weberfamilie in Donauwörth und wurde Priester im nahegelegenen Benediktiner-Kloster. Später schloss er sich der Lehre Martin Luthers an und heiratete. Er war ein radikaler Denker, der jede Bevormundung von Seiten der geistlichen Obrigkeit ablehnte und bekämpfte.

Ich las dieses Buch, als ich in der Pubertät war. Nicht die Gedanken an Radikalität beeinflussten mich, es war der Gedanke an eine Klosterzelle mit Büchern und der Atmosphäre des Studierens. Aber ich war ja nicht katholisch. Wie sollte ich als evangelischer Christ Mönch werden? Es vergingen noch zehn Jahre, bis ich in eine evangelische Bruderschaft eintrat und Mönch wurde.

Bevor ich mich entschieden hatte, mit Jesus zu leben, lebte ich so, wie viele meiner Altersgenossen. Ich tat nie etwas Böses, was mich mit dem Gesetz in Konflikt gebracht hätte, aber mein Leben war nicht mit der Bibel kompatibel. Doch ich liebte es und dachte, alles sei in bester Ordnung. Natürlich kannte ich meine Schattenseiten, aber wen störte das schon? Irgendwie hat die doch jeder. Problematisch wurden diese Schatten erst, als ich mich für ein Leben mit Jesus entschied.

Bei meiner Bekehrung hatte ich ein echtes Befreiungserlebnis. Ich rauchte damals 60 Zigaretten am Tag, und das seit einigen Jahren. Jesus befreite mich von dieser Sucht. Das war eine überwältigende Erfahrung, die bis heute anhält. Aber da war noch etwas anderes in mir, das ebenfalls nicht in mein neues Leben passte.

Mit meiner Bekehrung hatte ich inständig gehofft, dass das Wort: *„Siehe, ich mache alles neu!"* (Offenbarung 21,5) auch in meinem Fall volle Wirkung zeigen würde. Aber das war nur zum Teil der Fall. Die Schattenseiten in meinem Leben blieben. Ich bekam sie immer wieder deutlich zu spüren.

Ich kämpfte, nahm Seelsorge und Beratung in Anspruch, nahm alle geistlichen und psychologischen Angebote wahr. Jedes Mal hatte ich die Hoffnung: *Nun habe ich es geschafft*. Aber ich wurde diese negativen Seiten in mir nicht los. Ich wollte doch gut sein, wollte mit meinem ganzen Leben Jesus dienen und ihm nachfolgen. Alles, was ich dachte, dass es zu einem Christen nicht dazu gehört, war störend und hinderlich.

Es passte nicht zu meiner Vorstellung, ein geistliches Leben zu führen, dass ich Charaktereigenschaften hatte, die mehr mich als andere störten und nicht dazu geeignet schienen, anderen Menschen das Evangelium zu verkündigen.

Eines Tages machte ich eine sehr seltsame Erfahrung. Immer dann, wenn ich mit meinen eigenen Abgründen konfrontiert wurde, für die ich Jesus zum x-ten Mal um Vergebung bat, hatte ich anschließend die tiefsten geistlichen Erkenntnisse und Ideen. Das erkannte ich leider erst nach mehr als 20 Jahren. Jetzt verstand ich gar nichts mehr. *Was sollte das? Wie konnte ich gut sein, wenn da diese Abgründe in mir wahren, die ich als störenden Seelenschmerz in mir wahrnahm?*

In vielen Gebetszeiten betete ich zu Jesus: *„Herr, weil die Not in mir mich in die letzte Ecke der Hölle treibt und mir alle Hoffnung raubt, kehre ich um und bitte dich: Hol mich hier raus! Ich gehöre zu dir, mit Geist, Seele und Leib, mit Hab und Gut, mit Vergangenheit, Gegenwart und Zukunft!"* Dann spürte ich plötzlich etwas in mir, was ich Geborgenheit nennen möchte. Allerdings funktionierte das immer nur bis zum nächsten „Generalangriff".

Ich fügte nie einem Menschen Leid zu. Allein das ist ein Wunder in meinen Augen. Es hätte viele Gelegenheiten gegeben, aber immer bekam ich früh genug die Kurve und verhinderte dadurch Schlimmeres. Ich spürte etwas in mir, was da nicht hingehörte. Ich hatte versucht mich daran zu gewöhnen. Aber ich wurde es nicht los. Ich hatte gekämpft. Ohne Erfolg. Oft war ich drauf und dran, alles hinzuschmeißen, weil ich so verzweifelt war. Ich hatte Jesus unzählige Male gebeten, mir Freiheit zu schenken. Er erhörte dieses Gebet nicht.

Eines Tages las ich im Brief des Apostel Paulus die Stelle, in dem es ihm so ähnlich ging wie mir. Paulus schrieb: *„Dreimal habe ich deswegen zum Herrn gebetet und ihn angefleht, der Satansengel möge von mir ablassen. Doch der Herr hat zu mir gesagt: Meine Gnade ist alles, was du brauchst, denn meine Kraft kommt gerade in der Schwachheit zur vollen Auswirkung. Daher will ich nun mit größter Freude und mehr als alles andere meine Schwachheiten rühmen, weil dann die Kraft von Christus in mir wohnt"* (2. Korinther 12,8-9 NGÜ).

Das also war das Geheimnis, das sich hinter meiner Not verbarg. Ich selber konnte es nicht ändern, ich musste damit leben. Jesus nutzte diese Schwachheit in mir, um mir deutlich zu machen, dass es nicht meine

Stärke war, durch die er sich in meinem Leben verherrlichen wollte. Er nutze meine Schwachheit, damit ich begreife, dass ich völlig von seiner Gnade abhängig bin. Paulus hatte den Herrn dreimal um Befreiung gebeten, aber er starb mit dem, was er den Stachel im Fleisch nannte. Ich werde es sicher auch tun, obschon ich den Herrn viel öfter als Paulus um Befreiung gebeten habe.

Eigentlich ist es egal, mit welcher Problematik man sich in seinem Leben rumschlagen muss, wenn es nur dazu dient, aus Gottes Gnade immer wieder neu die Kraft zum Weitermachen zu bekommen. **Ich neige wie viele andere Christen dazu, mir zu wünschen, dass ich ein Leben ganz ohne die menschlichen Abgründe leben kann. Das ist aber eine Illusion.**

Keine Illusion ist Gottes Vergebung, seine Güte und seine Barmherzigkeit. Er ist und bleibt meine Kraftquelle. Mein „Stachel im Fleisch" dient mir dazu, immer wieder meine Schwachheit zu spüren und zu sehen, dass es bei mir nicht anders ist als bei Paulus: *„Daher will ich nun mit größter Freude und mehr als alles andere meine Schwachheiten rühmen, weil dann die Kraft von Christus in mir wohnt."*

Aber ganz ehrlich, ich hätte sie doch lieber nicht, diese Schwachheit. Wenn ich mich damit jedoch bis ans Ende meiner Tage meiner Schwachheit rühmen kann, weil ich darin Gottes Gnade erlebe, dann soll sie bleiben, wo sie ist.

Jakobus Richter | Jg. 1946 | verheiratet | Giengen an der Brenz | Biblisch-Therapeutischer Seelsorger in eigener Praxis, Buchautor | www.jakobusrichter.de / Vorsitzender von Heart for Children Deutschland, www.heart4children.de

Es ist nie zu spät für eine Kehrtwende!

Wasserräder bauen, Forellen fischen, den Bach anstauen und manchmal mit Freuden bis zu zehn Kilometer weit wandern, nur um die leckersten Süßkirschen direkt vom Baum klauen zu können – was habe ich als Jugendlicher immer den Sommer in meinem Heimatort Eibensbach in Baden-Württemberg genossen.

Wenn ich in der Natur unterwegs war, konnte ich vieles vergessen: meine spastische Spinalparalyse, die mir das Laufen erschwerte, das nicht besonders herzliche Verhältnis zu meinen Eltern und nicht zuletzt, dass ich in der Schule schlecht war. Lernen und vor allem Lesen fielen mir schwer. Ich hatte keine große Lust, mich anzustrengen. Es stand sowieso fest, dass ich eines Tages die Landwirtschaft meiner Eltern übernehmen würde. Was brauchte ich da gute Noten?

Zuhause habe ich nicht viel Anerkennung bekommen. Deshalb spielte ich mich als Teenager gerne andernorts in den Vordergrund, auch im Konfirmandenunterricht. Zur Konfirmation bekam ich einen Vers aus dem Matthäus-Evangelium mit auf den Lebensweg: *„Was hülfe es dem Menschen, wenn er die ganze Welt gewönne und nähme doch Schaden an seiner Seele?"* (Matthäus 16,26 LUT). Der Vers hat mich immer begleitet, auch wenn ich nicht verstanden habe, warum der Pfarrer gerade diesen Satz für mich ausgewählt hatte. Dass ich eines Tages ein erfolgreicher Unternehmer sein würde, war damals überhaupt nicht abzusehen.

Nach der Schule, die ich mehr schlecht als recht abgeschlossen hatte, lief es nicht wie geplant. Meine Ausbildung zum Landwirt musste ich aufgrund meiner Behinderung nach kurzer Zeit abbrechen. Ich wurde Bürokaufmann. Darüber kam ich mit dem Gerüstbau in Kontakt, arbeitete als Bauleiter und später auch als Geschäftsführer einer Gerüstbau-Niederlassung, die ich dann mit einem Kollegen übernahm. Jetzt hatte ich Erfolg. Der christliche Glaube spielte überhaupt keine Rolle mehr in meinem Leben.

Viele Jahre lang lief alles gut. Dann häuften sich die dramatischen Ereignisse: ein tödlicher Arbeitsunfall auf einer unserer Baustellen; ein

Kalkulationsfehler, der fast in die Insolvenz führte; eine Operation, bei der zu befürchten war, dass ich danach den Rest meines Lebens im Rollstuhl verbringen müsste. Plötzlich war da wieder der Konfirmationsspruch in meinem Kopf und mir wurde klar: *Ich hatte (fast) „die Welt gewonnen", stand aber kurz davor, „Schaden an meiner Seele zu nehmen".* Damals habe ich Gottes Liebe und sein bedingungsloses JA zu mir ganz neu für mich in Anspruch genommen.

Vorher war ich als Chef ein Tyrann, putzte die Leute runter oder entließ sie sogar wegen Kleinigkeiten. Auch zu Hause war ich nicht immer der Friedlichste. Durch den neu entdeckten Glauben an den barmherzigen, liebenden Gott, den Vater von Jesus Christus, konnte ich meiner Familie, den Mitarbeitern, Kunden, Lieferanten und Geschäftspartnern mit einer neuen wohlwollenden und wertschätzenden Haltung begegnen, die ich vorher so nicht von mir kannte.

Natürlich fiel ich auch manchmal in alte Verhaltensmuster zurück. Das passiert bis heute. **Aber ich habe gelernt, mich zu entschuldigen.** Auch bei Mitarbeitern, die schon lange nicht mehr im Unternehmen sind, zu denen ich sehr ungerecht war. Meine Veränderung war offensichtlich, und wenn ich darauf angesprochen wurde, erzählte ich von meinem Neustart mit Gott. Die einen hat das irritiert; schließlich lebte ich jetzt in einer Region (Mittelsachsen), in der das atheistische Erbe der DDR bis heute zu spüren ist. Die anderen aber hat es ins Nachdenken gebracht. Das hat mich besonders gefreut.

Meine „Kehrtwende" liegt nun schon einige Jahre zurück. Als **„verrückter Unternehmer"** und **Mutmacher** bin ich in vielen Netzwerken und den sozialen Medien aktiv, nicht nur als Spezialgerüstbauer, sondern bewusst auch als Christ. Ich weiß, dass einige Menschen um mich herum deshalb ganz genau schauen, ob das, was ich tue und lasse auch im Einklang mit dem steht, was ich glaube! Aber das nehme ich gerne in Kauf.

Durch Jesus Christus habe ich die Anerkennung und die Liebe gefunden, die ich seit Kindheitstagen vermisst hatte. Ich weiß, dass viele Menschen auch auf der Suche nach dieser heilsamen Erfahrung sind. Deshalb möchte ich überall da, wo ich bin, ein Leuchtturm für Jesus sein.

Walter Stuber | Jg. 1961 | verheiratet | 3 Kinder, 4 Enkel | Roßwein | Geschäftsführer Gemeinhardt Service GmbH | www.gemeinhardt-service.de, www.walter-stuber.de, www.mutmacher.jetzt

Zurechtgerückt

5.00 Uhr: Aufstehen, fertig machen, ins Büro fahren. 6.00 Uhr: Arbeitsbeginn, hoffen, dass die Zeit schnell vergeht. 15.30 Uhr: Endlich Feierabend! Und jetzt?

Alle Freunde müssen noch länger arbeiten. Für Unternehmungen bin ich zu geizig, und es ist kalt und nass draußen. Also, wie immer in den letzten zwei Jahren: Sofa und Fernseher oder Playstation. – **Ich war 20 Jahre alt und wusste nichts mit mir anzufangen.**

Nach zwei Jahren packte mich dann schließlich doch der Ehrgeiz, dass es so nicht weiter gehen konnte. Ich hatte so viel freie Zeit, aber wenig Geld für Unternehmungen – denn Lust hätte ich eigentlich schon gehabt. Ich lebe in München, und du weißt vielleicht, dass München eine der teuersten Städte Deutschlands ist. Doch monatelang hatte ich mich hinter dieser Aussage einfach nur versteckt, bis ich nun endlich aus dem Quark kam.

Ich suchte mir zusätzlich zu meinem Hauptjob – ich bin Beamter beim Freistaat Bayern – noch einen Nebenjob. Bereits in meiner Teenie- und Jugendzeit kam ich sehr gut mit Kindern klar, wusste mich mit ihnen zu beschäftigen und hatte Spaß daran, ihnen auch das Kind in mir zu zeigen.

Was folgte, war ein 6-monatiger Prozess, in dem ich immer wieder lernen musste, damit umzugehen, dass Menschen Vorurteile haben. Vorurteile gegenüber Männern, wenn sie Zeit mit Kindern verbringen möchten. Tatsächlich fand ich dann eine Familie, die mich anstellte und sechs Stunden die Woche für ihre Kinder „buchte". Heute, 5 Jahre und eine weitere Familie später, blicke ich auf einen Prozess zurück, der spannend und herausfordernd, erlebnisreich und prägend sowie absolut gesegnet war.

Durch meine Zeit als Kinderbetreuer hatte ich plötzlich Einblicke in Familien, die ganz anders waren als die meine. Mein Vater ist evangelischer Pfarrer, meine Mutter gelernte Familienpflegerin – beide keine Karriere- sondern Familienmenschen (womit ich nicht sagen möchte, dass sich das zwangsläufig ausschließt!). Meine Eltern waren meine gesamte Kindheit über meistens Zuhause. Meine Mutter hatte ab meiner Kindergartenzeit lediglich kleinere Jobs, die sie machen konnte, während ich nicht zu Hause war, und mein Vater arbeitete sowieso die meiste

Zeit von zu Hause aus. Für mich war es selbstverständlich, dass meine Familie gemeinsam isst und meine Eltern sehr viel für mich da waren.

Bei den Familien, die ich nun als Kinderbetreuer in München kennenlernte, waren viele Dinge anders. Ich war für Kinder da, deren Eltern meist bei großen, bekannten Firmen gut bezahlte Jobs hatten, von früh bis spät auf der Arbeit waren und am Abend gerne der ein oder anderen Freizeitaktivität nachgingen. Ich lernte Familien kennen, für die es selbstverständlich war, von der Tagesmutter, der Kindertagesstätte, dem Kindergarten und der Schule mit Nachmittagsbetreuung, bis hin zu mir als Kinderbetreuer alle möglichen Angebote in Anspruch zu nehmen, die es den Eltern möglich machten, ihrer Karriere nachzugehen, die Freizeit zu genießen und sich von kleinen Kindern zu Hause nicht einschränken zu lassen. Sollte dir das sehr provokativ vorkommen, liegst du vollkommen richtig, denn genau so habe ich diese Erfahrung auch empfunden. Für mich war dieser Kontrast alles andere als greifbar, und er ist es bis heute nur teilweise. **Doch die Sache hat etwas bewirkt: Sie hat mich zum Nachdenken gebracht und mir gezeigt, dass Gott mich ein Segen sein lässt – wenn ich ihn auch lasse!**

In dieser Zeit begann ich mir nämlich die Frage nach meiner Berufung zu stellen. Erinnerst du dich noch an den Anfang? Während der Arbeitszeit war mein Gedanke einfach nur: Hoffentlich vergeht die Zeit schnell. Diesen Gedanken hatte ich während der Zeit mit den Kindern in meinem Nebenjob allerdings gar nicht! Und seien wir ehrlich: Er wäre auch fehl am Platz gewesen. Denn im Büro irgendwelchen Akten und Stapeln von Papier zu zeigen, dass man keine Lust auf sie hat, ist vermutlich egal. Doch Kinder spüren alles! Und ich wollte den Kindern, die in meinen Augen nur von A nach B gebracht wurden und für die sich keiner Zeit nahm, etwas anderes bieten. Ich wollte für sie da sein und die Liebe, die ich von meinen Eltern erfahren hatte, weitergeben. Ich wollte mit ihnen – aus vollstem Herzen – Zeit verbringen. Und das gelang mir sehr gut. Die Kinder und Familien mochten mich.

Nach einer gewissen Zeit wurde in mir der Gedanke laut, dass es irgendwie keinen Sinn machte, dass mir mein Nebenjob mit den sechs bis acht Stunden die Woche mehr Spaß machte als mein Job in der Behörde, wo ich fünf Mal so viel Zeit verbrachte. In diesen Gedanken kam einer überhaupt nicht gut weg; und der musste sich viel von mir anhören: Gott. In meinen Augen war er es, der mich in diesen

Schlamassel überhaupt erst gebracht hatte. Wieso hatte er die Dinge in meinem Leben so gefügt (und sie waren wirklich von ihm gefügt worden)? Und wieso musste das Verhältnis zwischen „Belastung" und „Vergnügen" genau falsch herum sein? In diese Anklage hinein kamen mir zwei Gedanken:

- *Du bist von mir dorthin gesetzt worden, weil du dort einen Unterschied machen kannst. Ich habe dich mit allem ausgestattet, was du dazu brauchst!*
- *Ist es wirklich so, dass dir dein Hauptjob keinen Spaß macht? Oder hast du es nur selbst soweit kommen lassen und bildest es dir nun ein?*

Ich fühlte mich ein bisschen ertappt oder, vielleicht eher, zurechtgerückt. Für mich hatte die Situation etwas davon, wie Jesus immer wieder die Jünger beiseitenahm und ihnen die Dinge erklärte, die sie völlig falsch sahen.

Ich stellte mir die Frage: *„Was wäre, wenn diese Gedanken von Gott kämen. und was wäre, wenn er damit Recht hätte?"* Nun, man sollte dem schleunigst nachgehen. Und das tat ich!

Ich traf die Entscheidung, die manch einer vielleicht von Postkarten oder Kalenderblättern kennt:

Gib jedem Tag die Chance, der schönste deines Lebens zu werden.
Für mich war diese Entscheidung gleichbedeutend mit dem Vorhaben:
Lege jeden Tag bewusst in Gottes Hände und lasse *ihn* dich führen und leiten!

Mit dieser Entscheidung veränderte sich nicht nur die Einstellung zu meiner Arbeit, sondern mein komplettes Herz. Ich wollte zukünftig in allen Dingen Gott die Möglichkeit geben zu wirken und mich zu gebrauchen.

Über Monate hinweg hatte ich beruflich mit einer Witwe zu tun. Sie hatte ihren Mann nach einer Krebsdiagnose und einer langen Leidenszeit verloren. Mit der ganzen Bürokratie, die nun an ihr hängen blieb, war sie völlig überfordert. Da mein Opa nur zwei Jahre zuvor an Krebs gestorben war, versuchte ich mich in die Frau hineinzuversetzen und – wo es nur ging – Vorschriften und Gesetze, an die ich mich halten musste, so zu biegen, dass die Frau von mir nicht noch zusätzlich unter Druck geriet. Ich versuchte vieles, um ihr Arbeit abzunehmen und Verständnis zu zeigen. Immer wieder war sie sogar persönlich im Büro – was bei uns eher untypisch ist – und hier und da gab es wirklich Momente, wo auch ich an meine Grenzen kam. Ich war schließlich ein Behördenmensch und kein Psychologe oder Wohltäter.

Am Ende des unendlich scheinenden Papierprozesses kam die Dame ein letztes Mal zu mir und bedankte sich mit warmen Worten und sichtlich gerührt für meine Unterstützung. Und sie stellte mir die Frage: *„Warum haben Sie das alles für mich getan?"* Ohne nachdenken zu müssen, kam meine Antwort: *„Wissen Sie was? Ich glaube an Gott; und ich glaube, dass ich nicht durch Zufall Ihr Bearbeiter war."* Die Frau lächelte und verschwand mit folgendem Satz aus der Türe: *„Wissen Sie was? Das glaube ich auch, denn auch ich kenne Gott sehr gut!"*

Es sind Erlebnisse wie diese, die mir seit dieser bewussten Entscheidung immer wieder passieren. Mal sind es Begegnungen mit „Kunden", die mir zeigen, dass Gott mich gebraucht und durch mich wirken will. Ganz oft schickt er mich aber auch zu meinen Kollegen, um für sie ein offenes Ohr zu haben. Er lässt mich eine Geburtstags- oder Weihnachtskarte schreiben, durch die sie (lt. eigener Aussage) das erste Mal warme und von Herzen ehrliche Worte gesagt bekommen. Oder ich darf im Dezember jedes Jahres Nikolaus für die Kollegen spielen und ihnen durch eine kleine süße Geste meine Großzügigkeit symbolisieren und ihnen eine schöne Weihnachtszeit wünschen.

Es war eine Phase meines Lebens, ein Gedanke von Gott sowie eine Entscheidung in meinem Herzen, wodurch ich – weg von einer *„Hoffentlich vergeht die Zeit schnell"*-Arbeitseinstellung und hin zu *„Ich bin voller Vorfreude und gespannt was Gott heute tun möchte"* – bewegt wurde. Und ebenfalls hin zu einer täglichen Entscheidung, Gott **heute** wirken zu lassen. Seit drei Jahren treffe ich diese Entscheidung – und ich habe sie noch keinen einzigen Tag bereut.

Marco Derrer | Jg. 1993 | ledig | München | Beamter

Vom Rotlichtmilieu ins geregelte Leben – da brauchst du Mutmacher

Ich heiße Sebastian Sander, aber viele nennen mich *Rocco*. Einen kleinen Teil meiner Lebensgeschichte, wie Jesus Christus in mein Herz gekommen ist und mein Leben verändert hat, kannst du im Buch *WahrHaft frei* (GloryWorld-Medien) lesen. Aber heute geht es ums Mutmachen, von Mann zu Mann.

Von einem „Leben" im Rotlichtmilieu in eine Fischbude, dann in eine Hafenkneipe im Norden und danach in eine Fenster- und Türenproduktion im Süden Deutschlands – glaubt mir, ich habe einige Mutmacher gebraucht! Mutmacher, das sind für mich Jesus, der Papa aller Papas, auch das Wort Gottes und all die Menschen, die um mich herum sind, die diese Liebe von Jesus in sich tragen. Es ist verrückt. Ich hätte nie gedacht, dass für mich sowas mal soviel wert wird – aber ja, das ist die Wahrheit. Du und ich und auch sonst keiner kann so hart zuschlagen wie das Leben. Da ist diese Liebe überlebensnotwendig.

Der Glaube und die Liebe sind unwahrscheinlich stark! Sie sind stärker als Hass und Gewalt, stärker als alles andere. Ich weiß, wovon ich spreche. Ich habe ein verrücktes Leben hinter mir, und ich merke immer wieder, seitdem ich diesen Glauben in meinem Herzen habe, wie stark diese Liebe von Jesus ist. Bei meinen „alten Jungs" hat meine Hinwendung zu Jesus für Unverständnis gesorgt. Zwischen uns ist es sehr emotional geworden, die Liebe Jesu ist auf das Rotlicht geprallt sozusagen. In dieser explosiven Stimmung habe ich einfach angefangen laut zu beten. Das war ein sehr bewegender Moment für uns alle. Ich sehe bei ihnen die Tränen in den Augen und wir umarmen uns. Da spüre ich diese Liebe und das gibt mir Mut. Ich weiß nicht, ob ich das gerade so richtig erklären kann, aber ich hoffe, dass es ankommt.

Ich bin Anfang 2021 vom Norden in den Süden Deutschlands gezogen. Das hier ist eine ganz andere Mentalität. Hier heißt es: *„Schaffe, schaffe, schaffe…"* An der Nordsee sagt man: *„Bleib locker, trink 'n Käffchen, lass den Tag auf dich zukommen."*

Als ich hier im Süden ankam, kam mein Freund Uwe gleich am nächsten Tag zu mir und betete mit mir den Schutz-Psalm 91. Das war innerlich so, als würden sich irgendwelche Ketten lösen, die mich die ganze Zeit eng umschlungen hatten, wie einen gefesselten Tiger. Das war ein crazy Gefühl.

Ich arbeite das erste Mal in einem Unternehmen für Fenster- und Türenherstellung und bin in der Produktion tätig. Jetzt stehe ich morgens immer um 6 Uhr auf; da bin ich früher erst ins Bett gegangen. Ich muss mich durchbeißen, muss mir von Jüngeren was erklären und was sagen lassen. Ich muss körperlich und geistig ran. Man arbeitet mit Fensterscheiben. Wenn dann mal so 'n Ding aus der Hand fällt ...

Es ist nicht leicht für mich, weil ich aus der Rotlichtwelt komme und keine regelmäßige Arbeit gewohnt bin. Es ist immer wieder eine Herausforderung, jeden Tag zur Arbeit zu gehen, besonders, wenn ich dort mit Menschen Ärger habe oder irgendwas schiefläuft. Alles wächst mir über den Kopf; da sind plötzlich Berge vor mir und ich weiß nicht, wie ich sie bewältigen soll. Das ganze Denken ist dann ein einziges Chaos, und mein Leben gleicht mal wieder einem Totalschaden.

Wenn ich nicht mehr weiterweiß, mit dem Rücken zur Wand stehe, sozusagen die geladene Kanone auf mich gerichtet ist, vertraue ich auf Gott, den Papa aller Papas. Beten! **Beten ist stärker als Schießen!** Dass ich sowas mal sage, hätte ich nicht gedacht. Früher hat mir immer eine Waffe in der Tasche Mut gemacht. Aber jetzt ist es komplett anders. Die Welt da draußen ist verrückt, und wir brauchen den Himmels-Papa, der uns Mut und Kraft gibt und der uns immer wieder aus dem Dreck rauszieht.

Wenn der Glaube und die Liebe in meinem Herzen mal weit weg sind, weil die alte Welt wieder anklopfte, dann helfen mir Menschen wie Uwe, Laura, Michael und Mama Hilda. Deshalb kann ich sagen, dass ich die Liebe von Jesus auch durch Menschen kennengelernt habe. Michael sagt immer: *„Richte dein Herz auf Jesus und auf seine Liebe."*

Abends telefoniere ich mit Laura, das ist meine Partnerin. Mit ihr zusammen bete ich, oder wir reden einfach nur. Es hilft mir, wenn von Laura eine Nachricht kommt wie: *„Ich liebe dich!"* oder: *„Ich denke an dich!"* Der Gedanke an unser gemeinsames Leben, dafür beiße ich die Zähne zusammen. Ich kämpfe immer weiter ... und am Ende wird alles gut.

Wenn es mir schlecht geht, erzähle ich das anderen Menschen manchmal gar nicht. Ich sage einfach *„alles okay"*. Meine Freunde aber haben so ein Gespür. Dann kommt einfach eine Nachricht oder ein aufbauendes Wort. In meinem alten Leben ist man mir aus dem Weg gegangen, wenn ich ein Gesicht wie sieben Tage Regenwetter gezogen habe, aber heute kommen sie zu mir, wenn ich so aussehe. Das ist so wertvoll, und dafür bin ich sehr dankbar.

Wenn ich an „Mama" Hilda denke – diese Frau ist der Hammer! Manchmal schickt sie mir schon morgens Nachrichten. Neulich war wieder so ein Tag, an dem alles schlecht begonnen hat. Um 9 Uhr kommt plötzlich eine SMS von ihr: „Bitte Sebastian, beiß die Zähne zusammen! Ich weiß, es ist nicht einfach für dich. Ich bete für dich. Ich bin da. Wenn was ist, kannst du immer mit mir reden." Dann habe ich auf die Zähne gebissen und weitergemacht.

Sie hat mir mal die Geschichte vom *Verlorenen Sohn* aufs Handy gesprochen und geschickt. Die Datei ist irgendwie in meinem Musikordner gelandet. Das ist echt crazy, aber manchmal höre ich Musik, dann kommt

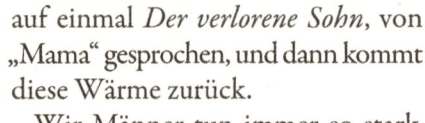

auf einmal *Der verlorene Sohn*, von „Mama" gesprochen, und dann kommt diese Wärme zurück.

Wir Männer tun immer so stark, aber wir sollten uns mal gegenseitig ermutigen und das nicht immer den Frauen überlassen. So Sätze wie *„Hey Dicker, hast du gut gemacht!"* oder *„Hey Bro, ich bin stolz auf dich, dass du schon eine Woche durchgehalten hast!"* – Das macht Mut, wenn Kerle, so wie ich, das zueinander sagen. Das ist viel wert. Ich habe das in diesen eineinhalb Jahren, seitdem ich aus der Therapie raus bin, deutlich gespürt.

Auf den nächsten Seiten werdet ihr Blase kennenlernen und seine Geschichte lesen. Er ist inzwischen wie ein Bruder für mich geworden. Wenn ich ihn sehe, dann lächle ich. Das, was uns verbindet, ist der Glaube an Jesus, und dass er wie ich ein Kämpfer ist. Er hält am Glauben fest und macht weiter. Aber lest selbst!

Sebastian Sander | Jg. 1983 | Baden-Württemberg | Angestellter

Lebensmut durch Jesus und meine Freunde

Mein Name ist Wolfram Holzner, aber alle nennen mich einfach „Blase".

Mein Leben hat sich, seitdem ich im Glauben stehe, total verändert. Jesus hat mir sehr viel geholfen. Er hat mich vom Alkohol weggebracht. Er hat mir nochmal ein neues Leben gegeben. Das ist wunderschön. Ohne ihn kann ich mir mein Leben nicht mehr vorstellen. Er hat mir Kraft gegeben und gibt sie mir noch immer, jeden Tag. Durch ihn habe ich andere Menschen kennengelernt, tolle und gute Menschen, die mein Leben bereichern.

Ich habe viele Kameraden, die wie ich Alkoholiker waren oder viele Probleme in ihrem Leben hatten. **Sie haben den Glauben an mir gesehen, und wie Jesus mein Leben verändert hat, und gefragt, weshalb ich vom schlechten zum guten Menschen geworden bin.** Sie haben gesehen, wie gut es mir heute geht.

Ich war ein harter Trinker, aber eine Therapie war nicht nötig bei mir. Gott hat zu mir gesagt, dass ich das mit ihm schaffe. Ich habe ihm vertraut, und er hat mir die Kraft gegeben, trocken zu werden. Nun sind es schon drei Jahre. Dieses Zeugnis habe ich an meine Kameraden weitergegeben. Viele von ihnen glauben heute ebenfalls an Jesus.

Klar, es gibt auch heute noch Tage, an denen nicht immer alles gut ist. Aber wenn ich zurückblicke, dann kann es nie mehr so schlimm werden, wie zu den Zeiten, in denen ich ohne Jesus war. Wenn ich einen schlechten Tag habe, bete ich sehr viel. Oft besuche ich meine Mutter, dann reden und beten wir auch zusammen. Das hilft mir sehr. Dann komme ich wieder hoch.

Ich kann keinem Beruf mehr nachgehen, weil ich vor etwa zehn Jahren auf dem Heimweg von einem Fest von ein paar Männern zusammengeschlagen wurde. Das ging alles sehr schnell. Zwei fragten mich nach einer Zigarette und schon hatte ich einen Faustschlag mitten im Gesicht. Ich stürzte, und plötzlich kamen zwei weitere Männer hinzu. Zu viert schlugen und traten sie auf mich ein, während ich am Boden lag. Irgendwann merkte ich nichts mehr. Ich konnte mich nicht mehr bewegen, geschweige denn aufstehen. Die Männer rannten davon.

Passanten kamen und blieben bei mir, während wir auf den Rettungswagen warteten. Mein Fuß war dreimal gebrochen und musste operiert werden.

Obwohl ich die Täter nicht gekannt hatte, konnte einer von ihnen festgenommen werden. Er stritt jedoch alles ab. Ich wollte nicht länger, dass die Polizei ermittelte. Der gefasste Täter hatte sich bei mir entschuldigt und es wurde mir wenige Wochen später berichtet, dass er wegen einer anderen Straftat verurteilt worden war.

Nach meinem Krankenhausaufenthalt lief ich an Krücken und ging zur Krankengymnastik. Drei Monate später musste ich erneut operiert werden, denn mein Fuß war von Wasserblasen übersät. Er vertrug das Metall nicht, das man bei der ersten Operation zur Stabilisierung verwendet hatte.

Bis heute habe ich eine offene Stelle und die Drähte in meinem Fuß. Besonders schmerzhaft ist es bei bestimmten Wetterlagen. Ich kann dann nicht gehen. Die offene Stelle entzündet sich immer wieder, und das ist für mich eine schwierige Situation.

Ich habe trotzdem keine Rachegefühle. Ich habe früher selber schlimme Dinge getan, und an der Situation selbst lässt sich ja nichts ändern. Bei allem ist Jesus dabei und hilft mir. Das gibt Mut weiterzumachen, nicht aufzugeben.

Freundschaften sind sehr wichtig für mich. Ich kann dir zu Freunden einen wertvollen Tipp geben: Menschen, die dir guttun, behalte in deinem Freundeskreis. Menschen, die dir nicht guttun, halte auf Abstand und bete für sie.

Zwei meiner Freunde sind Michael Stahl und Sebastian Sander. Sie sind ehrliche und gute Brüder. Michael verdanke ich sehr viel in meinem Leben. Er hat mich nie alleine gelassen.

Und dann ist da noch mein Freund Wolfgang. Er ist Pfarrer und hat mir sehr viel Mut und Kraft gegeben. Er hat mein Haus gesegnet, mir ein tolles Kreuz geschenkt, ihm habe ich alle meine Sünden gebeichtet und wir haben zusammen gebetet. Vor Corona hat er mich alle vier bis fünf Wochen besucht, aber aktuell ist das leider nur eingeschränkt möglich.

Ich habe keine Angst vor Corona, weil ich weiß, dass Gott mich beschützt.

Mein vergangenes Leben macht mir schon auch körperlich zu schaffen. Bereits während meiner Inhaftierung hatte ich gewusst, dass das, was ich gemacht hatte, nicht gut war. Aber heute ist es ein wunderbares Gefühl und eine Gewissheit, dass ich ohne Angst aufwachen kann. Ich muss nicht mehr befürchten, dass die Polizei zu mir kommt. Ich kann

die Haustüre ohne Sorgen aufmachen, weil ich weiß, dass ich nichts angestellt habe, und dass mein Leben eine vollkommen neue Perspektive hat.

Wenn ich meine Lebensgeschichte erzähle, kommen die Erinnerungen an mein altes Leben zwar immer wieder hoch, aber wenn ich einem anderen Menschen durch meine Geschichte helfen kann, und sei es nur, dass er nicht abrutscht, so wie ich einst abgerutscht bin, dann freut mich das. Dann war es das wert, nochmal in die Vergangenheit zu reisen und Menschen an meiner Geschichte teilhaben zu lassen.

Wolfram Holzner | 1972 | ledig | Bopfingen | Rentner

Totale Kontrolle?

Kennst du den Gedanken und Wunsch, Kontrolle über dein Leben zu haben? Ich habe gerne alles im Griff, bin aktiv und lege mich voll ins Zeug, sodass sich Dinge zum Guten entwickeln. Aber haben wir sie wirklich – die totale Kontrolle?

Ich möchte einen Lebensmoment mit dir teilen, der mein Gottvertrauen wirklich herausgefordert hat.

Vor zwei Jahren im November stand die Geburt unseres dritten Sohnes an. Die Geburten seiner beiden großen Brüder waren weitestgehend nach Plan verlaufen. Wer schon selbst Vater ist, kennt das Gefühl, dass sich das Leben in so einem Augenblick innerhalb von Sekunden verändert. Für mich waren die Geburten immer ein Moment unbeschreiblicher Liebe, des Stolzes, der Dankbarkeit und des spürbaren Segens Gottes.

Beruflich ist der November für mich immer eine intensive Zeit. Eine Geburt mitten in diesem Monat war somit alles andere als optimal.

Aber Probleme sind ja da, um gelöst zu werden.

Ich schmiedete einen Plan: *Ich redete mit meinem Sohn im Bauch meiner Frau und sprach mit ihm seinen Geburtstermin ab.* Der Plan war perfekt: *Er sollte im Monat unseres ersten Sohnes (November) und am Tag unseres zweiten Sohnes (16.) kommen, der passend auf einen Samstag fiel.*

Meine Arbeit sollte so vorbereitet sein, dass ich ab Montag reduzieren würde, ohne eine komplette Pause einzulegen. Meine Frau erinnerte mich immer wieder, dass es auch anders kommen könne; dies zog ich aber nicht in Betracht.

Der November kam, und ich war in vollem Gange. **Die Anfragen und Abschlüsse prasselten auf mich ein, und es war fast unmöglich, Feierabend zu machen.** Die Woche vor dem Geburtstermin spitzte sich noch einmal zu. Jeden Tag arbeitete ich von früh bis spät, saß danach völlig ausgepowert da und versicherte meiner Frau, dass dies nötig sei und es keinen anderen Weg gäbe. Bis Freitagnachmittag hatte ich aber tatsächlich alles abgearbeitet und war bereit.

Da ich ein liebevoller Mann und Vater sein wollte, lud ich meine Frau und die Jungs in unser Lieblingsrestaurant ein. Wir saßen zusammen und feierten den vielleicht letzten Abend zu viert. Wir stellten uns vor, wie es sein würde mit unserem Sohn und kleinen Bruder und freuten uns sehr darauf. Es war wirklich ein toller Abend und Einstand für meinen perfekten Plan.

Am Samstagmorgen wachte ich mit einem leichten Ziehen im Kopf auf. Der Versuch war natürlich, es zunächst zu ignorieren und mir einzureden, es sei Schlafmangel. Vor allem galt es aber, mir meiner Frau gegenüber nichts anmerken zu lassen. Doch letztlich konnte ich dies nur noch kurz aufrechterhalten und musste erst mir, dann meiner Frau eingestehen: *Ich bin krank.*

Meine Hoffnung war, dass es nur eine kleine Erkältung sei. Meine Lösung: *einfach nochmal ins Bett gehen, schlafen, aufheizen und nachmittags fit wieder aufwachen.*

Nachmittags wachte ich auf, aber mit Fieber und völlig kraftlos. Auf einmal kam mir der Gedanke: *Wenn mein „perfekter Plan" jetzt aufgeht und unser Sohn heute geboren wird, kann ich vielleicht bei der Geburt gar nicht dabei sein.* Ein tiefer Schmerz breitete sich in mir aus. Doch dann stand mein Kampfeswille auf: Ich würde am nächsten Tag wieder auf den Füßen sein, in der Hoffnung, dass mein Sohn bis dahin wartete.

Tags darauf wachte ich wieder völlig kraftlos auf. Das Fieber hatte sich festgesetzt. Ich lag in meinem Bett, am Ende meiner körperlichen und emotionalen Kräfte. Anstatt mich um meine Frau zu kümmern und sie zu umsorgen, saß sie an meinem Bett und tröstete mich. Dann sprach sie die Worte aus, die mein Herz zerrissen: *„Wenn es jetzt losgeht, dann schaffe ich das auch alleine."*

Es war nur gut gemeint und sie hatte Recht. Sie war stark mit der Erfahrung der zwei erfolgreichen Geburten, einer guten Hebamme an der Seite und genug Angeboten aus der Familie, die bereit waren, meinen Platz einzunehmen. Ich war entbehrlich.

Aber was sollte ich meinem Sohn sagen? *Ich war nicht bei dir, als du zur Welt kamst? Ich habe dich nicht als erster Mensch im Arm gehalten, so wie deine Brüder. Es waren nicht meine ersten Worte „Ich liebe dich!", die du hörtest.* Ich würde ihn erst Tage später kennenlernen, und dieser Moment war unwiederbringlich. Wo war meine Kontrolle hin?

Natürlich stürmte ich mit meiner letzten Kraft in den Himmel, bat Gott um ein Wunder und sein Wirken. Jesus ist da, er ist immer da.

Mein Freundeskreis wurde mobilisiert. Selten bitte ich um Gebet, aber in dieser Situation bat ich die besten und glaubensfesten Beter um ihre Unterstützung.

Ich wünschte mir den kosmischen Moment, eine spontane Wunderheilung, aber diese blieb aus. Ich blieb fiebernd im Bett – mit Jesus an meiner Seite. Mein Versuch, mir vorzustellen, was daran gut sei, die Geburt meines Sohnes zu verpassen, fiel mir so unendlich schwer.

Doch langsam führte Jesus mein Herz an den Punkt, anzuerkennen, dass **er** in Kontrolle ist, und seine Pläne auch anders sein können als meine, und doch gut sind.

Montagmorgen ging ich zum Arzt. Gott sei Dank machte er mir Hoffnung, die Probleme mit Antibiotika in den Griff zu kriegen, und so nahm ich dankbar die Tabletten. Abends merkte ich eine erste Verbesserung. Getragen von Gebet und Antibiotika redete ich mir ein, dass ich jetzt versuchen würde, die Geburt mitzumachen. Wenn ich ehrlich sein soll, hätte ich es nicht geschafft. Es war einfach ein inneres Hin und Her.

Aber im Tagesverlauf des Dienstags ging es spürbar bergauf; ich fasste Hoffnung. Abends saß ich mit meiner Frau zusammen. Ich war endlich wieder der Mann, der versuchte seiner Frau Halt und Hoffnung zu geben. Ich versicherte ihr, es könne bald losgehen – ich würde es schaffen.

Totale Kontrolle.

Mittwoch morgen wachte ich auf und mein Körper signalisierte mir: *Du bist krank.* Der nächste Infekt war da und laugte meinen Körper aus. Kontrolle weg, dafür totale Ernüchterung. *Das kann doch nicht wahr sein!? Mein Sohn hat sich schon vier Tage zurückgehalten. Er kann nicht ewig darauf warten, bis mein Körper den ganzen Stress endlich verarbeitet hat, den ich ihm zugemutet habe.* Was war das überhaupt für eine bescheuerte Idee von mir gewesen, zu klotzen bis zum Abwinken, meinem Körper keinen Funken Ruhe, Ausgleich oder Erholung zu gönnen und noch zu erwarten, dass er, wenn die Ruhe kommt, immer noch das tut, was ich will. Mein Körper war am Ende, ausgelaugt und ihm war egal, dass mein Sohn kommen sollte. Er holte sich das, was ich ihm vorenthalten hatte.

Meine Freunde beteten weiter; ermutigende Nachrichten erreichten mich, die mir Kraft spendeten und meinen Fokus auf das richteten, was wirklich wichtig ist: Jesus Christus – meinen Retter und besten Freund. So machte ich meinen Frieden und war bereit, alles zu akzeptieren, was passieren würde. *Ich hatte keine Kontrolle.*

Ich blieb im Bett, ruhte mich aus und wartete auf den Moment, in dem meine Frau mir mitteilen würde, dass die Geburt losgeht.

Donnerstag blieb ich wieder den ganzen Tag im Bett: Ruhe, Gebet, Schlaf.

Abends dankte ich meiner Frau für die außergewöhnliche Leistung, die sie diese Woche vollbracht hatte. Ich deutete vorsichtig an, dass, sollte es losgehen, ich versuchen würde mitzukommen.

Nachts um zwei weckte sie mich: *„Ich glaube, es geht bald los."* Ein kurzes Abklopfen meiner Leistungsfähigkeit machte mir Mut, und ich spürte genug Kraft. Die Hebamme kam zu uns und stellte fest, dass wir keine Zeit verlieren sollten, ins Krankenhaus zu fahren, und so brachen wir nachts um vier Uhr auf.

Morgens um sechs Uhr wurde unser Sohn Elijah geboren. Ich war bei der Geburt dabei; ich war Stütze für meine Frau, ihr Ermutigter und Handhalter. Ich durfte meinen Sohn halten, ihm zusprechen, dass ich ihn liebe, dass er *mein* Sohn ist, seine Nabelschnur durchtrennen und Tränen des Glücks weinen, ganz genauso wie bei seinen beiden Brüdern zuvor. Meine Kraft hatte gereicht, und ich verbrachte die Zeit mit meiner Familie.

Meine Arbeit musste ich durch die Krankheit, anders als geplant, komplett runterfahren. Anstatt nach der Geburt die ertragreichen Anfragen nicht verstreichen zu lassen, entschied ich mich, eine weitere Woche komplett auszusetzen.

Was ist im Leben wirklich wichtig? Geld? Beruflicher Erfolg? Verbindlich zu sein auf Kosten von Gesundheit und Familie? Die Woche hatte mich wieder gelehrt: **Jesus Christus ist wichtig, meine Familie ist wichtig und meine Gesundheit.**

Ich bin Jesus so dankbar für diese Erfahrung. Totale Abhängigkeit ist der Gegensatz zu dem Versuch, totale Kontrolle zu haben. Ich bin vollkommen abhängig von ihm, und es soll gar nicht anders sein. Trotzdem passiert es mir heute weiterhin, dass ich versuche, Kontrolle über mein Leben zu gewinnen. Durch meinen Sohn erinnert mich Jesus dann wieder daran, dass die Abhängigkeit von ihm das größere und segensreichere Geschenk ist. Sein Plan ist perfekt, und er führt die Dinge zum Guten.

Keine Ahnung, wie es dir geht, wenn du das liest. Welche Herausforderungen dein Leben gerade prägen. Dinge die unausweichlich scheinen? Dinge, an denen scheinbar nichts Gutes ist?

Ich möchte dich ermutigen:

■ *Erhebe deinen Blick zu Jesus, gib ihm die Chance, dein Herz zu berühren und deinen Blickwinkel zu verändern.*

■ *Und nimm Gebet in Anspruch. Nutze Freunde, nutze die Kirche bzw. die anderen Christen in deinem Umfeld, schreibe die Autoren dieses Buches an. Egal, was du tun musst: Verpasse nicht die Kraft von Beterinnen und Betern. Jesus hat uns als Einheit geschaffen, die füreinander einsteht. Gebetsunterstützung hat nichts mit dem Eingeständnis von Versagen zu tun, sondern mit dem Eingeständnis von totaler Abhängigkeit – und das ist die wahre Größe.*

Du bist gesegnet und ich habe keinen Zweifel, dass Jesus Christus in deinem Leben spürbar sein wird.

Nikolas Fischer | Jg. 1984 | verheiratet | 3 Kinder | Staufenberg | Versicherungsfachmann | www.nikolas.fischer.ergo.de

Sei mutig und stark

Heute fühle ich mich im Leben angekommen und verwurzelt. Das war nicht immer so. Als U10-Scheidungskind kämpfte ich in meiner Kindheit und Jugend und auch als junger Erwachsener mit Ängsten und Unsicherheiten und litt unter dem Streit der Eltern und der Abwesenheit meines Vaters.

Mein Glaube an Jesus gab mir besonders in den Jahren als junger Erwachsener Halt und Mut. Da ist ein Vater im Himmel, dem ich wichtig bin, der da ist und für mich ist. Ich erlebte darüber hinaus durch viele „Zufälle" die Führung und Versorgung meines himmlischen Vaters. Plötzlich war ein wertvoller Mensch da, der Zeit in mich investierte, mir bei wichtigen Entscheidungen Rat gab usw.

Ein Erlebnis vor drei Jahren hat mich tief geprägt; es war ein Tag in der Natur mit Abenteuer, Ängsten und einer Lehre. Seitdem verstehe ich viel besser, was Jesus in meinem Leben bedeutet.

Es war ein Frühsommertag, an dem ich Urlaub nahm, um alleine zum *Highlinen* zu gehen, das ist *Slacklinen* in großer Höhe, also das Laufen oder Balancieren auf einer in der Höhe gespannten und dehnbaren Slackline von 25mm Breite. Es waren meine ersten Versuche auf einer Highline.

Als Anfänger sollte man eigentlich nicht alleine highlinen gehen, und ich merkte auch bald warum. Nachdem ich die Highline über der 25m hohen Schlucht aufgebaut hatte, sicherte ich mich natürlich mit der sogenannten Leash, einem kurzen Kletterseil, das auf der einen Seite an meinem Kletter-Sitzgurt befestigt ist und auf der anderen Seite einen Ring über die Highline hinter mir herzieht. Bei einem Sturz fällt man 2 m nach unten und sitzt dann praktisch unter der Highline im Klettergurt.

Am Anfang rutscht man im Sitzen ein paar Meter von der Felswand weg in die sturzfreie Zone. Dann setzt man sich auf die Slackline, steht auf und beginnt zu laufen. Soviel zur Theorie.

Ich war alleine, saß auf der Highline, wollte Aufstehen – und konnte nicht. Ich war vollständig blockiert. Angst ließ meine Muskeln verkrampfen, und der Gedanke, jetzt aufzustehen – eine Übung, die ich auf einer Slackline am Boden ziemlich gut beherrschte – schien mir völlig undenkbar. **Ich merkte plötzlich, wie das Alleinsein die Angst verstärkte.**

Nach einer Pause, in der ich neue Kräfte für einen zweiten Versuch sammeln wollte, kam plötzlich ein weiterer Slackliner an den Spot. Dieser Mann war ein Profi, der schon einige Highline-Weltrekorde aufgestellt hatte. Wir machten uns bekannt und plauderten miteinander. Ich erzählte ihm von meinem ersten Versuch und der inneren Blockade. **Er ermutigte mich**, es noch einmal zu versuchen und setzte sich hinter mich an den Ankerpunkt der Highline.

Ich rutschte wieder auf meine Highline und bereitete mich auf meinen zweiten Versuch vor. Ich konnte ihn nicht sehen, aber ich war plötzlich viel entspannter, weil ich wusste, dass *ein Profi* hinter mir war. Mit leisen, ruhigen Worten ermutigte und motivierte er mich, und plötzlich stand ich auf und machte meine ersten zwei Schritte auf einer Highline.

Eine einzige Person, der ich vertraute, änderte für mich in diesem Moment alles. Ich sah ihn nicht, aber ich wusste, dass er hinter mir war, dass er es mir zutraute, und ich hörte seine leisen Worte, die mich ermutigten.

Seitdem verstehe ich viel besser, was Jesus in meinem Leben bedeutet. Er ist der Freund, den ich zwar nicht sehe, der aber hinter mir steht, der für mich ist, der mich mit leisen Worten ermutigt und motiviert, der mir die Aufgaben und Herausforderungen des Lebens zutraut und dem ich vertraue. Er sagt zu dir und zu mir:

„Sei mutig und stark! Ich bin bei dir. Du schaffst das! Mach den ersten Schritt!"

Auch wenn wir dann nach den ersten zwei Schritten fallen, so wie ich an diesem Tag auf der Highline, so freut sich Jesus mit uns über unsere ersten zwei Schritte. *Mein Profi* an diesem Tag beim Highlinen jubelte förmlich mit mir über meine zwei ersten wackeligen Schritte, denn er wusste, was das für ein persönlicher Erfolg war und freute sich ehrlich mit mir darüber. Genau so ist Jesus. Er verurteilt uns nicht und meckert

nicht herum; er motiviert uns, ermutigt uns und freut sich mit uns über die kleinen Fortschritte.

In den letzten zwei Jahren habe ich mehrere alpine Highlines aufgebaut und erfolgreich begangen. Das Slacklinen und Highlinen lehrt mich dabei viel über das Leben. Erfolg ist das Resultat des Nicht-Aufgebens. Fehler, Fallen und Versagen gehören dazu. Nur wer es niemals versucht, macht niemals Fehler. Und es geht immer nur um den nächsten kleinen Schritt. Wenn wir immer nur den nächsten kleinen Schritt in den Fokus nehmen, kommen wir irgendwann auch auf der anderen Seite am Ziel an.

Jesus ist derjenige, der immer hinter uns steht und uns durch seine Gegenwart und mit leisen, ruhigen und liebevollen Worten ermutigt: *„Gib nicht auf! Steh wieder auf! Versuche es nochmal! Ich bin bei dir!"*

Martin Freitag | Jg. 1975 | verheiratet | 2 Kinder | Großkarolinenfeld | Vermessungsingenieur

Von „Aus dir wird nichts" zum Segensträger

Wie oft musste ich als Kind und Jugendlicher von meinen Eltern hören: *„Aus dir wird einmal nichts, wenn man so faul ist, und in der Schule nichts lernt, auf seine Eltern nicht hört und nur Blödsinn im Kopf hat ...!"* Eigentlich hatten meine Eltern recht, denn was kann aus einem Menschen werden, wenn er als Schüler so schlecht und „bequem" ist, dass es nur für die Hauptschule reicht? Die mangelnde Motivation in der Schule zeitigte bei mir nicht nur im Rechtschreiben eine schlechte Note. Auch mein Lesevermögen war mit mäßigem Erfolg gekrönt. **Wie hätte es auch anders sein können, wenn man bis zum 20. Lebensjahr noch nie einen Roman und kein Buch über 100 Seiten gelesen hat? Eine Bücherei hatte ich bis dato noch nicht betreten.**

Anfangs der fünften Klasse sagte die Englischlehrerin zu mir: *„Martin, es wäre für dich besser, wenn du dich vom Englischunterricht wieder abmelden würdest (damals war Englisch freiwillig), lerne zuerst richtig Deutsch!"* Die Aussicht, einige Schulstunden mehr Freizeit zu haben, entsprach ganz meinem schulischen Desinteresse und anderen Neigungen.

Im Laufe der Jahre habe ich mein schlechtes Allgemeinwissen und die fehlenden Englischkenntnisse mehr als bedauert. Erst als ich später eine Lehre als Elektromechaniker begann, wurde mein schulisches Interesse an praktischem und theoretischem Lernen geweckt. Leider waren die großen Defizite der neun mehr oder weniger abgesessenen Schuljahre nicht zu übersehen.

Als Kind genoss ich die christlichen Jugendgruppen in Strümpfelbach, weil ich dort – außerhalb der Familie und der damit verbundenen Mithilfe in der kleinbäuerlichen Landwirtschaft – Gleichgesinnte (Lausbuben) und Freunde treffen konnte und wir ein abwechslungsreiches und interessantes Programm geboten bekamen. Über diese Gruppen für Kinder wuchs ich als Jugendlicher in die örtliche CVJM-Arbeit hinein und war als junger Erwachsener ehrenamtlich engagiert. Ich spürte, dass ich pädagogische Gaben von Gott bekommen hatte, Jugendliche begeistern und zu gemeinsamem Tun animieren konnte.

In dieser Zeit drängte sich mir auch die Frage auf: *Kehre ich nach meinem Zivildienst wieder in den alten Beruf bei der Motorsägen-Firma Stihl zurück, der mir eigentlich sehr viel Freude und Sinnerfüllung bescherte, oder gehe ich einen ganz anderen beruflichen Weg?* In dieses Fragen hinein sprach mich u. a. das Bibelwort aus 1. Mose 12 an. In meiner Konfirmandenbibel von 1969 steht als Überschrift: „Abrams Berufung" – und mit Bleistift von mir im Februar 1976 eingefügt: *„und meine Berufung":*
Der Herr sprach zu Abram (und mir): Verlass dein Land, deine Verwandtschaft und das Haus deines Vaters! Geh in das Land, das ich dir zeigen werde! Ich will dich segnen... so dass du ein Segen sein wirst! (1. Mose 12,1-3 BB).

In diesem Bibelwort hörte ich für mich Gottes Berufung, Herausforderung und Auftrag, beruflich einen anderen Weg einzuschlagen. Es fiel mir nicht ganz leicht, zumal ich als Elektriker gutes Geld verdiente. Warum sollte ich mich also aufmachen, nochmals zur Schule gehen und wieder von vorne anfangen?

Meine Eltern ermutigten mich eher, im erlernten Beruf und zu Hause zu bleiben. Meine Mutter meinte: *„Drei Jahre die Schulbank drücken und studieren, das schaffst du nie!"*

Trotzdem wagte ich den (Ab-)Sprung. Ich wollte dem Ruf Gottes mehr gehorchen, als meinem begrenzten Denken und als dem, was andere Leute über mich sagten und mir zutrauten.

Zu meiner großen Überraschung wurde meine Bewerbung in der Evangelistenschule Johanneum in Wuppertal angenommen (einer seminaristisch-theologischen Ausbildungsstätte, in der junge Menschen zum hauptamtlichen Verkündigungsdienst ausgebildet werden).

Schon nach wenigen Wochen in Wuppertal nahm mich der theologische Lehrer nach einer Unterrichtsstunde auf die Seite und meinte zu mir, weil er wohl meine „träumerischen Blicke" und abschweifenden Gedanken gespürt haben muss: *„Herr Heubach, Sie werden nie ein Denker, aber die Leute um Sie herum werden sich wohl fühlen."* Wie durchschaut ich war, und wie recht er hatte. Meine Kopf-Leistung und theoretischen Gaben hielten sich in Grenzen. **Doch Gott (ge-)braucht für sein „Bodenpersonal" nicht nur Leute mit Grips, sondern auch die Hände zum Be-greifen und andere Möglichkeiten, die Liebe Gottes und seine Zuwendung begreiflich zu machen.** Denn im praktischen Vollzug und mit den Händen verstehen und erleben wir Männer die Zugewandtheit Gottes, sein Handeln und seinen Liebeswillen oft besser.

Ich arbeitete als Bezirksjugendreferent in Sulz a. N., als CVJM-Sekretär in Kirchheim/Teck, leitete zusammen mit meiner Frau das Feriendorf Roseneck in Langenburg mit über 250 Betten, hatte dort Personalverantwortung für bis zu 20 Mitarbeiter/innen und das gesamte Management, und war Seelsorger bei den Kirchlichen Diensten auf der Messe Stuttgart und Zeltmeister bei der Zeltkirche.

Blicke ich auf über 40 Berufsjahre zurück, staune ich mit viel Dankbarkeit, wie Gott auch schlechte Hauptschüler mit wenig Allgemeinbildung gebrauchen und seine Verheißung: *„Ich will dich segnen und du sollst ein Segen sein"* wahrmachen kann. Ich habe mich meistens an meinen Gaben orientiert und sie entfaltet und mich weniger von meinen Grenzen ausbremsen lassen. Mein Lebensmotto habe ich bei meinem Freund Johannes Warth entdeckt: ***„Des GOD scho, des griaga mr na** (Das geht – mit Gottes Hilfe – schon, das bekommen wir hin.)".* Mit ganzer Kraft und Leidenschaft suchte ich immer wieder neue Herausforderungen, entdeckte Möglichkeiten, mich ganz in sie hineinzuge-

ben und wuchs dadurch über mich hinaus. Leider hatte ich deshalb oft meine Familie zu wenig im Blick und brachte mich zeitlich zu wenig in sie ein.

Während ich dies aufzähle, fällt mir eine Aussage meines Jugend-Leiters und Seelsorgers ein, die er mir in den ersten Berufsjahren als hauptamtlicher „Reich-Gottes-Arbeiter" mit auf den Weg gab: *„Martin, merke dir eines, bei Gott gibt es keine hoffnungslosen Fälle."* Gott bringt unsere Talente zum Einsatz und für andere zum Leuchten. Auch in allen (Un-) Tiefen des Lebens, durch schwere Stunden und Durststrecken trägt Gott seine Nachfolger, selbst wenn dabei nicht alles glatt läuft und *„gut ist"*.

Mich führte u.a. die Schließung des Feriendorfes mit Kündigung aller Mitarbeiter, einschließlich mir und meiner Frau, an den Rand eines Burnouts, verbunden mit schweren Depressionen und großen Ängsten. Ohne fünfwöchige Auszeit in einer speziellen kirchlichen Einrichtung und professioneller psychologischer Hilfe wäre ich vermutlich nicht unbeschadet aus dieser Krise herausgekommen und hätte auch keine berufliche Perspektive wiedergewonnen. In dieser Zeit erkannte ich, dass ich gerade als ehemaliger Handwerker den eher handwerklich Begabten zu einem Sprachrohr Gottes werden und als leidenschaftlicher Motorradfahrer andere Biker erreichen kann. Als Nicht-Studierter bleibe ich mit der *„arbeitenden Bevölkerung"* eher auf Augenhöhe. Auch bringe ich „Bewegungs-Faultiere" wieder zum Laufen und zu einer positiven Körpererfahrung.

Blicke ich zurück, staune ich dankbar, wie Gott seine Verheißungen an mir wahr gemacht und auf welche Art und Weise er mich zum Träger göttlichen Segens gemacht hat. **Gott steht zu seinen Verheißungen, dass er Gutes für uns will.** Es gilt: *Martin* (jeder kann hier seinen Namen einsetzen), *bei Gott gibt es keine hoffnungslosen Fälle!*

Martin Heubach | Jg. 1955 | verheiratet | 4 Mädels, 12 Enkelkinder | Rot am See | Rentner, Diakon, (Notfall-)Seelsorger und mehr | engagiert bei www.Motorrad-und-Kirche.de und www.MissionarischeDiensteAutobahnkirchen.de

Gnade im Zerbruch

Ich war bei einem Männerabend. Der offizielle Teil war zu Ende. Alle waren gegangen. Doch ich saß weinend in der ersten Reihe.

Der Leiter des christlichen Werkes kam auf mich zu. *„Du bist noch nicht fertig heute Abend, was?"*

„Doch! Total fertig! Am Ende!", schluchzte ich. – Ich hatte immer eine Idee gehabt, eine Vision, ein Projekt, irgendwas, aber jetzt konnte ICH nicht mehr ...

Pause ...

„Und? Jetzt wartest du auf ein prophetisches Wort, das dich ermutigt und dir den Weg weist? .... Das wirst du von mir nicht bekommen. Da wird manchmal zu schnell geredet, und zu viel ... Ich kann dir nur eines sagen. Das, was du jetzt erlebst, ist Gnade. Wenn du aufgibst, kann Gott anfangen."

Was? So soll Gnade aussehen? **Am Ende; mit der Firma bankrott. Mit den Nerven runter; weinend; allein.** Gott wo bist du? Was willst du mit so einer „Gnade" erreichen? – Gedanken voller Anklage schossen mir durch den Kopf.

Ich fuhr nach Hause zurück. Kurz darauf stellte ich eine Projektleiterin an, die auch Christin war. Wir beteten jeden Tag in der Firma, auch mit der Belegschaft, und stellten uns unter Gottes Schutz. Es war eine bewegte Zeit.

Gnade? Das Geschäft fuhr auf null herunter. Keine Umsätze, keine Aufträge. 30.000 € Miese in der GmbH. Insgesamt 80.000 € Schulden auf dem Privatvermögen. Ich war pleite. Ich entließ meine Crew, gab den Schlüssel ab und verkaufte mein Inventar.

Gnade? Ich lief durch den Wald und drehte meine Runde, fragte: *„Gott, was ist los?"*

Mir fielen nacheinander Menschen ein, die ich verletzt hatte. Ich bekannte meine Schuld und arbeitete diese Liste laut schluchzend ab. Das dauerte 1 Stunde und 45 Minuten. Ich war erschöpft, aber frei. Vergebung erfüllte mein Herz. Befreiung vom Ballast, den Altlasten der Vergangenheit – Gnade.

Ich machte einen Termin beim Insolvenzanwalt. Seine erste Frage am Telefon: *„Kommen Sie allein?"*

„Nein, meine Frau ist dabei", gab ich zurück.

„*Das ist selten. Meistens crasht zuerst die Firma, dann die Ehe. Eine sehr spannungsgeladene Zeit, die Sie da erleben.*"

Der Anwalt meinte, ich sei nicht insolvent, ich hätte nur Schulden, die ich zurückzahlen sollte: „*Verdienen Sie wieder Geld und zahlen kleine Raten. Reden Sie mit ihren Leuten und den Banken. Viel Erfolg!*" – Gnade?

13 Jahre dauerte diese Gnadenzeit, die oftmals eine Hoffnungs- und Geduldszeit war, mir aber manchmal auch hoffnungslos erschien.

Wie oft sah ich mir weinend gemeinsam mit meiner Frau den Joseph-Kinderfilm an, im biblischen Original nachzulesen in 1. Mose ab Vers 41. Josef war von seinen Brüdern wegen seines prahlerischen Verhaltens und der Sonderstellung bei seinen Vater beneidet worden. Sie verkauften ihn als Sklaven nach Ägypten, wo er am Hof des Pharao diente, dort schließlich unschuldig ins Gefängnis kam.

„*Du (Gott), weißt es besser als ich; du kennst den Weg, ich setze mein Vertrauen auf dich; du weißt es besser als ich*", so die Liedzeile, die mich immer wieder anrührte. Joseph war insgesamt 13 lange Jahre im Gefängnis. Zu dem Mundschenk im Gefängnis sagte er: „*Ich habe dir die Träume gedeutet, denke an mich beim Pharao.*" Dabei verwendete Joseph in einem Abschnitt insgesamt sieben Mal „*ich, meiner, mir …*".

Welch ein Ego und Stolz sprechen da aus ihm. Nach 9 (!) weiteren Gnadenjahren des Zerbruchs im Gefängnis deutete er abermals einen Traum, den des Pharao: „*Nicht ich, Gottes Gabe ist es.*" Er hatte Demut und Sanftmut gelernt.

Josef wurde rehabilitiert und freigesprochen und vom Pharao ins höchste Staatsamt eingesetzt. Den Hochmütigen widersteht Gott, den Demütigen schenkt er Gnade.

Und bei mir? Klar, im Gefängnis war ich nie. Oft jedoch verzweifelt und mutlos. Mein Stolz auf alles „*selbst und ständig*" Erreichte war verblasst. Ich legte Gott alles hin, meine Firmen, meine Ideen und meinen Besitz. Ich betete: „*Alles was von nun an kommt, ist dein Werk. Bin ich am Ende, bist du, Gott, am Anfang.*" Das war meine Lektion, die ich lernen durfte.

Heute, 17 Jahre nach meiner Beinah-Insolvenz, nach jahrelangem Schulden- und Zinsenzahlen (privat zahle ich derzeit monatlich 400 € an Freunde zurück), bin ich als Lehrer im Beamtenstatus finanziell abgesichert. Freunde haben mir das Geld für einen Vergleich mit der Bank geliehen und teilweise bis zu 30.000 € geschenkt. Wunder über Wunder

haben wir erlebt und dabei gelernt, selbst sehr großzügig zu geben. 10 % unseres Geldes und darüber hinaus opfern wir, wenn Gott uns das gemeinsam aufs Herz legt.

Und meine Hauptgläubigerbank hatte mich über ein Jahr schlichtweg vergessen. Dann, im Gespräch, wurden die Zinsen halbiert. Was bei den Menschen unmöglich scheint, ist möglich bei Gott. Dennoch, wie oft habe ich gebetet: *„Herr, tu doch ein Wunder und lass den (Schulden)Berg verschwinden. Glaube kann doch Berge versetzen, oder? Es ist zu viel, der Berg ist zu hoch, ich habe keine Kraft, den Berg zu erklimmen."*

Auch wenn der Weg der Demut hart und lang ist. Es lohnt sich. Seine Gnade kommt nie zu spät, sondern immer rechtzeitig. Das verspreche ich dir.

Andreas Blum | Jg. 1970 | verheiratet | 6 Kinder | Wertheim | Dipl. Pädagoge (univ.), Trainer und Coach | www.talentify.de|

Zurück ins Leben!

Gerade arbeitete ich in der Vorbereitung für das Abendgeschäft im Landgasthof, und plötzlich passierte es, völlig ohne jede Vorwarnung! Während des Gemüseschneidens klappten mir die Hände auf und waren wie erstarrt. Ich konnte nicht mehr zugreifen und meine Finger nicht mehr bewegen!

Ich war sonst wirklich nicht ängstlich, aber jetzt hatte ich eine Scheiß-Angst! *Was passierte hier mit mir?* Gedanken rasten durch meinen Kopf. *Hoffentlich nur eine gerissene Sehne ... aber es hat gar nicht geknallt ... ich träume doch nur ... was kann das nur sein? ...*

Ich versuchte zu meinem Chef zu laufen, muss aber wohl einfach geradeaus gegen die Wand gelaufen sein, wie er mir später erzählte. Meine Sinne spielten total verrückt.

Eines könnt ihr euch sicher sein, ohne meinen Papa Gott könnte ich euch diese Geschichte hier nicht mehr schreiben!

Mein Chef rief nun meine Eltern an. Alle waren ordentlich geschockt. Ich schickte immer wieder Stoßgebete an Gott, weil ich eine riesengroße Angst hatte. Ich war doch erst 18. Da geht das Leben für einen Mann doch erst richtig los ...

Meine Eltern brachten mich in eine Klinik. Nach einigen Untersuchungen sprach etliches dafür, dass etwas in meinem Kopf nicht in Ordnung war. Zum Glück gab es ein Kopfzentrum mit einem sehr guten Professor in der Klinik. Sie schoben mich in ein MRT. Das war kein Vergnügen. Mir war kalt und mein Rücken schmerzte.

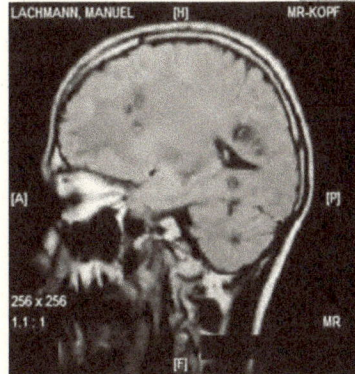

Zurück in meinem Zimmer, warteten meine Eltern und ich auf die Visite. Es kamen zehn Leute! Der Professor trat nach vorne, räusperte sich kurz und schien dabei ziemlich angespannt zu sein. Was würde mir nun zu Ohren kommen?

Er teilte mir mit, dass ich eine Hirnblutung erlitten hatte und an der Stelle das Blut auch noch steht! –

Puh! Das war die schlimmste Nachricht, die ich mir hätte vorstellen können, dachte ich zumindest. In Sekunden läuft da ein Horrorfilm in deinem Kopf ab. Ich bekomme immer noch Gänsehaut, wenn ich daran denke.

Doch der Professor holte ein weiteres Mal Luft: *„Das ist noch nicht alles ... Die Blutung liegt am Ende des Hirns, wo es in die Wirbelsäule tritt. Weil es dort so eng ist, können wir mit der Medizin, wie sie heute ist, keine OP durchführen, ohne dass Sie dabei Schaden nehmen oder sterben würden."*

Ich dachte: *Schlimmer kann es nicht mehr kommen!* Pustekuchen! Es kam noch härter. Ich weiß noch wie heute, wie meine Eltern versuchten, die Fassung zu bewahren. Der Professor sprach weiter: *„Es gibt nicht nur diese Blutung, denn wir haben noch mehr gefunden!"*

Scheiße, noch mehr!, dachte ich. *Herr, bitte steh mir bei!*

„Sie haben Kavernome im Kopf. Das sind Absackungen in den Blutgefäßen im Gehirn. Aber es sind nicht nur ein paar Stück, sondern wir haben bei 40 Kavernomen aufgehört zu zählen! Das heißt, Sie haben multiple zerebrale Kavernome in einer Anzahl, die wir noch nie in nur einem Kopf gesehen haben."

Puh, da sitzt du nun in deinem Bett und denkst: Alles ist vorbei, jetzt werde ich in ein paar Tagen sterben. Schlimmer noch: Lass mich doch gleich sterben, mein Gott! Dann ist es vorbei und ich muss das alles nicht ertragen!

Ein paar Tage später entließ mich der Professor nach Hause mit der Aussage: ***„Die Medizin kann Ihnen im Moment nicht helfen.*** *Und ich weiß auch nicht, wie es ausgeht. Ich, der ungläubige Arzt, sage Ihnen jetzt:* ***Suchen Sie sich Menschen, die für Sie beten. Und hoffen Sie auf ein Wunder!*** *Sie kommen ab jetzt einmal die Woche zu einem MRT, und wir hoffen, dass die Blutung von alleine abfließen kann. Mehr kann ich nicht für Sie tun!"*

Vollkommen verängstigt und unsicher ging ich nach Hause. Ich suchte mir einige Menschen, die für mich beteten und tat es auch selbst. Denn wenn mir jemand helfen konnte, dann wohl nur einer, und zwar unser aller Vater-Gott im Himmel!

Drei Mal ging ich zum MRT, ohne dass es gute Neuigkeiten gegeben hätte! Das zieht dich dann natürlich immer weiter nach unten.

Aber dann kam der Tag aller Tage, von dem ich nicht mehr zu träumen gewagt hätte! Doch geträumt habe ich davon – eine Nacht vorher!

Ich musste also wieder 45 Minuten in dieses grausame MRT. Dann kam der Professor in mein Zimmer und schüttelte den Kopf! Ich befürchtete schon das Schlimmste. Aber er sagte sinngemäß zu mir: *„Herr Lachmann, es ist ein Wunder geschehen, denn die Blutung in ihrem Kopf ist – verschwunden, und zwar restlos!"*

Wow, ich bekomme immer noch jedes Mal eine Gänsehaut, wenn ich diese Geschichte erzähle. Ich bin so dankbar, dass ich leben und nun anderen Menschen damit Mut machen darf, dass es einen Gott gibt, der Heilung schenkt!

Vor Dankbarkeit laufen mir gerade die Tränen. *Wow! Danke!*

Zwar bin ich aufgrund der Kavernome und noch anderer körperlicher Beschwerden heute Rentner, aber ich bin seit über 10 Jahren verheiratet und habe zwei großartige Kinder. Meine Frau und ich arbeiten bei *Team.F* mit; und mit meinem Freund Martin zusammen, mit dem ich eine Glaubenszweierschaft habe, leite ich *DIE Männerreise*, wo Männer zu ihrer gottgegebenen Identität finden dürfen.

Du siehst, auch wenn du körperlich nicht ganz auf der Höhe bist, hat Gott einen Plan mit dir, um den Glauben in die Welt zu bringen.

Danke, mein geliebter Papa im Himmel!

Manuel Lachmann | Jg. 1982 | verheiratet | 2 Kinder | Halle/Saale | Hausmann/Rentner, Mitarbeiter bei Team.F, www.team-f.de, Leiter einer „DIE Männerreise", www.die-männerreise.de

Gott wird dich nie aufgeben.

In unserem Leben hören wir früher oder später diesen einen Satz „*Gib niemals auf!*" Es ist ein Satz, der uns ermutigt und uns aufbaut, der uns daran erinnert, für etwas zu kämpfen und nicht einfach das Handtuch zu werfen. Aber wir müssen uns oft eingestehen, dass es schwieriger ist, als wir denken, nicht aufzugeben. Es ist die eine Sache, ein Ziel, einen Traum oder ein Projekt aufzugeben; eine andere und schlimmere ist es, wenn wir uns selbst aufgeben; schmerzhaft wird es, wenn wir glauben, dass die Menschen und sogar Gott uns aufgegeben haben.

Ich wurde in einer kleinen Stadt in Brasilien geboren. Meine Mutter arbeitete im Ausland, um mich ernähren zu können, da die wirtschaftliche Situation in unserem Land sehr schwer war. Mein Vater lebte mit einer anderen Frau zusammen. Für mich war also kein Platz in dieser Familie. Ich lebte die ersten fünf Jahre bei meiner Oma in Brasilien. Ich war fünf Jahre alt, als ein Junge aus der Nachbarschaft mich hinter einen Hügel lockte, wo er mich missbrauchte.

Natürlich verstand ich nicht, was er mir dort angetan hat, aber ich sprach nie darüber. Als ich sechs Jahre alt wurde, veränderte sich mein

Leben. Meine Mutter heiratete meinen Stiefvater und ich zog nach Deutschland. Hier wurde meine Kindheit kompliziert. **Die Sprache, die neue Kultur, die neue Art und Weise zu denken überforderten mich anfangs.**

Ich gewöhnte mich aber schnell dran. Als ich sieben Jahre war, kam der Wendepunkt in meinem Leben. Mein Cousin aus Brasilien arbeitete als Au-pair-Junge für meine Eltern. Er war ein Teenager. Nach der Schule passte er auf mich auf, bis meine Eltern wieder nach Hause kamen. An einem Nachmittag passierte etwas, das kein Kind durchmachen sollte. Er missbrauchte mich im Alter von sieben Jahren, und an diesem Tag verlor ich meine „Jungfräulichkeit". Ich wusste nicht, ob es richtig oder falsch war. Ich verstand es nicht, aber ich wusste, dass ich nicht darüber sprechen durfte. Er missbrauchte mich vier weitere Male, bis er wieder nach Brasilien zurückging.

Ich wuchs in einem christlichen Elternhaus auf und ging jeden Sonntag zur Kirche. Nur weil du in einem christlichen Elternhaus aufwächst, bedeutet nicht, dass alles perfekt und harmonisch läuft. Ich hatte eine sehr schwierige und herausfordernde Beziehung zu meiner Mutter und zu meinem Stiefvater.

Als Kind liebte ich Gott, aber als ich heranwuchs und herausfand, was mir angetan worden war, veränderte sich meine Beziehung zu ihm. Es fühlte sich an, als wäre Gott so weit weg; und egal, was ich tun oder sagen würde, es würde nichts daran ändern, dass ich ihn und alle anderen enttäuscht hatte.

Ich versuchte, die Anforderungen zu befolgen, um es Gott recht zu machen; um ein guter Christ und Sohn zu sein. **Aber das führte dazu, dass ich am Ende nicht nur Gott, sondern auch mich selbst aufgab.**

Als ich siebzehn Jahre alt war, drehte ich Gott den Rücken zu; ich war fertig mit dem *Versuchen*. Ich dachte: *Warum soll ich einen Gott lieben, dem ich nie genug bin?* Als ich diese Entscheidung traf, war es, als würde eine Last von mir abfallen. Endlich hatte ich ein Leben ohne Regeln und Gesetzte.

Alles lief gut, bis ich an Depressionen erkrankte. Wenn du depressiv bist, dann fühlt sich alles tot an, und du versuchst nur, einen Tag nach dem andern zu überstehen. Ich wollte Gott suchen, aber die Angst vor der Religiosität und der Ablehnung paralysierte mich. Als ich vierundzwanzig war, war ich schon so kaputt, dass es einem Wunder gleicht, dass ich heute noch lebe. Irgendwann erinnerte ich mich daran, wie es war, als ich mich das letzte Mal geborgen gefühlt hatte, und ich musste an Gott denken.

Nach einem großen Kampf mit mir selbst kehrte ich zu Jesus zurück. Diesmal war alles anders, denn in meiner Beziehung zu Jesus ging es darum, dieses falsche und religiöse Bild von Gott abzulegen; und irgendwann verstand ich, dass ich Gott wichtig bin. Ich musste durch viele Prozesse gehen, um Gott an mein Herz heranzulassen. Nach all dem, was ich erlebt hatte, den Missbrauch, die Depressionen, die Ablehnung und den Selbsthass, hätte ich es nie für möglich gehalten, dass ein großer, allmächtiger Gott mich liebt und mich sein geliebtes Kind nennt.

Wenn ich zurückdenke, dann weiß ich, dass Gott mich nie aufgegeben hat. Er hat mich nie vor die Tür gesetzt, und er hat mich immer geliebt. Er ist der Vater, der dich nie aus den Augen verliert, der dich in seinen Armen hält und sagt: *„Ich verstehe dich!"* Ich war zerbrochen und leer; doch Gott hat nie aufgehört mich zu lieben und an mich zu glauben. **All dieses theologische und religiöse Gerede, dass wir erst dann Gott gefallen, wenn wir eine Liste abgearbeitet haben oder wenn wir uns „fromm" verhalten, ist eine Lüge.**

Das Einzige, was Gott möchte, ist unser Herz und unser Vertrauen. Ich durfte erleben, wie Gott in den letzten drei Jahren nicht nur mein Herz, sondern mein Leben verändert hat. Ich kämpfe immer noch mit mir selbst und gehe durch einige Prozesse, aber Gottes Gnade begleitet mich, wohin auch immer ich gehe.

Mein Wunsch ist es, dass die Menschen erkennen, wie sehr Gott sie liebt. Denn was Menschen brauchen und suchen, ist Liebe. Barmherzigkeit, Gnade, Geduld, Vergebung und Liebe sind das, was unser Herz verändert.

Ich will dich nie aufgeben und dich niemals verlassen (Hebräer 13,5).

Thiago Nikolas Da Silva Jardim | 1994 | ledig | Wiesbaden | Student | Instagram/TikTok: thiagonik, Youtube: Thiago Nikolas

Ein Tag wie jeder andere ...

1. Juli 2019 – Ein schöner Sommertag bahnte sich an. Ich stand morgens auf, machte mir Kaffee, las die Bibelstellen für den Tag; dann frisch machen und ab ins Geschäft.

Herrlich! Die Sonne schien, warm war es schon am frühen Morgen. Da freut man sich auf die Baustelle im Freien.

Alles schien wie immer; nichts Spektakuläres; einfach ein Tag wie jeder andere ...

Bis auf so einen Druck, ein Ziehen im Rücken zwischen den Schulterblättern. *Joa*, dachte ich mir, *es zwickt halt mal wieder. Vielleicht hab ich nachts ein bisschen doof im Bett gelegen oder mich einfach nur verrenkt. Kenne ich ja, hatte ich schon so oft, auch mal schlimmer.* Also, weiter geht's. Ein Abwasserrohr auf der Straße freigraben.

Aber beim Schaufeln wurde es immer schlimmer. Das Ziehen wurde zum Schmerz, der nun auch aufs Brustbein zog, in den linken Arm strahlte und mich echt plagte. Ich kann Schmerzen wirklich ab, aber das wurde jetzt richtig heftig!

Ich rief meinen Bauleiter an, er solle mir bitte Schmerzmittel vorbeibringen. Er war auch kurz darauf da. Also rein damit, dann geht's gleich wieder.

Falsch gedacht – schlimmer und schlimmer wurde es! Bis ich schließlich vor lauter Schmerzen schwitzte, wie ich es bisher nicht kannte. Ich versuchte, irgendwie zu sitzen, um es erträglicher zu machen, aber es half alles nicht. *Dieser blöde Rückenwirbel will einfach nicht mehr rein, dachte ich mir.*

So bat ich, völlig durchgeschwitzt und unendlich geplagt von den Schmerzen, meinen Bauleiter, mich irgendwo hinzufahren, wo sie mir mit den Schmerzen helfen könnten. So kannte mich mein Chef nicht, und er kennt mich schon lange. Also hat er mich in sein Auto verfrachtet und in die orthopädische Notfallaufnahme gefahren.

Dort angekommen, meldete ich mich an, wo man mir versicherte, sie schieben mich zwischenrein, aber ich müsse dennoch mit Wartezeit rechnen. *Egal, aber ich da.*

Nach unendlich scheinenden dreieinhalb Stunden kam ich endlich an die Reihe. Man untersuchte meine Wirbelsäule von außen, grenzte den verursachenden Wirbel ein und spritze mir um ihn herum ein Schmerzmittel.

„*Röntgen möchte ich Sie noch*", sagte die Ärztin, „*aber der Raum ist gerade belegt, bis dahin mache ich Ihnen noch ein EKG, nur um auszuschließen, dass Sie was am Herzen haben.*"

„*Klar!*", sagte ich, während ich völlig tiefenentspannt auf der Liege lag. „*Ich hab heute eh nix besseres mehr vor.*" Der Schmerz war fast weg.

Als das Ergebnis ausgedruckt wurde, schaute sie auf den Zettel, dann auf mich, dann auf den Zettel, wieder auf mich und rannte zur Tür raus. Hoppla, die hat es aber eilig!

Zwei Minuten später ging die Tür auf, ein Kopf schaute herein und ich wurde von der Ärztin gefragt, ob alles ok sei. „*Klar!*", sagte ich. „*Alles bestens.*" Die Tür ging wieder zu.

Ganz kurze Zeit später ging sie wieder auf, wieder die Frage, ob alles ok sei. „*Ja, klar! Mir geht's wieder richtig gut!*" Türe wieder zu.

Wieder eine Minute später, das gleiche Spiel. Aber sie schloss danach die Tür nicht mehr ganz, und ich konnte hören, wie sie telefonierte. Was ich hörte, machte mich nachdenklich:

„*Männlicher Patient, geboren 20.11.69 ... Notarzt und Rettungswagen wird ganz schnell gebraucht ... wir verlegen ihn mit Sondersignal ...*" In die Klinik auf der anderen Seite der Stadt sollte es gehen.

Moment, dachte ich. *Das kann nur ich sein. Was ist eigentlich los?* „*Was ist denn so schlimm?*", fragte ich meine Ärztin.

„*Sie haben Herzrhythmusstörungen.*" Und ich solle einfach entspannt liegen bleiben, mich nicht aufregen.

„*Hallo? Ich bin tiefenentspannt! Mir geht's gut. Da kann ich doch rüberlaufen*", war meine Antwort.

„*Nichts da, Herr Bodrogi! Sie gehen nirgends zu Fuß hin! Der Notarzt kommt gleich, die Sanis mit Rettungswagen, und Sie werden verlegt. Sie haben nach 1,5 Stunden ruhigem Liegen einen Ruhepuls von 180, und wir müssen drüben der Sache auf den Grund gehen!*"

Da wurde mir zum ersten Mal bewusst: *Nichts mehr mit lockeren Sprüchen; nichts mehr mit lustig. Die macht ernst.* **Ich hab ein Problem.**

Ich wurde vorbereitet, Zugänge gelegt, an den Monitor angeschlossen, umgelagert; und so lag ich ganz schnell im Rettungswagen, der mich in die Partnerklinik fuhr. Ich machte noch Späße mit dem Sani an meiner Seite, der mich total verwundert anschaute. Er verstand nicht, wie ich so drauf sein konnte, bei meinem Zustand. Der Defibrillator war bereit, die Spritze – mit Adrenalin aufgezogen – lag auf dem kleinen Tisch. Sollte mein Herz aussteigen, würden sie mich sofort zurückholen.

Angekommen in der Klinik, holten sie mich auf der Liege aus dem Fahrzeug und schoben mich – nicht panisch, aber doch ziemlich hektisch – den langen Gang entlang, während ich der Decke beim Vorbeiflitzen zusah. Gedanken machten sich breit, und urplötzlich spürte ich einen tiefen Frieden, eine Geborgenheit und Wärme, wie ich sie nicht beschreiben kann.

Ich begann mit Papa (meinem Gott) und seinem Sohn zu reden: *„Hey Jesus, haben wir heute ein Date? Seh ich dich gleich? Wie geil ist das denn ...“* Ich freute mich so drauf! *„Aber hey“*, so betete ich weiter, *„sollte ich das überleben, so wird es trotzdem geil, denn du bist bei mir!“*

Da lag ich grinsend auf der Trage, die Pfleger liefen und ich wusste: *Egal, was jetzt kommt, alles ist gut, denn Papa ist bei mir!*

Seit 1993 bin ich entschiedener Christ. Ich habe Drogen, Alkoholsucht, Gewalt, Kriminalität, etliche Schlägereien bzw. Messerstechereien und einen „eigentlich“ tödlichen Motorradunfall überlebt. Ich glaube, dass Jesus immer alles gut macht, hab immer geglaubt, dass es nach meinem Tod in den Himmel geht – aber so ein Gefühl wie auf der Trage, so intensiv, so nah und so warm, so hab ich es noch nie gefühlt!

Ich hatte einen Herzinfarkt, stellte man bei den Untersuchungen fest! Ich ging morgens mit einem beginnenden Herzinfarkt aus dem Haus, arbeitete auf der Baustelle, kam ins Krankenhaus, wartete stundenlang auf meine Untersuchung, lag zwei Stunden völlig gechillt auf der Trage – und durfte weiterleben. Andere, so habe ich schon mehrfach gehört, kriegen einen Infarkt und sind auf der Stelle tot.

Es war noch nicht meine Zeit. Papa hat noch was mit mir vor. *Danke Papa, für jeden Atemzug, den ich noch machen darf!*

Ich hatte keine Todessehnsucht oder Nahtoderfahrung; bin froh über jeden weiteren Tag, den ich noch leben darf; will bis 80 Motorrad fahren und 100 Jahre alt werden.

Aber wenn mein Sand durch die Uhr gelaufen ist, meine Zeit da ist, auch wenn ich noch keine 100 bin, dann ist es gut so! Dann geh ich heim in die liebenden Arme von Papa und Jesus! Diese Gewissheit habe ich und habe das gespürt, so intensiv wie noch nie zuvor!

Viele Menschen haben Angst vor dem Tod, vor der Ungewissheit, vor dem, was danach kommt:

- War ich gut genug in meinem Leben?
- Hab ich zu viele Fehler gemacht?
- Reicht es für den Himmel?
- Gibt es überhaupt den Himmel?

Ich kann dir sagen, dass der Himmel, Papa und Jesus so real sind, wie die Sonne da oben, deine Kleider an deinem Leib und das Wasser, das du jeden Tag trinkst!

Wenn du nicht weißt, wo du hingehst, wenn deine Zeit gekommen ist, habe ich eine gute Nachricht für dich: Papa und Jesus, ja, die warten nur auf dich, aber schon im Leben! Beginne mit ihnen zu reden (zu beten), wenn du es nicht schon lange tust.

Gott liebt dich, hat Interesse an dir, hat seinen eigenen, einzigen Sohn übers Messer springen lassen, weil sie beide dich so schrecklich lieben, weil sie ihr Leben mit dir teilen und an deinem Leben so gern teilhaben wollen!

Ich habe es nie bereut, mit Gott klare Kante zu fahren, ihm mein Leben anzuvertrauen, ja, zu widmen. Die beste Entscheidung meines Lebens: ihn um Vergebung zu bitten, und mich von ihm führen zu lassen!

Ein Leben, erfüllt von Liebe, Segen und Frieden!
Ein Leben, mit einer Aufgabe – von Gott, für Menschen.
Ein Leben, wie es schöner nicht sein kann!
Hab Mut, versuch es! Du wirst es niemals bereuen!
Danke Papa, dass du jeden Menschen so liebst, wie er ist.
Danke Papa, dass dein Sohn für mich starb, damit ich leben kann.

Oliver Bodrogi | Jg. 1969 | verliebt | 2 Söhne | Weingarten | Kanalsanierer

Die Bergstory

Vor zwei Jahren, mit 17, war ich in Kärnten, einer wunderschönen Region im Süden Österreichs. Ich erinnere mich gerne an diese Zeit, denn dort erlebte ich Gott auf extreme Weise.

Ich bin ein totaler Outdoor-Fanatiker, es zieht mich regelrecht hoch auf den Gipfel; und dabei bin ich auch etwas risikofreudig, was schon mal brenzlig werden kann …

Mit meinen beiden Cousinen wollte ich auf den Spitzegel wandern, einen 2.119 Meter hohen Berg. Wir hatten keinen Routenplan, sondern wanderten einfach entspannt drauflos, an einem rauschenden Bach und an Kühen vorbei. Eine Kuh stand mitten auf dem Weg, als wir auf den Hauptwanderweg abbogen. Wir gingen einfach weiter, ohne noch einmal zu schauen, wo es eigentlich entlang ging. Vielleicht war es die Ablenkung durch das Kuhmanöver, dass wir den Weg verloren. Mir machte das nichts aus – endlich etwas Abenteuer!

Querfeldein durch einen Buchenwald ging es nun sehr steil den Berg hoch. Eine Zeitlang konnten wir eine Forststraße benutzen, doch auch diese Möglichkeit endete, und wir kämpften uns wieder durch das Gelände: Kiefernwälder, die so dicht waren, dass man kaum durchkam, aber auch Lichtungen und leere Schmelzbäche. Und immer wieder atemberaubende Aussichten.

So kamen wir zwar dem Gipfel näher, aber das Gelände wurde auch immer gefährlicher. Geröll und loses Gestein rutschte an dem steilen Hang unter unseren Füßen weg. Ich hatte dabei noch ziemlich viel Spaß, aber meine Cousinen sahen das ganz anders. Wir waren nun an einem Punkt angelangt, wo es nicht mehr möglich war, sicher abzusteigen. **Der Stein war bröselig, und unter uns ging es hunderte Meter in die Tiefe.** Ein falscher Schritt, und es wäre schneller abwärts gegangen, als uns lieb gewesen wäre. Das meine ich mit „brenzlig" …

Meine Cousinen waren emotional so am Ende, dass sie weinend vor mir standen, die Bergrettung rufen und keinen Schritt mehr gehen wollten. Das war ein sehr herausfordernder Moment für mich. Ich begann zu Gott zu beten, legte die Situation in seine Hände und bat ihn, uns aus dieser Not zu retten.

Wir standen dort eine gefühlte Ewigkeit, und während die eine Cousine schon weitergekraxelt war, so dass wir sie nicht mehr sehen oder hören konnten, versuchte ich meine andere Cousine immer wieder zu ermutigen, weiter zu klettern. Es war mir nun doch etwas mulmig zumute wegen der beiden Mädchen.

Irgendwann war meine Cousine bereit, weiterzugehen. Wir trafen auch wieder auf die andere Cousine, die auf uns wartete. Ich half den beiden, indem ich immer ein Stück hochkletterte und sie dann hochzog. So schafften wir es doch noch bis knapp unter den Gipfel, wo der Wanderweg entlanglief; dort waren wir sicher.

Die Mädchen warfen sich ins Gras, um sich auszuruhen. Der Gipfel des Spitzegels war nur noch gut 100 Meter entfernt, aber sie waren körperlich und emotional zu erschöpft, so dass ich die letzten Meter alleine ging.

Ich war überwältigt von der Aussicht, aber auch von Gott, von seiner Hilfe, die er uns immer wieder zukommen lässt. Dort oben auf dem Gipfel las ich in der Bibel, hörte den Song *Greater Than All My Regrets* (Größer als alle meine Reue) von *Tenth Avenue North* und versank im Gebet. Es tat so gut, so weit oben, wo man Gott gefühlt näher ist, alles vor ihn zu bringen. Es tat so gut zu weinen, einerseits vor Erleichterung und Dankbarkeit, andererseits, weil die letzten Monate sehr schwer für mich gewesen waren. Ich durfte merken, dass es in Ordnung ist, schwach zu sein; wir müssen uns nichts vormachen.

Nach dem Abstieg, diesmal auf gekennzeichneten Wegen, genossen wir auf der Fischeralm ein kühles Naturradler und einen Kaiserschmarrn und schlossen dann diesen unvergesslichen Tag mit einem erfrischenden Bad im Weissensee ab.

In Psalm 34,20 steht: *„Wer auf den Herrn vertraut, erleidet zwar vieles, doch der Herr errettet ihn aus aller Not"* (NLB). Das hatten wir heute erfahren! Wir hatten lebensgefährliche und heikle Momente erlebt, doch Gottes Zusagen stehen. Wir haben ihm letztlich vertraut, und er hat uns geholfen, obwohl wir uns selbst hineinmanövriert hatten (vor allem ich!). Ich kann Gottes Handeln nicht immer nachvollziehen, aber ich möchte in allen Umständen daran festhalten, dass Gott souverän ist und mich aus aller Not rettet, auch wenn das oft anders aussieht, als ich es mir vorstelle.

Manchmal steht uns eine „Kuh" im Weg, und wir verpassen das große Ganze. Doch Gott hat uns einen reichen Tisch gedeckt, sogar im Angesicht unserer „Feinde", wie auch immer die sich darstellen. Er salbt uns mit dem Öl seines Geistes und gießt uns voll ein.

Interessant ist in Psalm 23 der Wechsel der Pronomen. Heißt es zu Beginn noch *„Er führt mich ..."*, wechselt der Psalmist im finsteren Tal zum persönlichen *Du*. Denn in unseren Schwächen und Tiefs ist es nur die intime Beziehung und das persönliche Gespräch mit Gott, das uns tröstet und stärkt. Der reich gedeckte Tisch – wie auf der Fischeralm – wartet schon auf uns.

Danke Jesus, dass du unser Hirte bist und in guten aber auch in schlechten Zeiten immer bei uns bleibst!

Niklas Finn Balli | Jg. 2002 | ledig | FSJler bei M3 (Musik Misson Mannheim) im CVJM Mannheim | Fritzlar

Habe ich alles im Griff?

Mein Ziel war es, möglichst unabhängig zu sein und später einmal genug Geld zu haben, um in „Ruhe" mit meiner Frau leben zu können. Ich führte einen Parfümvertrieb und war geschäftlich erfolgreich. Als selbstständiger Kaufmann zahlte ich nicht in die Rentenkasse ein, sondern nahm auch meine finanzielle Altersvorsorge selbst in die Hand. Ich führte einen „Ein-Mann-Betrieb" und alles schien wie geplant zu laufen.

Im Jahr 2005 bekam ich plötzlich eine Abmahnung von einem Giganten im Parfümbereich, in dem viele bekannte Parfümmarken vereint sind. Mir wurde vorgeworfen, wettbewerbswidrige Werbung im Internet gemacht zu haben. **Leider war der Fall eindeutig; ich hatte einen schweren Fehler gemacht.** Die Folge war, dass ich für jedes unter falscher Werbung verkaufte Produkt eine hohe Strafe zahlen sollte; es drohte ein Gesamtbetrag von über 1.000.000 €. Das war für mich ein Schock!

Ich lief zwei Tage wie benebelt herum und war wie gelähmt. Alle meine Pläne waren zerstört. *Wie sollte die Zukunft aussehen?* Alle Arbeit schien umsonst gewesen zu sein. Ich fühlte mich wie ein Versager …

Am dritten Tag kamen mir Gedanken in den Sinn, die so gar nicht zu mir passten. Es ging nicht um Gewinn und Analyse, sondern ich fragte mich: *Was passiert denn wirklich? Rein äußerlich betrachtet, verliere ich meine Firma und gehe in Privatinsolvenz, aber ansonsten passiert wenig. Meine Frau bleibt bei mir und steht das mit mir durch, da bin ich mir sicher; meine Freunde bleiben die gleichen; ich bin nach wie vor gesund …* Am Ende dieser Gedanken bekam ich plötzlich den Eindruck, es könnte sogar gut sein und ich könnte mein Leben nochmal neu ausrichten. *Hatte ich denn bisher die richtigen Prioritäten gesetzt?*

Heute weiß ich, dass mir diese Gedanken eingegeben wurden, und ich lernte, dass Geld eine viel zu große Bedeutung für mich gehabt hatte. Obwohl ich wie durch ein Wunder glimpflich aus der Sache herauskam – ich musste am Ende nur eine Strafe von 10.000 € bezahlen – hatte ich viel daraus gelernt.

Etwa zwei Jahre später fand ich zum Glauben. Ich hatte das große Glück (die Gnade), für einen Moment die Liebe Gottes spüren zu dürfen. Danach konnte ich nicht mehr in mein bisheriges Leben zurück. Ich veränderte endgültig die Prioritäten, was dazu führte, dass ich ganz ohne Anklage mein Vermögen „verlor" – oder besser gesagt eintauschte, um mir Zeit für Dinge zu nehmen, die mir wichtiger geworden waren.

Ich glaube zutiefst, dass Gott einen Plan für unser Leben hat. **Das Bewusstsein dafür fing bei mir an, als meine selbstgemachten Prioritäten zerbrachen.** Natürlich ist jeder Plan anders, aber ich würde dir wünschen, dass du dir Fragen stellst, wie: *„Wofür lebe ich?"* und: *„Wie sieht Gottes Plan für mein Leben aus?"*

Jörg Wünsch | Jg. 1969 | verheiratet | 1 Stiefsohn, 5 Enkel | Ahlen | Kaufmann

Prophetischer Paukenschlag

Flamboyant. Ich kannte die ungefähre Bedeutung des Wortes. Das muss man von einem Englischlehrer auch erwarten können. *Flamboyant*, das heißt so viel wie *schillernd, auffällig, grell, großspurig.* Ein ziemlich pompöses Wort also. *Und das galt mir!?!*

Ich hatte in Pforzheim an einer Übungssession für Prophetie teilgenommen. In unserer Gemeinde in Ellmendingen bin ich Mitarbeiter in den so genannten *Räumen für Heilung und Hörendes Gebet*, und da ist es für mich selbstredend, mich so oft ich kann weiterzubilden.

An diesem Nachmittag war ich früh dran und hatte als Erster im Seminarraum Platz genommen. Der Referent des Tages – Paul, ein Prophet aus Südafrika – ging an mir vorbei und gestikulierte ein kurzes *„Hallo"*. Nach und nach füllte sich der Raum und das Programm startete: Viereinhalb geballte Stunden mit Vesperpause – eine Mischung aus Herausforderungen und Highlights, wie einem Gottes Stimme vertraut bzw. noch vertrauter werden kann. Dann kam der Segen, und alle machten sich gleichzeitig erschöpft, aber auch bereichert auf den Nachhauseweg.

Ich packte ebenfalls meine Sachen und war schon im Begriff, in meine Jacke zu schlüpfen, als plötzlich der Referent neben mir stand und sich mir zuwandte. **Ganz geheuer war mir die Sache nicht.** Auf der einen Seite fühlt man sich wahrgenommen und wertgeschätzt, wenn man so gezielt aus einer großen Menschenmenge herausgepickt wird. Das passiert einem schließlich nicht alle Tage! Auf der anderen Seite schwingt bei mir oft eine leise Angst mit, was wohl als Nächstes kommt: *Bekommt man gleich die Leviten gelesen, wie David von Nathan wegen der Geschichte mit Bathseba? Oder kriegt man wie Hananias und Saphira ins Gesicht gesagt, dass man den Heiligen Geist zum Narren gehalten hat und dafür jetzt per Herzinfarkt ins Jenseits befördert wird?*

Im Grunde weiß ich nach vielen Kursen und noch mehr Büchern zum Thema Prophetie zwar, dass diese Ängste ziemlich unbegründet sind. Und es hat sich auch längst bis in die letzten Winkel meiner Seele herumgesprochen, dass Gott wegen Jesus immer gut auf mich zu sprechen ist, sehr gut sogar. Aber dennoch hat sich diese Wirklichkeit in mir noch nicht völlig durchgesetzt. **Letzte Zweifel zucken immer wieder in mir auf und stellen für Augenblicke vieles von dem in Frage, wie es um Gott und mich steht.**

Der Referent schien meine Anspannung zu spüren. Er gab mir sogar die Wahl, aus dem Gespräch auszusteigen, noch bevor es eigentlich begonnen hatte. Ich hätte allen Ernstes Nein sagen können, und es wäre für Paul und Gott völlig okay gewesen. Aber eigentlich wäre das ja ziemlich dumm, fand ich. Denn wenn Gott einem schon mal etwas aus heiterem Himmel direkt mit auf den Weg geben will, dann hat es das Potenzial, in großem Stil im eigenen Leben wahr zu werden. Also bekundete ich mein Interesse an dem, was Gott für mich am Herzen lag, und war gleichzeitig gespannt wie ein Flitzebogen.

Paul hob an und erklärte erst einmal, dass Gott ihm bei seinen Veranstaltungen jeweils genau eine Person zeigen würde, über die er ihm aufschlussreiche Dinge offenbare. Und heute Abend sei ich diese Person.

Dann legte Paul auch schon los: Ich würde vor Kreativität sprühen und hätte eine Menge Ideen und Einfälle. Ich solle aber den Mut haben, Druck aus meinen Erwartungen und Vorbereitungen herauszunehmen und meinen Perfektionismus zu drosseln, um stattdessen mehr Gott und seinen Geist machen zu lassen. Ich dürfe mir von Gott unbedingt mehr Esprit und Gelassenheit erwarten und es andere im Gegenzug spüren lassen. Und um das auf den Punkt zu bringen, worauf Gott es bei mir anlegte bzw. was er aus mir herausholen möchte, benutzte Paul mehrfach dieses schillernde englische Wort *flamboyant*: *„You know what it means?"*

Ich nickte.

Die Prophetie an diesem Septemberabend 2018 saß. Der Referent hatte mich noch nie zuvor gesehen. Und da war auch keiner hinter der Bühne, der ihm Interna aus dem Leben der Seminarteilnehmer zugesteckt hätte, mit dem man als Prophet trickreich hätte punkten können. Ich stach auch nicht durch einen farbprächtigen Irokesenhaarschnitt, Designerklamotten oder ein teures Männerparfüm hervor, woraus man auf Extravaganz hätte schließen können. Aber Gott weiß Bescheid. Und er weiß, wovon er spricht. Auch bei mir. Mich zu kennen, ist sein Ding!

Seit über zwanzig Jahren bin ich Realschullehrer und unterrichte Englisch, Französisch und Religion. Und in dieser Zeit habe ich an die fünfzig Schulgottesdienste vorbereitet. Weihnachten, Karfreitag, Ostern, Pfingsten. Ja, sogar schon für Himmelfahrt. Dazu noch Abschlussgottesdienste für unsere Zehntklässler. Im Schnitt pro Schuljahr drei Gottesdienste. Bis auf die Musik, stammt alles aus meiner Feder – Anspiele,

Meditationen, Moderation, kreative Umsetzung der einschlägigen Bibeltexte und Kurzpredigt.

Ich mag es einfach nicht, Sachen von anderen zu übernehmen. Irgendwie würde es mir nicht gut dabei gehen, weil ich doch als Reli-Lehrer auch selber zeigen und leben möchte, wie cool, ideenreich, humorvoll, tiefgründig, aber immer auch alltagstauglich Glaube ist. Und das muss ich mit eigenen Ideen und Worten ausdrücken und nicht mit fremden, die mir oft gar nicht richtig aus der Seele sprechen. Gemeinsam mit Schülern bereiten wir dann Vieles vor und erleben in der Regel besondere Gottesdienste, die ein Markenzeichen unserer Schule geworden sind. Viele Schüler und Lehrer kommen richtig gern.

Das ist die Südseite meiner Begabung. Es gibt auch eine Nordseite. Da ist die ständige latente Angst, ob mir nach zwanzig Weihnachtsgottesdiensten immer noch etwas Neues einfällt. Kaum ist der Event vorbei und der Segen gesprochen, melden sich Stimmen in mir zu Wort und fragen: *„Und? Was hast du beim nächsten Mal vor? Was machst du, wenn dir gar keine Idee kommt?"* Und eine andere Stimme schnappt das auf und triumphiert: *„Mach dir mal schleunigst Gedanken darüber! Sonst lass ich dir keine Ruhe!"* Eine dritte Stimme kommt dazu und merkt skeptisch an: *„Dieses Mal hast du genügend Leute gefunden, die den Gottesdienst gemeinsam mit euch Reli-Lehrern vorbereitet haben. Aber meinst du wirklich, das wird beim nächsten Mal wieder klappen? Warum sollte es?"*

Ja, warum sollte es? – Na, weil Gott sich vielleicht darum kümmert, zum Beispiel! Weil er noch viel mehr Interesse als du daran hat, dass Menschen aufhorchen, wenn es um ihn geht! Weil ihm selber wichtig ist, dass man Lebensfreude mit ihm in Verbindung bringt! Weil er es einfach nicht lassen möchte, uns mit sich zu überraschen (und dafür Menschen motiviert, an die ich noch nicht mal gedacht habe)!

Dieses Wort *flamboyant*, das sich Gott für mich an jenem Abend zurechtgelegt hatte, empfand ich wie ein rundum erneuertes Mandat, das zudem deutlich großzügiger als bisher ausfiel, mich trotz aller Selbstzweifel auf meine Art und Weise für Gott aussprechen zu dürfen.

Gott wusste genau, dass er dadurch auch meine Experimentierfreudigkeit herauskitzeln würde. Wenn mir jemand vor zwei Jahren gesagt hätte, dass ich mal einen Rap für einen Gottesdienst schreiben würde, dann hätte ich ihn für verrückt erklärt. Jetzt habe ich schon zwei Vorlagen geschrieben, die ein Jugendlicher aus unserer Gemeinde aufgenommen, weiterentwickelt und musikalisch toll umgesetzt hat.

Vor zwei Jahren hätte ich mich auch nie getraut, eigene kurze Filmclips für unsere Gottesdienste zu produzieren. Schnitt, Ton und Kameraführung waren für mich suspektes Geheimwissen einiger eingefleischter Technikfreaks. Aber dann kam meine Schulleiterin mit ihrer Vision, uns Lehrkräfte zügig medientechnisch fit für die digitale Gegenwart zu machen. Und heute kann ich mir einen Schulgottesdienst ohne Clips gar nicht mehr vorstellen.

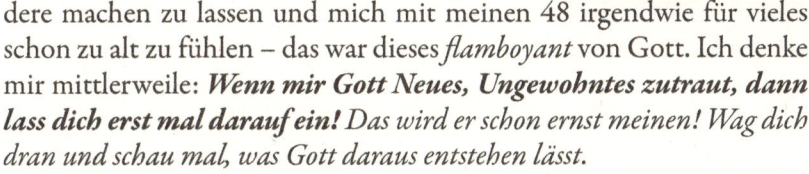

Was es mir in den vergangenen beiden Jahren leicht gemacht hat, neue Dinge einfach mal auszuprobieren – anstatt zuzuschauen, andere machen zu lassen und mich mit meinen 48 irgendwie für vieles schon zu alt zu fühlen – das war dieses *flamboyant* von Gott. Ich denke mir mittlerweile: **Wenn mir Gott Neues, Ungewohntes zutraut, dann lass dich erst mal darauf ein!** *Das wird er schon ernst meinen! Wag dich dran und schau mal, was Gott daraus entstehen lässt.*

Kurzum, ich finde, Gott ist einer, der es wie kein anderer versteht, einem Mut zu machen. Mut, im Vertrauen auf ihn an sich zu glauben und über sich hinauszuwachsen. *„Gibt's nicht!"* oder *„Geht nicht!"* heißt, Gott klein zu denken. Die Bibel ist voller Typen, die aus sehr herkömmlichem Hintergrund stammen, aber nach der Begegnung mit Gott und Jesus auffällig werden. Aus dem einfachen Fischer Petrus etwa wird einer, der an vielen Orten über seinen Glauben redet, deswegen Briefe schreibt und im Namen Jesu sogar Wunder wirkt.

Ich wünschte, dass Gott das mit uns allen anstellt. Ich wünschte mir, dass wir in der Bibel lesen und die Stellen, wo er von seiner Liebe zu den Menschen spricht, immer wie selbstverständlich auf uns beziehen. Und ich wünschte, wir hätten öfter den Mut, Gott zu erlauben, auch ein prophetisches Wort an uns zu richten. Ich glaube, wir würden alle noch viel mehr über uns hinauswachsen!

Dieter Göring | Jg. 1972 | verheiratet | 1 Tochter, 2 Stieftöchter | Remchingen | Realschullehrer

Zeit für Veränderung!?

Ich bin als viertes Kind geboren. Mein Vater war selbstständiger Schreinermeister. Im Alter von sechs Jahren bekam ich meine erste Schreinerschürze. Wenn ich nach der Schule meine Hausaufgaben gemacht hatte und mein Vater etwas für die Schreinerei besorgen musste, dann saß ich neben ihm im Auto. Somit machte ich nach dem Schulabschluss auch eine Schreinerlehre.

Danach führte Gott mich für fünf Jahre nach Süddeutschland, damit ich mich von meinem Elternhaus abnabeln konnte. Dort heiratete ich, und auch unsere Kinder sind da geboren. **Das war eine sehr gesegnete Zeit, in der ich in die Rolle als Familienvater hineinwachsen durfte.**

Nach dieser Zeit führte Gott uns zurück in meine Heimat. Dort gab es damals nur eine Arbeitsstelle in einem Möbelhaus; diese wollte ich eigentlich nur als Sprungbrett benutzen. Aber erstens kommt es anders und zweitens als man denkt.

So ging ich viele Jahre auf Montage, ohne dass ich mir Gedanken um meine Gesundheit und die Zukunft machte. Habe wohl immer mal wieder versucht, eine andere Arbeitsstelle zu finden, aber das verlief stets im Sande. Ich wurde immer unzufriedener und hoffnungsloser, ohne es aber wirklich zu realisieren; das war das Schlimmste daran. Ich musste ja irgendwie die Familie ernähren.

Bevor ich 50 wurde, kam ich an den Punkt, an dem ich mich fragte, was ich im Leben erreicht hatte. Und ich musste feststellen, dass ich

meine Leidenschaft für das Schreinern an den Nagel gehängt hatte. **Stattdessen hatte ich nur die Rollen gespielt, die das Leben mir so aufgedrängt hatte.** Nun wünschte ich mir Veränderung um jeden Preis. Aber damit kam ich auch nicht weiter, weil ich die Rechnung ohne Gott machen wollte.

Ein Spruch dazu lautet: *„Auf Veränderungen zu hoffen, ohne selbst etwas dafür zu tun, ist, wie am Bahnhof zu sitzen und auf ein Schiff zu warten."* Ich war in einem Hamsterrad gefangen, aus dem ich alleine nicht herauskam. Irgendwann wurde mir meine Situation zwar bewusst, aber ich wusste nur, was ich *nicht* wollte.

Der zweite Spruch, den ich mit dir teilen möchte ist: *„Hoffnung ist, weiterzuleben, obwohl man die Lösung noch nicht sieht."*

Da ich in meinem Elternhaus im Glauben erzogen wurde, ihn sozusagen mit der Muttermilch aufgesogen habe, habe ich ein Urvertrauen auf einen Vater im Himmel, das ganz fest in mir verankert ist, das aber auch praktisch werden sollte. Also hatte ich eine Hoffnung auf Veränderung, ohne jedoch eine Lösung für meine Situation zu sehen. Da war nun mein ganzes Sein gefragt.

Als dann mein Körper die Belastung auf der Montage nicht mehr mitmachte, musste ich mir wohl oder übel ganz andere Gedanken über mein Leben machen, und ich war nun auch bereit, meinen eigentlichen Beruf als Schreiner aufzugeben. Ich fing also an, Bewerbungen auf Stellen zu schreiben, die ich mit meiner langjährigen Berufserfahrung ausüben konnte, ohne handwerklich tätig sein zu müssen.

Was aber dann passierte, daran hätte ich im Traum nicht gedacht. Ich wurde auf eine Arbeitsstelle aufmerksam gemacht, auf die ich mich bereits zwei Jahre zuvor schon einmal beworben hatte (damals ohne Erfolg). Dazu kam noch, dass mir ein Aufhebungsvertrag angeboten wurde. Keine fünf Stunden später rief der Werkstattleiter der neuen Firma an, wann ich Zeit für ein Vorstellungsgespräch hätte. Dieses Gespräch verlief so reibungslos, dass mir am nächsten Tag ein unbefristeter Arbeitsvertrag angeboten wurde.

Jetzt könntest du sagen: „Glück gehabt!", aber ich bin der Meinung, dass Gott meine Situation gesehen und ein Wunder vollbracht hat.

Sehnst du dich auch nach Veränderung in deinem Leben? Wenn dich Gott nicht interessiert, dann lebe weiter wie bisher. Oder aber du fängst einfach mal an und erzählst Gott, wie es dir geht. Dann warte und erwarte, dass er für dich handelt. Die Lösung, die du noch nicht siehst, hat er schon für dich parat! Viel Erfolg!

Jürgen Frowein | Jg. 1968 | verheiratet | 2 Kinder, 1 Enkel | Wermelskirchen | Tischler

Der Blaue Rudi und die Vergebung

Der „Blaue Rudi" ist mein Spitzname, wegen den blauen T-Shirts, die ich fast immer trage und mit denen ich Menschen auf die Suchtarbeit des Blauen Kreuzes Karlsruhe aufmerksam machen möchte. Ich bin 59, seit 30 Jahren mit meiner Frau Elke verheiratet und habe drei erwachsene Kinder. Und ich bin trockener Alkoholiker.

Viele Geschichten prägen mein Leben. Zwei davon, die mir besonders wichtig sind und von Vergebung handeln, möchte ich hier gerne weitergeben.

Für Vergebung ist es nie zu früh, aber eines Tages vielleicht zu spät.

Ich bin das Älteste von drei Kindern. Mein Vater war gleich mehrfach süchtig und meine Mutter Alkoholikerin. (Dabei ist mir wichtig zu sagen: Heute weiß ich, dass sie getan haben, was sie damals leisten konnten und was ihnen möglich war.)

Meinen Vater habe ich als von oben herabschauenden, rechthaberischen und arroganten Menschen empfunden. Als Kind und Jugendlicher hatte ich immer Angst vor ihm. Nichtsdestotrotz gab es auch schöne Momente, zum Beispiel unvergessliche Urlaube und seine große Leidenschaft für den Karlsruher Sport-Club, die ich später mit ihm teilte.

Über viele Jahre war unsere Beziehung sehr oberflächlich und über uns hing stets das Damoklesschwert des Streits. Als vor ein paar Jahren ein gut gehütetes Familiengeheimnis ans Licht kam, zerriss die brüchige Beziehung ganz und der Kontakt zu meinen Eltern brach ab.

Dann lud mich das Blaue Kreuz (eine christliche Vereinigung, die sich der Suchtarbeit widmet) zu einem Vortrag von Michael Stahl ein. Er sprach dabei unter anderem das Thema Vergebung an. Sichtlich betroffen suchte ich ihn nach dem Vortrag auf, und er sagte mir: *„Du kannst den anderen nicht ändern, aber du kannst deine Sichtweise und dein Verhalten ändern."*

Der Vortrag und vor allem dieser Satz stellten mein Denken und meine Lebenssicht vollkommen auf den Kopf. Ich spürte Gottes Gegenwart in mir und wie etwas zu heilen anfing: Jesus hatte mir meine Fehler und Versäumnisse vergeben, und auch ich sollte nun den an mir schuldig geworden Menschen vergeben. So reifte in mir nach und nach die Erkenntnis, dass ich auf meine Eltern zugehen sollte, um das Trennende anzusprechen und zu klären.

Mit mulmigem Gefühl tat ich es, und zu meiner Erleichterung konnten wir uns aussprechen, versöhnen und unsere Beziehung auf ein neues Fundament stellen. Seither hatten wir regelmäßig Kontakt.

An dem Tag, als mein Vater starb, verspürte ich den inneren Drang, ihn noch einmal zu besuchen. Wir konnten noch ein gutes Gespräch führen. Nach dem Essen schlief er beim Mittagsschlaf friedlich ein. Ich bin froh und Gott dankbar, dass ich ihm vergeben und Frieden mit ihm geschlossen habe.

Auch meine zweite Vergebungsgeschichte war ein steiniger Weg. Es geht um mein Verhältnis zu Gerhard, einem Mitglied des Blauen Kreuzes. Er kam in unsere Selbsthilfegruppe, und es gab von Anfang an hitzige Diskussionen zwischen uns. Immer wieder gerieten wir dabei heftig aneinander, und dies, obwohl wir gemeinsame Ziele hatten: Menschen den christlichen Glauben nahe zu bringen und ihnen aus der Sucht zu helfen.

Man kann verschiedener Meinung sein, aber wenn Felsbrocken aufeinandertreffen, dann knallt es. Und so war es bei uns beiden. Schließlich war ich an dem Punkt angelangt, dass ich die Suchtarbeit aufgeben wollte.

Im Februar 2020 war der Gipfel erreicht. Die Gruppenleiter und Verantwortlichen des Blauen Kreuzes trafen sich übers Wochenende zu einem Seminar. Im Vorfeld dazu hatte ich meinen Hauskreis und gute Freunde gebeten, für mich und dieses Treffen zu beten. Mein Entschluss stand fest: So konnte es nicht weitergehen.

Das Seminar begann am Freitagabend. Gerhard konnte aus beruflichen Gründen erst ab Samstagmorgen teilnehmen. Für Samstagvormittag wurde mir der geistliche Impuls für den Start in den Tag übertragen. Auch wenn es blöd klingt, ich wollte Gerhard aus dem Weg gehen und betete: *Herr, lass ihn nicht dazukommen.*

Doch Gott hatte seinen eigenen Plan. Die Tür ging auf und Gerhard trat ein. Zu meinem Erstaunen verlief alles reibungslos.

Danach trafen wir uns zur ersten Gesprächseinheit. Dazu wurden wir in Kleingruppen eingeteilt, und wer war in meiner? Natürlich! *Gott hat echt Humor*, dachte ich sarkastisch. Der Blaue Rudi sah rot. Also marschierte ich zum Seminarleiter und forderte ihn auf, mich einer anderen Gruppe zuzuweisen. Doch zu meinem Erstaunen sagte der: *„Ja, Rudi, kann ich machen. Aber Gott hat einen Plan, und manches muss man aushalten."* Also blieb ich in der Gruppe, und zu meiner Überraschung war es ein fruchtbares Miteinander.

Doch bei der Vorstandssitzung am Nachmittag kam es dann zum Knall. Zwischen Gerhard und mir flogen nur so die Fetzen, ohne dass es zu einer abschließenden Klärung kam.

Wie gewohnt zogen wir den geplanten Ablauf ohne Wenn und Aber durch. Am späten Abend setzten Gerhard und ich uns mit Ekki, dem Seminarleiter, zusammen, um das Aufgestaute anzusprechen. **Dabei machten wir aus unseren Herzen keine Mördergrube, sondern legten alles schonungslos auf den Tisch.** Danach fühlten wir uns beide sichtlich wohler. Ekki gab uns den Rat: *„Wenn ihr miteinander statt gegeneinander arbeiten würdet, wärt ihr ein tolles Team, das sich gut ergänzen würde."*

Nachdem bei uns beiden endlich der Groschen gefallen war, konnten wir uns schließlich versöhnen und gegenseitig von Herzen vergeben. Zu guter Letzt konnte ich von Gerhard sogar noch einen Rat annehmen: *„Schau doch einmal genauer hin und versuche zu ergründen, was die Ursache für dein ablehnendes und aggressives Verhalten mir gegenüber sein könnte."*

Tatsächlich habe ich lange und intensiv darüber nachgedacht. Sollte etwa die Dominanz meines Vaters ursächlich für meine Haltung gegenüber Gerhard sein? Ja, Gerhards Auftreten löste die durch meinen Vater in mir angelegten Denk- und Verhaltensmuster aus.

Um diese Muster zu lösen, suchte ich mir einen Mentor. Mit ihm konnte ich meine tiefsitzenden Verletzungen und die Ursachen dafür aufarbeiten sowie die Zusammenhänge verstehen lernen. Gerhard hatte unbewusst die auslösenden Knöpfe bei mir gedrückt, denn der „kleine Rudi" sah in ihm das Verhalten seines Vaters und reagierte darauf wie damals als Kind und Jugendlicher. Die Reaktionen, Abwehrmechanismen und Angriffsstrategien liefen automatisiert und nach einem tief verankerten Schema ab.

Seit ich die Ursache, die Abläufe und den Zusammenhang verstanden habe, kann ich

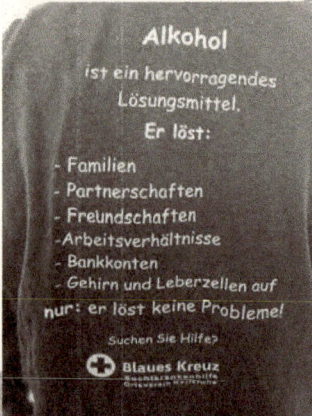

mit Gottes Hilfe den „kleinen Rudi" an die Hand nehmen und meine Reaktion bewusster steuern.

Heute können Gerhard und ich – er als 1. und ich als 2. Vorsitzender – als Team zum Wohl des Blauen Kreuzes zusammenarbeiten und uns gegenseitig wunderbar ergänzen. Dafür bin ich Gott sehr dankbar. **Und es zeigt mir auch, dass es immer Hoffnung auf Veränderung und vor allem für Vergebung gibt.**

Rudi Toppel | Jg. 1961 | verheiratet | 3 Kinder, 1 Enkel | Bruchsal | Postbeamter im Ruhestand

Hör auf zu denken, sonst bringt dich das um!

Eigentlich lief für mich bis Februar 2017 alles richtig rund. Ich hatte zwar meine Herausforderungen, aber in allen Lebensreichen wie z. B. Familie, Beruf, Sport und christlichem Gemeindeleben konnte ich zufrieden sein. Die Signale meines Körpers (Müdigkeit, leichtes Schwächegefühl seit Monaten) konnte ich noch gut ignorieren oder schönreden.

Doch eines Nachts wachte ich auf und fühlte mich wie betrunken. Ich spürte, wie Panik in mir aufstieg und merkte, dass etwas nicht stimmte. Doch gleichzeitig hatte ich einen deutlichen, reinen, friedvollen Gedanken, den ich in diesem Moment als ein Reden Gottes empfand: *„Daniel, alles wird gut. Ich bin bei dir!"* Ich kann es nicht mehr genau sagen, aber ich glaube, ich hatte mich in dieser Hilflosigkeit an Gott gewandt. Dadurch konnte ich der Angst standhalten und hatte die Zuversicht, dass Gott bei mir ist und ich widerstand auch dem Drang, einen Notarzt zu rufen, als es nicht besser wurde.

Bei den Arztbesuchen in den nächsten Tagen stellte sich heraus, dass es sich um den Ausfall des rechten Gleichgewichtsorgans handelte. Ich war froh, dass dies bereits zwei Wochen später wieder „geheilt" war und ich – so dachte ich – schnell wieder zur Arbeit konnte. Doch weit gefehlt! Mein Hausarzt schrieb mich erneut krank und ermahnte mich, an die Ursachen zu gehen.

Es schien überhaupt nichts mehr zu funktionieren. Selbst einfache Spaziergänge kamen mir vor wie ein Marathon, und meine Frau meinte, ich wirke auf sie wie ein alter Mann. Auch Treffen mit anderen Menschen hielt ich nicht lange aus, ich, der sonst nie genug Gemeinschaft haben konnte ...

Ich war plötzlich gezwungen, mich auf das einzulassen, was ich über große Strecken meines Lebens verdrängt hatte. Nach und nach kamen Verletzungen, Enttäuschungen (auch über Gott) und Ängste hoch. Ich holte mir Hilfe durch einen Psychotherapeuten und wurde sensibler für meine Bedürfnisse und Grenzen. Mir wurde immer deutlicher, dass ich schon länger meine eigenen Grenzen überschritten, das aber verdrängt und irgendwann nicht mehr gespürt hatte.

Was die Veränderung meiner Situation bei der Arbeit anbetraf, kann ich diese rückblickend nur als Wunder bezeichnen:

Mit meinem Wiedereinstieg als Gruppenleiter war ich zunächst hoffnungslos überfordert. Bei einer Mitarbeiterumfrage erhielt ich zahlreiche Feedbacks, die für mich besonders verheerend waren. Doch weil alle Beteiligten viel Verständnis hatten und durch Seminare und Gespräche, durfte ich erkennen, dass Gott mich in die Freiheit führen wollte.

Zu diesem Zeitpunkt war ich noch abhängig von der Meinung anderer Menschen und hatte Angst vor Fehlern. Ich erkannte jedoch, dass es schlimmer ist, etwas nicht zu versuchen, als Fehler zu machen und daraus zu lernen. Außerdem konnte ich in vielen scheinbar negativen Dingen plötzlich die Chancen und die Möglichkeiten erkennen, Neues zu lernen.

Binnen eines Jahres gaben mir alle meine Mitarbeiter ein positives Feedback. Sie konnten sich nicht erklären, wie ich mich so schnell und so radikal verändert hatte und dennoch meine eigene Person nicht verleugnete. Hierauf konnte ich ihnen auch nur entgegnen, dass dieses Wunder Gott höchstpersönlich getan hatte.

Allerdings musste ich einen hohen Preis dafür bezahlen: *Ich musste erkennen, dass mich meine eigenen Prägungen, Wünsche und Vorstellungen an einen Punkt gebracht hatten, an dem alles zerbrochen war.*

Ein Satz aus einer Predigt von Keith Jenkins erschütterte mich tief und rief Widerstand in mir hervor: *„Hör auf zu denken, sonst bringt dich das um!"* Ich kannte Keith schon seit 2011 und hatte mich bereits mit den Lehren von Joseph Hedgecock in dessen Buch *„Meine Schafe hören meine Stimme"* beschäftigt. Allerdings hatte ich nie zugelassen, dass mein Herz berührt wurde. Ich verließ mich auf meinen Verstand und darauf, wie ich mich selbst beurteilte. Doch Keith predigte darüber, dass wir nicht den Glauben leben und gleichzeitig unser Leben in den

Systemen dieser Welt weiterführen könnten. Wir müssten lernen, Gott von ganzem Herzen zu vertrauen und uns nicht auf unsern Verstand zu verlassen (vgl. Sprüche 3,5-6).

Nach der Predigt hatte ich die Schnauze voll und wollte nichts mehr mit diesem Dienst zu tun haben. Doch liebevolle Glaubensgeschwister zeigten mir auf, dass dieser Teil von mir nur deshalb so empfindlich reagierte, weil Keith Recht hatte. **Und mein Leben hatte mir zu dieser Zeit ja bereits schonungslos gezeigt, dass ich so nicht mehr weitermachen konnte.**

Ich gab also erneut auf und bat Gott, neu mit mir anzufangen und mir meine Rebellion zu vergeben. Daraufhin kam wieder einer dieser klaren, reinen, friedvollen Gedanken: Ich solle mich Keith als geistlichem Mentor unterordnen. *„Ausgerechnet dem?!"* Aber ich spürte, dass die einzige Lösung die war, die dem Verstand völlig entgegenstand. Also traf ich diese folgenschwere Entscheidung, und Keith bestätigte sie.

Verrückterweise half mir das rückblickend auch, besser mit Kritik umzugehen, weil ich plötzlich erlebte, dass Gott mich dadurch liebevoll korrigierte, weil er nicht wollte, dass ich zerstört werde. Und ich lernte Keith immer mehr als liebevollen Menschen und Bruder kennen, als er mit mir auch über seine eigenen Schwächen und Fehler sprach.

Mir wurde klar, wie sehr mich mein Verstand getäuscht hatte. Zweifel, Ängste, Sorgen, Urteile, das alles war die Folge meines Stützens auf den Verstand. Ich lernte auch schnell, dass es nicht darum ging, meinen Verstand abzugeben und alles ungeprüft anzunehmen, sondern dass Gott persönlich anfing, mir Dinge zu zeigen und meinen Verstand vielmehr so zu gebrauchen, wie er es eigentlich vorgesehen hatte. Hierbei hat mir ein Bild geholfen: *Unser Verstand ist ein Bildschirm, und über die Tastatur erfolgt der Input für das, was auf dem Bildschirm erscheint. Wenn ich selbst an der Tastatur sitze, kommen meine Prägungen und Einstellungen auf den Schirm, und diese sind leider oft negativ und unzuverlässig. Wenn jedoch Gott an der Tastatur sitzt, erneuert er meinen Verstand mit seinen reinen Worten und Gedanken. Ich soll also meine Gedanken nicht selbst initiieren, sondern sie von Gott initiieren lassen.*

Wenn ich nun nach fast vier Jahren zurückschaue, wird mir immer klarer, dass ich in der Zeit, in der ich ohne Gott über meinen Verstand „herrschte", lauter Lügen und Halbwahrheiten annahm, weil sie mir in meinem Verstand logisch erschienen. Doch die Lügen kommen von Satan, dem Vater der Lüge (vgl. Johannes 8,44). Das heißt, obwohl ich an Gott glaubte, hatte ich Satan erlaubt, seine Lügen in mich zu säen. Aber bevor mich diese Lügen völlig zerstören konnten, bremste Gott mich aus. Er ist so wunderbar und hat alles in meinem Leben im Blick.

In den folgenden Jahren zeigte sich immer wieder, dass Gott mich auf Situationen vorbereitete. Zum Beispiel wurde ich beruflich plötzlich in eine noch größere Verantwortung gestellt. Ohne meine Veränderung und die Vorbereitung durch Gott wäre ich kläglich gescheitert, da der Druck enorm groß war. Häufig sank ich auf die Knie und bat Gott um Weisheit und Hilfe. Ich lernte loszulassen, weil ich erkannte, dass ich mit meinem eigenen Verstand nicht weiterkam. Und Gott hat mir in den ausweglosesten Situationen geholfen, wo ich und auch sonst niemand es erwartet hätte.

Mir wurde klar, dass es im Glauben darum geht, Gott vollständig die Herrschaft und Kontrolle über alles in meinem Leben zu übergeben, auch die kleinen Dinge meines Alltags. Ich muss nicht mehr mit meinem Verstand die Herrschaft übernehmen, sondern darf schrittweise in eine persönliche Liebesbeziehung wachsen, in der alles kinderleicht ist und in der Gott mir alles zu meinem Besten dienen lässt.

Auch jetzt beim Schreiben spüre ich, dass die Erlebnisse noch tief in mir stecken und ich gewisse Ängste abgeben darf. Meistens, wenn ich mit anderen über Schwindel oder Burnout gesprochen habe, kam so ein Schwächegefühl in mir auf. Ich glaube, dass Gott mich jetzt nochmals bewusst durch diese Zeit geführt und weitere noch vorhandene Verletzungen geheilt hat.

Ich habe keine Ahnung, was Gott wirklich mit meinem Leben vorhat. Aber ich darf ihm vertrauen und aufhören, mich selbst zu beurteilen, und dann hören auch die ständigen aussichtslosen „Kämpfe" mit ihm auf.

Daniel Knapp | Jg. 1977 | verheiratet | 1 Tochter | Mühlhausen | Kredit-analyst

Ich war selbst schuld

Seit meiner Jugend bin ich fasziniert von Kampfsport, Krafttraining und der Unterstützung des Körpers durch den gezielten Einsatz von Ernährung. Sport war für mich mehr als nur ein Hobby (unter vielen), es war und ist meine Leidenschaft. Mit der Zeit wollte ich meine Leidenschaft zum Beruf machen. Doch ich konnte mir nicht vorstellen, wie man tatsächlich davon leben sollte. Schnell verwarf ich diesen Gedanken wieder.

Nach meinem Realschulabschluss mit mittelmäßigen Noten waren meine beruflichen Optionen ohnehin begrenzt. Ein gutes Gehalt und ein sicherer Job lockten mich. Statt Fitnesstrainer zu werden, begann ich also eine Ausbildung in einer Fabrik.

Acht Jahre später: Ich war gerade dabei, mit einem morschen Besen die Maschinenhalle zu kehren. In der lauten Atmosphäre einer Papierfabrik hört man durch den Gehörschutz nichts. **Das Einzige, was ich hörte, waren meine Gedanken. In mir war ein Gefühl von Versagen, ein Gefühl von Hoffnungslosigkeit und Angst;** die Furcht davor, dass sich meine berufliche Situation nicht verändern würde. Immerhin war ich nun bereits acht Jahre in der Fabrik tätig.

Ich ärgerte mich innerlich, dass ich mich in der Schule nicht mehr angestrengt hatte. Hätte ich mehr gelernt und wäre fleißiger gewesen, müsste ich jetzt nicht an einem Sonntagabend bei 40°C eine 12-stündige Nachtschicht ableisten. Natürlich war ich auch dankbar, dass ich diesen Job hatte – immerhin verdiente ich nicht schlecht –, und trotzdem war er für mich wie ein Gefängnis. Mein Herz hing an etwas anderem. **Ich bewunderte Menschen, die von ihrer Leidenschaft leben konnten.** Über die Bewunderung hinaus war ich sichtbar neidisch auf sie.

Als ich deprimiert den zusammengekehrten Haufen auf eine verrostete Schaufel kehrte und vorsichtig in einen Müllsack schüttete, betete ich zu Gott und jammerte, dass mir mein berufliches Leben sinnlos erschien. Das, was ich Tag für Tag tat, war für mich eine tote Arbeit. Und tatsächlich schien sie Tag für Tag etwas Leben aus mir herauszuziehen.

Ich weiß nicht, was ich mir durch dieses Gebet erhoffte; vielleicht insgeheim, dass Gott mein Jammern erhören und ich plötzlich ein bombastisches Jobangebot als Fitnesstrainer bekommen würde. Aber mir war schon klar, dass das leider nicht passieren würde. Ich dachte mir, dass ich die Situation einfach akzeptieren musste. Immerhin gab es andere Menschen, die gerne meinen Job gehabt hätten. Und überhaupt – so schlecht ging es mir doch gar nicht ...

Am nächsten Tag war wieder Nachtschicht angesagt. Allerdings ging ich dieses Mal mit einer anderen Begeisterung zur Arbeit. Ich verspürte eine Art Aufbruchsstimmung. Ich versuchte das Gefühl einzuordnen und wartete einfach mal ab, was passieren würde. Ich war beinahe schon etwas aufgeregt, wie ein Kind, das sich auf seinen Geburtstag freut. Ich lief gerade in die Fabrik, als ich innerlich eine Stimme vernahm, die mir zu sagen schien: *Du bist selbst schuld an deiner Situation.*

Ich wusste nicht, wo dieser Satz in meinem Kopf auf einmal herkam; auf jeden Fall löschte er meine Euphorie schlagartig. Auf der einen Seite war ich guter Dinge, dass heute etwas Lebensveränderndes passieren würde, aber nun auf der anderen Seite diese innere Schuldzuweisung, die mir noch mehr das Gefühl vermittelte, dass sich rein gar nichts verändern würde. *Du bist selbst schuld an deiner Situation* – was sollte mir das sagen?

Auf einmal meinte ich diese Stimme wieder zu hören: *Doch es geht nicht um Schuld. Es geht um Verantwortung.*

Das bedeutete also auch, dass ich selbst dafür verantwortlich war, ob sich meine Situation verändern würde oder nicht.

Plötzlich war es, als öffnete sich eine Tür vor mir, die ich vorher nicht einmal gesehen hatte. Ich hatte all die Jahre auf eine Art Wunder gehofft, das meine Situation grundsätzlich verändern würde. Ich hatte Gott um eine Veränderung gebeten. Was ich allerdings nicht erkannte, war, dass er mir dasselbe Potenzial, wie jedem anderen Menschen gegeben hat: einen gesunden Verstand, mit dem ich selbst Entscheidungen zu treffen vermag, und zwei Arme und Beine, durch die ich die ersten Schritte selbst in die Wege leiten kann.

Ich verstand nun, dass ich es war, der Verantwortung für meine Situation und mein Leben übernehmen musste. Nur wenn ich beginnen würde zu gehen, könnte ich von Gott gelenkt werden. Das inspirierte mich. Ich war voller Power und Freude.

Ich leistete meinen Dienst in der Nachtschicht zu Ende und reichte am nächsten Tag im Personalbüro meine Kündigung ein.

Mir war klar, dass ich mich radikal vom Alten trennen musste, um Neues zu erfahren.

Heute bin ich hauptberuflich selbstständiger Personal Trainer und führe das erfolgreichste Personal Trainer-Studio in meiner Region.

Das Wichtigste, das ich dir mitgeben möchte, ist, dass du selbst Verantwortung für dich, dein Leben, dein Handeln, dein Denken und deine Situation übernimmst. Es mag zwar einfacher sein, sich über seine Lage zu beschweren und vielleicht sogar den Fehler bei anderen zu suchen. Dadurch wird sich allerdings nichts verändern. Erst wenn du erkennst, dass du dich selbst durch deine Taten, deine Handlungen und Entscheidungen in deine Situation gebracht hast, wirst du erkennen, dass auch nur du selbst etwas verändern kannst. Diese Erkenntnis ist wunderbar, denn sie gibt dir Freiheit. Die Freiheit, selbstbestimmt zu leben und deinen Weg zu gehen. Du kannst dich beschweren und unzufrieden sein, oder du übernimmst Verantwortung und schaffst das Unglaubliche.

Daniel Gröber | Jg. 1993 | verheiratet | Aalen | selbstständiger Personal Trainer | www.daniel-groeber.de

Mein Absturz

Als ich Ende Juni 2008 aus meiner Familie ausziehen musste, ohne dass mir Gründe dafür genannt wurden, einfach so, nach 17 Jahren Ehe und mit vier Kindern, stand ich vor den Trümmern meines Lebens und meiner Familie. Ein riesiges, schwarzes Loch tat sich vor mir auf, und ich wusste nicht, wie es weitergehen sollte. Ich fühlte mich extrem ungerecht behandelt und war so richtig wütend!

Ich hatte schon als Kind mein Leben unter Gottes Führung gestellt und lebte recht verbindlich mit ihm. *Wie konnte das also passieren? Wo war Gott jetzt, als ich ihn brauchte? Warum hatte er mich nicht davor geschützt?* Mein Glaube wurde gewaltig auf die Probe gestellt.

Ich landete zunächst in einer $12m^2$-Kellerwohnung im Stuttgarter Stadtteil Feuerbach und hatte finanziell und emotional einen mächtigen Berg vor mir. Ich machte mir Sorgen um meine Kinder, die ich so sehr vermisste. Sie lebten nun an einem anderen Ort als ich. Kein Lachen mehr, keine Begrüßung am Morgen, keine Umarmungen, wenn ich von der Arbeit kam. Ich hatte das Gefühl, ihnen keine Sicherheit mehr geben zu können, keinen Rückhalt. Väter wollen ihre Stärke für die Kinder einsetzen, ihr starker Turm sein, ihr Problemlöser. Und ich hatte mich wie ein geprügelter Hund vom Hof schleichen müssen und empfand das als sehr demütigend und ungerecht.

Natürlich sahen wir uns immer mal wieder und unternahmen etwas gemeinsam. Aber das war nicht das Gleiche. **In meinem Leben war es still geworden, sehr still.** Ein oder zwei Mal, als ich über eine Brücke fuhr, hatte ich den wirklich üblen Gedanken, dem Ganzen ein schnelles Ende zu bereiten. Aber das waren nur Momente.

Die meiste Zeit empfand ich eine surreale Ruhe im Herzen. *Ich sollte in meiner Situation verzweifelter sein, oder?* Aber tief in meinem Herzen ging es mir erstaunlich gut. Klar wurde ich auch immer wieder von Traurigkeit und Wut übermannt, besonders wenn ich die Kinder nach gemeinsamen Zeiten wieder bei ihrer Mutter abgeliefert hatte. Ich heulte dann Rotz und Wasser und schrie die ganze Ungerechtigkeit im Auto aus mir heraus. Aber immer öfter war da diese tiefe Gewissheit, dass Gott mitten in meiner üblen Situation ganz nah bei mir war und mich an sein Herz drückte und tröstete.

Ich glaubte, dass Gott sich meiner annehmen und bessere Tage kommen würden, wenn ich mir auch nicht vorstellen konnte, wie das geschehen sollte. Doch ich ließ mich immer wieder auf Gott ein, gab ihm Raum und las in der Bibel davon, wie Gott mich liebt, wie wertvoll und wichtig ich für ihn bin. Ich las, dass die „Fluten" mich nicht ersäufen und das „Feuer" mich nicht verbrennen würde. Und immer öfter erreichte diese übernatürliche Ruhe mein Herz und ich spürte, dass alles in Ordnung kommen würde.

Heute bin ich sehr froh darüber, dass ich an Gott und dem Leben festgehalten habe. **Auch wenn du in deiner schlimmsten Demütigung steckst, von ihm wirst du nicht gedemütigt.** Er ist wie ein Freund, der zu dir kommt, seinen Arm um dich legt, dich einfach versteht und dir zuhört. Das hat mir so viel Mut gemacht, mir innere Stärke verliehen und mir Kraft und Zuversicht eingeflößt. Viele Menschen haben in dieser Zeit für mich gebetet, das konnte ich fast körperlich spüren.

Es ging schon bald wieder aufwärts, und es sind große Dinge geschehen. Gott hat mich auch äußerlich überreich beschenkt, und es geht mir heute besser als jemals zuvor. Er hat sich um meine Kinder gekümmert und mir bei den Finanzen geholfen. Bereits nach zwei Jahren zog ich in eine deutlich schönere Wohnung mit Dachterrasse. Ich lernte einige Jahre später eine wunderbare Frau kennen und konnte sieben Jahre nach dem Auszug wieder heiraten. Wenn ich heute nachdenke, wofür ich Danke sagen kann, dann fallen mir unendlich viele Dinge ein; es hört gar nicht mehr auf! Mein Herz ist voll davon!

Heute sind keine bitteren Gedanken mehr da, wenn ich an diese Zeit zurückdenke. Wenn ich vor dem wunderschönen Haus stehe, in dem meine Kinder damals spielten, dann ist da einfach nur Dankbarkeit für die schöne Zeit vor den Ereignissen. Der Anblick versetzt mir keinen Stich mehr, aber es war ein Heilungsprozess, der Zeit und Vergebung brauchte.

Noch heute bewegt mich der Frieden, der mitten im schwärzesten Moment meines Lebens in meinem Herzen war. Gott selbst war bei mir wie damals bei den Männern im Feuerofen (im Buch Daniel in der Bibel). Er verurteilte mich nicht, obwohl ich sicher Fehler gemacht hatte, sondern schenkte mir einfach seine Wertschätzung. Er gab mir Sicherheit und Zuversicht mitten in der Katastrophe. Direkt an dem Nullpunkt meines Lebens, wo ich unfähig war zu handeln, wo ich keinen Ausweg sah, da kam zuerst sein Friede hinein, und später begannen die Dinge sich zu verändern, wie von Geisterhand gesteuert.

Der geniale Psalm 37 war mir ein inspirierender Begleiter und Berater, um sanftmütig zu bleiben und ganz oft einfach die Klappe zu halten. Hunderte Worte schluckte ich herunter, ohne sie zu sagen (wobei es leider auch einige verletzende Worte schafften, über meine Lippen zu kommen). Meine Disziplin, manche Dinge nicht zusagen, wuchs mit der Zeit. Meine Lasten lud ich immer öfter bei Gott ab, und nicht bei meinen „Feinden". Gott war mitten im Sturm bei mir. Er war da, als ich ihn brauchte!

Ich schreibe diese sehr persönlichen Erlebnisse für diejenigen, die heute vielleicht in einer ähnlichen Situation stehen wie ich damals und denen das Wasser möglicherweise ebenfalls bis zum Hals steht. *Vielleicht wurde auch dein Glaube bis an den Rand des Erträglichen getestet? Vielleicht hat er gelitten? Vielleicht hat er dir auch geholfen, gesund und heil zu werden?!* Bei mir war es Letzteres! Mein Resümee aus dieser schlimmen Zeit ist, dass mein Glaube die Krise nicht nur überlebt hat, sondern mir geholfen hat, wieder ins Leben und in die Freude zurückzufinden.

Jens Wätjen | Jg. 1965 | verheiratet | 4 Töchter | Korntal | Mediaberater | www.OMG-Online-Mit-Gott.blog

Berufung – von Level zu Level

Eines Nachts bricht in einem Haus ein Brand aus. Während die Flammen hoch auflodern, stürzen Eltern und Kinder aus dem Haus. Entsetzt sehen sie, wie das Feuer ihr Heim vernichtet. Plötzlich bemerken sie, dass der Jüngste fehlt, ein fünfjähriger Junge, der sich im Augenblick der Flucht vor Rauch und Flammen fürchtete und sich versteckte. Man schaut einander an. Es gibt keine Möglichkeit, zurück in das brennende Haus zu gelangen. Da öffnet sich ein Fenster. Der Junge ruft um Hilfe. Sein Vater sieht es und ruft ihm zu: „Spring!" Der Junge sieht nur Rauch und Flammen. Er hört aber die Stimme des Vaters und schreit: „Papa, ich seh dich nicht!" Der Vater ruft ihm zu: „Aber ich seh dich, und das reicht schon. Spring!" Der Junge springt und findet sich heil in den Armen seines Vaters wieder, der ihn aufgefangen hat. (Verfasser unbekannt)

Ich sitze hier fest und komme nicht heraus – vielleicht kennst du dieses Gefühl? Oder, du stehst da, und weißt nicht wohin! Du siehst keinen Ausweg. So wie der kleine Junge in der oben erwähnten Erzählung.

In so einer Phase war mir der Gedanke des Sterbens näher als der des Lebens – mitten in einer festgefahrenen Situation.

Doch gehen wir in der Geschichte noch einen Schritt zurück in das Jahr 2016. Schon seit Jahren diente ich Gott als Pastor. Dennoch machte sich Unzufriedenheit in meinem Leben breit. Ich wollte etwas anderes machen. Doch was, wie und wo?

Dann ergab sich die Gelegenheit eines *Sabbaticals*. Meine Frau Marina und ich fuhren mit unserem Wohnwagen für drei Monate nach Italien, unserem Herzensland. Gemeinsam wollten wir Gott neu begegnen und Wegweisung für die Zukunft erhalten. Relativ früh in dieser Phase entschied ich mich für einen Verbleib in meinem Pastorenamt. Dennoch fühlte meine Frau etwas, was mir damals noch verborgen war. Gott hatte eine neue Zukunft für uns vorbereitet.

Zurück aus dem Sabbatical nahm ich mit Freude meine Arbeit als Pastor wieder auf. Das nächste halbe Jahr verlief relativ ruhig.

Dann kam der Frühling 2017. Wir hörten von einem Gebetsaufruf: *40 Tage Fasten und Gebet für geistliche Neuaufbrüche in Europa*! Das begeisterte uns. Gemeinsam mit über 10.000 Betern fasteten und beteten wir. Bei dieser Gelegenheit sagte ich häufig, dass Fasten und Gebet etwas bewegt – und so war es auch; Gott bewegte unser Leben.

In dieser Zeit bekam ich den starken Eindruck, dass wir in die Südschweiz (Tessin) ziehen sollten, um dort ein Gebetshaus zu gründen. Kurz darauf entdeckte ich in der Idea-Zeitschrift, dass drei christliche Gästehäuser im Tessin Leitungsehepaare suchten. Wir bewarben uns. Es folgten Bewerbungsgespräche und Zeiten des Wartens.

Bei einem Gebetsabend mit einer benachbarten Gemeinde kam eine Frau auf mich zu und sagte zu mir: *„Gott hat mir für euch als Pastorenpaar ein Bild mit einer Botschaft gegeben. Ich soll euch sagen, dass Gott für euch ein neues goldenes Buch hat. Es ist noch unbeschrieben."*

Wir staunten nicht schlecht, da wir erstens die Frau nicht kannten und sie zweitens überhaupt keine Ahnung von dem hatte, was uns gerade bewegte. **Es war für uns ein sehr heiliger Moment.**

Gestärkt durch diese Botschaft, schlossen wir innerlich mit dem Bestehenden ab und richteten uns auf die Gründung eines Gebetshauses im Tessin ein. Wir planten und träumten. Doch die Entscheidungsprozesse dauerten. Als dann Ende Oktober die letzte Absage fürs Tessin erfolgte, brach unsere Welt zusammen. Alle Anzeichen hatten so klar und günstig gestanden. Ich sagte zu Gott: *„Ich verstehe absolut nicht, was hier gerade passiert, aber du bist mir auch keine Erklärung schuldig!"*

Nun standen wir also vor den Trümmern eines großen Traums, und hatten keine Kraft und Vision mehr. Was sollten wir tun? Obwohl sich mein Gemeindeverband bemühte, mir eine neue Pastorenstelle anzubieten, spürte ich eine Kraftlosigkeit, die es mir unmöglich machte in einer neuen Gemeinde anzufangen. Ich wollte auch nicht mehr Pastor sein.

Da schickte Gott mir einen Freund vorbei, der mir eine Stelle als Sozialpädagoge in einem Internat anbot. Diese Stelle sollte mir helfen, etwas Abstand zu gewinnen.

Es war Mitte Mai 2018 und ich war allein zuhause. Ich betete und sagte zu Gott: *„Wir beide haben noch etwas zu bereden. Und zwar gebe ich dir mein Pastorenamt zurück."* Während ich das unter Tränen aussprach, hörte ich in mir eine Stimme: *„Du kannst es mir nicht zurückgeben. Weide meine Lämmer!"* Ich sagte: *„Waaas?"* Und hörte das Gleiche noch einmal.

Vermutlich kennst du das Gefühl, dass du dir nicht sicher bist, ob in dir gerade ein Selbstgespräch stattgefunden hat, oder ob es tatsächlich Gottes Reden war. Während ich mit diesen Gedanken in mein Büro ging, fiel mir meine Tasse in den Blick, auf der „Pastor" steht (das Geschenk eines Freundes). Und direkt vor dieser Tasse lag eine Karte mit einem Lamm!

Ich sagte zu Gott: *„Was soll das? Ich versteh das nicht!"*

Ich unternahm erst einmal nichts und arbeitete treu in dem Internat. Obwohl ich kein Pastor mehr war, nannten mich die meisten Mitarbeiter im Internat immer noch „Pastor".

Im Herbst 2018 bekam ich eine Anfrage von einer Gemeinde, ob ich ihr Pastor sein wolle. Etwas später dann eine Anfrage von einem Missionswerk, ob wir nicht zusammenarbeiten könnten. Zwei Anfragen, um die ich mich nicht bemüht hatte. Es war Gott, der mich zurückholte in die Berufung, in der er mich haben wollte. Heute bin ich Evangelist und lade Menschen ein, am Vaterherzen Gottes anzukommen. Meine Frau und ich haben einen evangelistischen Ehe-Kurs entwickelt, mit dem wir Ehepaare einladen, ihr gemeinsames Lebensabenteuer mit Gott zu gestalten.

Die Zeit der „Erschütterung", in der Altes zerfiel und Neues wurde, war nicht ganz einfach, aber im Nachhinein gehörte sie zu den kostbarsten Perlen unseres Lebens. Durch Zerbruch und Tränen hindurch formte sich eine Zukunft vor uns, von der wir keine Ahnung hatten.

So bleiben wir gespannt auf das Abenteuer mit Gott. Denn wir wissen, dass Gott gut ist, auch wenn einzelne Lebensphasen uns diese Gewissheit für eine kurze Zeit verdecken können.

Du bist ein Gott, der mich sieht! (1. Mose 16,13 b ELB)

Wilhelm Risto | Jg. 1965 | verheiratet | 3 Kinder, 4 Enkel | Steffisburg/ Schweiz | Evangelist | www.neues-leben.de

Horchen und gehorchen

Ist dir das auch schon passiert, dass du genau wusstest, was zu tun ist, und du hast es nicht umgesetzt? Mir passiert das oft. So auch in einer Gebetszeit zu Hause, als mir klar wurde, dass ich auf die Seite meiner weißen Garage das Wort JESUS drauf schreiben soll. So etwas Ungewöhnliches geschieht mir nicht dauernd, nur ab und zu. Aber ich war mir ganz sicher, dass das keine Idee von mir war, sondern ein konkreter Eindruck – ein Auftrag Gottes.

Ich hatte es im Geist schon auf unserer Garage stehen sehen, und zwar in roter Schrift mit riesigen, über 100 cm hohen Buchstaben. Was ging mir danach alles durch den Kopf: *Oh Mann, was denken die Nachbarn, für die Glaube und Gott ein rotes Tuch sind? Muss die Schrift wirklich so eine auffällige Farbe haben? Und so groß, dass jeder es schon von Weitem lesen kann?*

Ich schob den Eindruck immer wieder auf die berühmte lange Bank, doch der Gedanke poppte ständig in meinem Kopf auf.

Fast zwei Jahre später – im August – während einer Andacht für junge Erwachsene, ging es um das Thema *„Gott hören"*. Und so passte es als Negativbeispiel gut, um ins Gespräch zu kommen. Dort versprach ich, noch dieses Jahr JESUS auf die Garage zu malen. So, nun gab es also Zeugen, au Backe!

Doch es sollte bis in den November dauern, bis ich auf die Leiter stieg, um mit dem Malen anzufangen. Hier mein Facebook-Eintrag von damals:

„So, über 2 Jahre hat es gedauert, bis ich heute anfing, 5 Buchstaben an mein Haus zu malen. Es ist ein Bekenntnis, es wird aber noch eine Zusage: JESUS liebt dich!

Ich bin gespannt auf die Reaktionen. Meine Nachbarn beäugten es skeptisch. Eine ältere Frau, die Jesus selbst liebt, kam her und redete voller Begeisterung und war so gerührt, dass sie anfing zu weinen. Diese 5 Buchstaben sind nicht zu meiner Ehre, denn ich habe mich immer wieder verweigert, da ich richtig Angst hatte, als totaler Spinner abgestempelt zu werden. Doch am Samstag hat mich ein Spruch völlig geplättet: ‚Aber alle werden sich freuen, die auf dich vertrauen; ewiglich werden sie jubeln, denn du wirst sie beschirmen; und fröhlich werden sein in dir, die deinen Namen lieben!' Psalm 5 Vers 2. Das war gefühlt der 20. Hinweis, JESUS in rot auf die Wand zu schreiben. Und ich hab's echt getan! Oh Mann, ich werd'

morgen aus der Tür rausgehen, um zu schauen, ob es wirklich dran steht, so hab ich damit gerungen. Danke für die Kraft, die nicht von mir kommt, sondern von meinem himmlischen Papa."

Noch einige Jahre hat die Schrift „JESUS liebt dich!" Menschen berührt, herausgefordert, erschreckt und auch abgestoßen. Viele Reaktionen sahen wir direkt aus unserem Küchenfenster. Dann haben unsere Nachbarn ein Haus davor gebaut. Ein Jahr später haben wir unser komplettes Haus gestrichen und auf jede Seite einen Mut machenden Bibelvers geschrieben. Wir können und dürfen säen; was daraus entsteht liegt in Gottes Hand!

Rainer Zilly | Jg. 1967 | verheiratet | 4 Söhne | Remchingen | Grafik-Designer Kreativ-Agentur Zilly | www.kreativ-agentur-zilly.de

Junge, pass auf dein Herz auf!

Ich darf euch auf eine Erlebnisreise meines Herzens mitnehmen. Es betrifft meine Beziehungen zu Frauen. Die Partnerschaften mit Frauen hatten immer extreme Auswirkungen auf mein Herz. *Warum ist das so?* Ich behaupte, dass die Liebe zwischen Mann und Frau eines der stärksten Elemente im Universum ist.

Zu Beginn dieser Reise, in meiner Teenagerzeit, interessierte mich die Frauenwelt noch nicht wirklich. Mein größtes Herzensanliegen war damals, zwischen 1996 und 2002, ein erfolgreicher Sportler zu sein. In allen Sportarten wollte ich der Beste sein. Ich war im Tennis-, Fußball- und Hockeyverein sowie in der Schwimmschulmannschaft. Überall war ich erfolgreich und genoss die Anerkennung. **Da war für Frauen keine Zeit.** Ich muss gestehen, ich habe sogar mal einen Liebesbrief von einer Mitschülerin bekommen und ihn vor ihren Augen in der Klasse zerrissen. Keine Glanzleistung, aber so war ich drauf, bis 2002 ein folgenreiches Erlebnis mein Leben veränderte.

Wie gewöhnlich war ich sonntags auf dem Fußballplatz. In diesem Spiel war ich besonders ehrgeizig. In der 12. Minute gab es ein Kopfballduell, das ich unbedingt gewinnen wollte. Mein Gegenspieler und ich sprangen hoch, und statt den Ball zu treffen, trafen sich unsere beiden „Dickschädel".

Es gab einen lauten Schlag. Meine weiche Schläfe und der harte Hinterkopf meines Gegenspielers prallten zusammen. Das Blut floss mir „aus allen Öffnungen". Mein Körper stellte auf „Schockzustand". Daher kann ich mich bis heute nicht an das Ganze erinnern.

Im Krankenhaus kam heraus, dass ich eine Schädelfraktur hatte. Die Ärzte entschieden sich für eine Notoperation, bei der sie glücklicherweise keinen Riss in der Schädeldecke fanden.

Ich überdachte im Krankenhaus mein Leben noch mal ganz neu: *Für was lebe ich? Für Anerkennung und Erfolg? Was, wenn mein Leben zu Ende gewesen wäre?* Ich entschied mich, nochmal neu anzufangen, denn ich hatte von Gott eine zweite Chance bekommen.

Nach diesem Unfall war Sport nicht mehr meine Nummer 1, sondern die Beziehungen zu Freunden und Freudinnen wurden zu meiner Priorität. Das hatte ich in meiner Teenagerzeit vernachlässigt. Damals hatten mir Freundschaften nur für meine persönlichen Ziele gedient.

Es folgten die ersten zwei festen Beziehungen zu Frauen, als ich 17 und 19 Jahre alt war, aber ich war auf eine Partnerschaft nicht vorbereitet, wusste nicht, was dabei wichtig war. Soziales Mitfühlen war Fehlanzeige. Ich war sehr auf mich bezogen.

Jahre später folgten drei weitere Partnerschaften. Alle waren ehrlich gemeint, und ich ging sie ein, weil ich jedes Mal dachte, dass es die Richtige sei. Die Frauen trennten sich von mir aus unterschiedlichen Gründen. Aber immer tat es meinem Herzen sehr weh. Manchmal konnte ich danach weinen, manchmal war ich einfach nur wütend. Die Zeit heilte die Wunden in meinem Herzen **nicht**.

Stattdessen fühlte es sich versteinert an. **Ich baute einen Schutzpanzer um mein Herz. Der Zugang zu meinen Gefühlen war versperrt.** Wenn mich jemand gefragt hätte, was ich auf dem Herzen habe, hätte ich ihm keine Antwort geben können. Mein Träume waren blockiert durch Frustration, Enttäuschung und fehlendes Vertrauen zu meinen eigenen Entscheidungen, die nur zu großen Verletzungen geführt hatten.

Sicher bin ich kein Einzelfall. Viele von uns Männern haben mit der Zeit dicke Schutzwände gegen Enttäuschungen um ihre Herzen gebaut.

Doch meine Herzensreise war zum Glück noch nicht zu Ende. Es gab Hochs und Tiefs, aber sie löschten den Wunsch nach Partnerschaft nie ganz aus, selbst wenn ich manchmal dachte, ich würde nie wieder eine Partnerschaft eingehen.

Ein Schlüsselerlebnis war, als ich im Frühjahr 2020 in der Wohnung einer Freundin das Buch *Enttäuscht oder erfüllt leben?* von Christoph Häselbarth (Verlag Gottfried Bernard 2011) entdeckte. Der Autor identifizierte in seinem Buch meine Wunde, denn ich hatte „aus Enttäuschung gelebt".

Er schreibt über das Wort „enttäuscht": *„Es besagt, dass wir uns in etwas oder jemandem ‚getäuscht' haben und diese Täuschung nun aufgedeckt wurde. Eine Täuschung ist eine Form von Illusion. Wir besitzen Vorstellungen und Erwartungen, die wir durch jemanden erfüllt sehen wollen. Das motiviert und belebt uns zunächst, es kostet uns aber auch Vertrauen. Weil Vertrauen eine Herzenssache ist, machen wir uns damit sehr verwundbar. Wenn nun die Erwartung nicht eintrifft, schlägt die*

Motivation ins Gegenteil um. Wir empfinden den Vertrauensvorschuss, den wir investiert haben, als Verlust."

Durch dieses Buch wurde meine Täuschung aufgedeckt. Ich hatte mich in Frauen getäuscht und auch in mir selbst. Mein Herz war im Bereich Partnerschaft blockiert und ich hatte resigniert. Christoph Häselbarth machte mir Mut, nicht aus Enttäuschung zu leben, sondern aus dem Vertrauen zu Gott ein erfülltes Leben zu führen. Gott enttäuscht mich nicht. Seine Eigenschaft ist bedingungslose Liebe. Er liebt mich und will, dass mein Vertrauen in *ihm* liegt, nicht in anderen Personen oder Dingen. Ihm traue ich alles zu.

Durch diese Erkenntnis begann ich wieder davon zu träumen, in einer festen Partnerschaft zu leben. Mein Herz öffnete sich neu, und ich identifizierte die Schutzmauern, sodass ich sie ablegen konnte.

Kurz danach fiel mir eine wunderbare und wunderschöne Frau auf, die ich schon länger kannte. Sie beeindruckte mich durch ihre innere Freude und ihr kindliches Vertrauen zu Gott. Im August kamen wir als Paar zusammen und im Dezember 2020 haben wir uns verlobt. Es ging alles sehr schnell, aber Gott hatte mein Herz geheilt.

Bei dieser ganzen Reise bin ich Gott unendlich dankbar, dass er mein Herz schützend in seiner Hand hält. Er ist meine persönliche Schutzmauer. Er hat die falschen Schutzmauern der Enttäuschung entfernt und mir Zugang zu meinem Herz gegeben, damit ich wieder Vertrauen zu meinen Entscheidungen haben und eine Frau lieben kann.

Ich will euch Männern Mut machen, in eurem Leben genau hinzuschauen und euch zu fragen: *Wo lebt ihr aus Enttäuschung und Resignation? In welchem Lebensbereich habt ihr aufgehört zu träumen?*

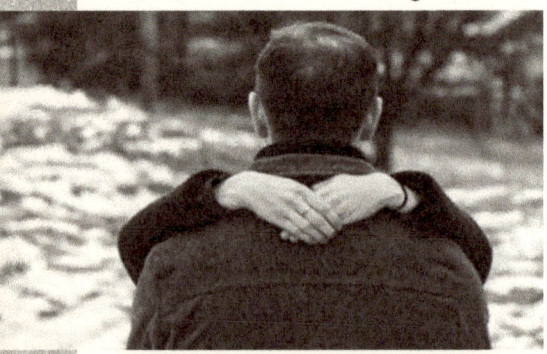

Ich fordere euch heraus, überlasst diese Bereiche ganz neu Gott, denn er hat euch durch den Tod seines Sohnes Christus ein neues Leben versprochen. Vertraut ihm, denn er kann und will auf euer Herz aufpassen!

Simeon Spahr | Jg. 1984 | verlobt | Reutlingen | Evangelist und Netzwerker

Bergnotrettung

Wenn niemand eingreift, bin ich verloren.

Beide Beine sind ausgestreckt, verkrampft bis zu den Füßen. Mit den Händen kralle ich mich an die scharfen Felskanten, die aus dem Eis ragen. Der Hang ist zu steil, um mich zu setzen. Auf allen Vieren hochzukraxeln wäre die einzige Möglichkeit.

Die Wege waren ab der Mittelstation vereist und rutschig, also haben wir beide beschlossen, den direkten Aufstieg als einzigen Ausweg zu versuchen. Jetzt steckte mein Freund, nach viel Zeitverlust, vor einer Felswand fest. Zurückrutschen war ihm zu gefährlich. Er rief mir noch zu, dass ein Hubschrauber ihn herausholen müsse. Ich rief zurück, dass ich anrufen würde, sobald ich mich mal setzen könne. Er hörte mich nicht. Und dann kamen die Krämpfe, an beiden Beinen gleichzeitig und von oben bis unten. Die schlimmsten, die ich jemals hatte.

Mir wird klar, dass ich komplett am Ende bin. Ich kann nicht vorwärts und nicht rückwärts. Und mich nicht ausruhen. Ich steh auf allen Vieren an der steilen Wand. Die letzte Gondel ins Tal geht bei Sonnenuntergang, in einer Stunde.

Das kann doch alles nicht wahr sein! *Wie konnte mir das passieren?* Wir hatten schon am Anfang erkannt, dass der eisige Weg in Abwärtsrichtung nicht begehbar war. *Kann ich mir tatsächlich nicht mehr selbst helfen?*

Ich habe nicht auf Rat gehört, mich schlecht vorbereitet, keinen Pickel und kein Steigeisen mitgenommen, mich nicht vor Ort über die Verhältnisse erkundigt, kein Training gehabt, kein Magnesium genommen – und meinen Freund am Felsen zurückgelassen ...

Ich werde zu Jesus rufen, ganz laut, wie die Leute in der Bibel. Hier hört mich ja sonst niemand.

„Jesus, Jesus, Jesus ... hilf mir!"

Ich werde so lange „Jesus!" rufen, bis er eingreift ...

Plötzlich lösen sich die Krämpfe komplett auf. Ich ziehe ganz leicht meine Beine an. Danke Jesus, danke Jesus!

Ich krabbele weiter und weiter, bis ich mich endlich setzen kann. Dann ziehe ich mich wärmer an und schalte das Handy wieder ein.

Es geht! Ich erreiche meine Frau zuhause in Deutschland. Sie ruft die Talstation an, dass sie einen Helikopter für meinen Freund schicken. Mein Handy schaltet sich schon wieder aus.

Ich sammle meine letzte Kraft. Über mir, auf einem hohen Felsmassiv, ragt die Gipfelstation in den abendlichen Himmel. Der schmale Weg über den Grat ist durch ein Stahlseil gesichert. Doch das ist durch den plötzlichen Wintereinbruch der letzten zwei Tage dick vereist.

Ich schlage das faustdicke Eis weg und halte mich mit den Handschuhen am Seil. Dann die fast senkrechte Himmelsleiter. Metalltritte und Seile links und rechts.

Die Füße krampfen. Erst das Eis abschlagen, dann mich an den Seilen hochziehen. Die Füße mitziehen. Irgendwie muss ich es schaffen!

Mit letzter Kraft komme ich nach einem Tunnel und Wendeltreppen in den Gondelbereich. Vor mir ein Panoramablick – Bergwelt und Sonnenuntergang. Während ich mit der letzten, gut gefüllten Gondel hinunterschwebe, fliegt mein Freund, unter einem Helikopter hängend, zu Tal.

Gerettet! – Hätte Jesus nicht eingegriffen, weiß ich nicht was passiert wäre. Das hat meinen Glauben sehr gestärkt.

Ich weiß, dass er mich liebt,
dass er für mich sorgt,
dass er alles über mich weiß, Gutes und Schlechtes.
Nichts brauche ich vor ihm zu verbergen.
Sein Wissen ist unendlich,
seine Macht ist unendlich,
sein Leben und seine Existenz sind unendlich.
Mit bloßen Worten hat er unsere begrenzte Welt erschaffen aus dem Nichts.
Er ist dem Raum und der Zeit unserer Welt nicht unterworfen.
Er ist ein Gott der Wunder.

Eberhard von Holst | Jg. 1971 | verheiratet | 4 Kinder | Fellbach | Küchenverkäufer

Erst wenn du schwach sein kannst, bist du stark

Aaaahhhh!!!! Schmerz! Als ob tausend Nadelstiche meinen Körper malträtieren. Ich will schreien ... aber das erlaube ich mir nicht! Ich halte die Luft an ... kaum auszuhalten!

Nein, ich bin nicht mitten in einem Kriegsgebiet und halte auch keine Waffe in der Hand. Ich bin „schutzlos", auf winzigem Raum. Völlig nackt. Meine Haut an manchen Stellen schon ansatzweise blau. Nur ich alleine, ich und – der Duschkopf! Aus dem um sieben Uhr morgens acht Grad kaltes Brunnenwasser strömt!

Die eiskalte Dusche hatte es in sich. Prustend und zitternd vor Kälte stand ich da. *In the middle of nowhere.* Irgendwo in der „Wildnis" in Mecklenburg-Vorpommern als einer der Leiter eines Kinder-Zeltlagers, allesamt Kids aus zwei sozialen Brennpunktvierteln. Für viele **der** Urlaub ihres Lebens. Zum ersten Mal weg von zuhause. Weg von oft schwierigen Familienverhältnissen. Hier gab es weder warmes Wasser noch ein ausreichend gutes Handy-Netz. Also „back to the roots" – zurück zu den Wurzeln. Ich fühlte mich stark und kräftig, voller Power, um für die Kids da zu sein. **Äußerlich strahlte ich diese Stärke auch aus.**

Schon als Kind hatte ich Kampfsport gemacht, zuerst Judo, später Taekwondo. Ich hatte mich danach gesehnt, stark zu sein. Das gab mir Sicherheit, und dafür investierte ich viel. Ein Mensch großer Worte war ich nicht. Wenn mir diese ausgingen, kamen eben meine Fäuste zum Einsatz. Erst viel später, als die Sache mit Gott etwas Ernstes wurde, wusste ich, dass das jetzt wohl nicht mehr so ganz zu meinem Leben gehören sollte.

Alles, was ich im Bereich Sport anpackte, gelang mir nach wie vor. Freiwillig legte sich mit mir keiner an. Das kam mir später dann, als Pastor im Brennpunktviertel, durchaus zugute. Und ich genieße es ehrlich gesagt noch immer, dass man mir mein Pastor-Sein nicht gleich an der Nasenspitze ansieht. Ich liebe es, unkonventionell zu sein und als Mann auch mal mit einem pinken

T-Shirt herumlaufen zu können. Nicht weil ich provozieren will, sondern weil Pink einfach meine Lieblingsfarbe ist.

So stand ich also unter dieser eiskalten Dusche. Wie schön wäre es, wenn die Zeltlager-Kids Jesus in dieser Woche noch besser kennen und liebgewinnen würden! Dafür wollte ich alles geben, was ich konnte. Bis an meine Limits zu gehen und vielleicht noch ein Stückchen weiter, das hatte mich schon immer gereizt. Und rund fünfzig Kids von Jesus zu begeistern, war genau so etwas.

Aber dann kam alles ganz anders. Angefangen hat es mit einem leichten Kratzen im Hals und Kopfschmerzen. Die habe ich öfter. Also eher nicht auf den Körper hören und einfach weitermachen! Ein paar Tage später bekam ich dann auch noch Husten und Fieber. Mein Atem rasselte wie verrückt – als Asthmatiker, abgesehen vom Fieber, auch nicht etwas Noch-nie-Dagewesenes. Es wurde immer schlimmer, bis ich kaum mehr Luft bekam und mich meine Kollegin zum Arzt schickte.

Die Diagnose: Eine Lungenentzündung, viel zu spät diagnostiziert. Das hatte ich schon mal gehabt. Es war also bereits die zweite verschleppte Lungenentzündung. Das Zeltlager musste somit dieses Jahr ohne mich weiter stattfinden.

Weil ich wiederholt zu sehr über meine körperlichen Grenzen gegangen bin, vielleicht auch zu wenig auf die Symptome meines Körpers gehört habe, bin ich jetzt, mit meinen etwas über 40 Jahren, chronisch lungenkrank. Erst unser Umzug in ein milderes Klima nach Frankreich hat dazu beigetragen, dass ich nicht mehr täglich inhalieren muss. Aber starke Medikamente muss ich dennoch nehmen. **Mein Leben ist eingeschränkt.**

Inzwischen lebe ich mit meiner Familie also in Frankreich. Als Pastor ist es grundsätzlich ja nicht ganz schlecht, auch sprachfähig zu sein. Am Anfang konnte ich hier gerade mal „Hallo" und „Auf Wiedersehen" sagen; sehr viel mehr war da nicht drin. Als wir noch keine Masken tragen mussten, konnte ich den Menschen immerhin noch ein Lächeln schenken.

Ich erlebte den völligen Kompetenzverlust. Meiner sprachbegabteren Frau überließ ich alle organisatorischen Angelegenheiten: Telefonate, Anmeldung unseres Autos, Eröffnung eines Bankkontos usw. *Was blieb mir zu Beginn?* Ich baute gern! Dazu muss man nicht unbedingt viel reden, also los!

Hochmotiviert fuhr ich mit meinem fünfjährigen Sohn in den Bau-markt, um unsere Wohnung ein bisschen zu verschönern. Nachdem ich ein benötigtes Material nicht finden konnte und mich überwand, einen Verkäufer danach zu fragen, war es mein fünfjähriger Sohn, der mir an-schließend freudestrahlend erklärte, wo wir zu suchen hatten! Er verstand den Verkäufer schon besser als ich. Wir hatten gleichzeitig mit dem Sprachelernen angefangen, wenn man meine acht Jahre Französisch-Schulunterricht aus längst vergangenen Zeiten mal nicht mitrechnet. *Verrückt, oder? Wie fühlt man sich als Mann und Papa in solch einer Si-tuation?* Jedenfalls alles andere als er**MUT**igt. *Stark?* Davon war keine Rede mehr. Ich kam mir vor wie ein Dreijähriger mit Schuhgröße zwei-undvierzigeinhalb.

Doch bei aller Schwäche und „Unfähigkeit", eines ist unglaub-lich überwältigend: Zu wissen, dass der Stärkste an meiner Seite ist – Gott selbst! Das heißt, ich kann schwach sein. Ich muss we-der stark sein, noch stark tun. Ich kann echt sein. Meine Schwäche zugeben, ohne Angst zu haben, dass sie ausgenutzt wird. Ich weiß, dass Gott seine Stärke *für* mich einsetzt, und nicht *gegen* mich. Er ist real er-fahrbar, eine verändernde Kraft

der Liebe. Er streckt mir seine Hand entgegen, um mit mir zusammen Dinge zu erreichen, die ohne ihn unmöglich wären. Ich will – besonders als Mann – nicht zu stolz sein, diese Hilfe auch anzunehmen.

Ohne Gottes Hilfe hätte ich niemals freiwillig den Schritt gewagt, die Zelte in Deutschland abzubrechen, geliebte Freunde zurückzulassen, um mit meiner Familie nach Frankreich zu ziehen. Es grenzt ja eigentlich auch an Wahnsinn, in ein Land zu gehen, um eine Gemeinde zu gründen, dessen Sprache man noch nicht mal sprechen kann ... **Aber Gott kann! Denn mit ihm ist alles möglich!**

Christsein bedeutet, mit Gott in Verbindung zu sein. Jeden Tag, 24 Stunden. Denn nur, wenn ich mit Gott in Verbindung bin, kann seine

Kraft durch mich fließen. Und deshalb wünsche ich mir für den Rest meines Lebens nichts mehr, als mit dieser Kraftquelle verbunden zu sein und zu bleiben. Das befreit mich dazu, authentisch zu leben und manchmal auch sagen zu können: *„Das weiß ich nicht."* Oder: *„Das kann ich nicht."* Aber immer mit dem Wissen, dass es einen Gott gibt, der alles weiß und dem nichts unmöglich ist.

Das wünsche ich mir für dich und mich: Leben mit Gottes Möglichkeiten. Sich nicht von menschlichen Machbarkeiten einschränken lassen, sondern mit Gottes Möglichkeiten (wie z. B. seiner Kraft) zu rechnen und auch zu handeln. *„Denn wenn ich schwach bin, bin ich stark"* (2 Kor 12,10) – selbst im pinkfarbenen T-Shirt.

Nick Bolanz | verheiratet | 2 Kinder | Montpellier/Frankreich | Gemeindegründer & Pastor | www.liebenzell.org/bolanz

MutMacher

„Mut ist Widerstand gegen Angst,
Bewältigung von Angst,
nicht Abwesenheit von Angst."
Mark Twain

„Ein Wunsch ändert nichts.
Eine Entscheidung ändert alles."

Ansonsten kann du diese beiden nehmen:
Wer nicht an Wunder glaubt, ist kein Realist.
Ben Gurion

Man muss sich durch die kleinen Gedanken,
die einen ärgern, immer wieder hindurchfinden
zu den großen Gedanken, die einen stärken.
Dietrich Bonhoeffer

„Ich habe dir doch gesagt,
dass du stark und mutig sein sollst!
Fürchte dich nicht und schrecke vor nichts zurück!
Denn der Herr, dein Gott, ist mit dir
bei allem, was du unternimmst!"
Josua 1,9 BB

Vertrauen ist die stillste Form von Mut!

„Wer aufhört Fehler zu machen,
lernt nichts mehr dazu."
Theodor Fontane

„Wenn ein Mensch keinen Grund hat,
etwas zu tun,
so hat er einen Grund,
es nicht zu tun."
Walter Scott

Hallo du!

Die letzte Geschichte ist gelesen. *Wie ist es dir ergangen? Hast du die Handschrift Gottes gespürt?* Jeder Mann hat Gott auf ganz individuelle Art erlebt – Gott ist kreativ.

Hast du Gott schon in deinem Leben bemerkt? Vielleicht wie er an deiner Herzenstür anklopft – durch eine unserer Geschichten, durch eigene Erlebnisse, durch Menschen, durch die Bibel …

Möchtest du den nächsten Schritt gehen? Gott wartet auf dich, weil er dich so unsagbar liebt.

„Denn Gott hat der Welt seine Liebe dadurch gezeigt, dass er seinen einzigen Sohn für sie hergab, damit jeder, der an ihn glaubt, das ewige Leben hat und nicht verloren geht" (Johannes 3,16 NGÜ).

Jesus, Gottes Sohn, hat meine und deine Fehler durch seinen Tod am Kreuz bezahlt, er hat die Strafe aller auf sich genommen. Er hat den Tod besiegt, ist von den Toten auferstanden und über 500 Augenzeugen erschienen. Durch ihn wurde der Weg zu Gott frei.

Jesus vergibt dir gerne – jeden Fehler, jede Schuld, auch deinen Stolz, dass du Gott Vater bisher bewusst oder unbewusst abgelehnt hast. Vertraue dich Jesus an, er kennt dich besser als du dich selbst und weiß am besten, was gut für dich ist. Er hat einen klasse Plan für dein Leben. Öffne ihm dein Herz, rede mit ihm. Vielleicht ist das formulierte Gebet für dich hilfreich:

Mein Gott und Vater,

danke, dass du mich liebst und gute Gedanken für mein Leben hast.
Es tut mir leid, dass ich dich ignoriert habe
und Dinge getan habe, die dir nicht gefallen.
Bitte vergib mir.
Danke, Jesus, dass du für meine Schuld am Kreuz gestorben bist.
Heile, befreie und verändere mich so, wie du es schon immer geplant hast.
Jesus Christus, bitte übernimm du die Leitung in meinem Leben.
Führe du mich durch deinen Heiligen Geist.

Ich will dir vertrauen. Amen (So sei es).

Bei Gott kommt es nicht auf Formulierungen an, er wünscht sich eine ehrliche Herzenshaltung.

Jetzt hast du eine wichtige Entscheidung getroffen, die alles verändert: *"Wenn jemand zu (Jesus) Christus gehört, ist er eine neue Schöpfung. Das Alte ist vergangen; etwas ganz Neues hat begonnen!"* (2. Korinther 5,17 NGÜ).

Du darfst gespannt sein, denn das Leben mit Gott ist ein wirkliches Abenteuer. Jesus freut sich riesig auf die Gemeinschaft mit dir. Du bist jetzt nie mehr allein.

So vieles will dich ablenken, doch bleib dran an Jesus, rede mit ihm, lies in der Bibel, am besten in den Evangelien. Bitte Gott, dass er dich mit anderen in Verbindung bringt, die auch Jesus nachfolgen. Eine christliche Gemeinde und/oder ein Hauskreis können hilfreich sein, denn gemeinsam auf dem Glaubensweg zu sein, erleichtert dir weitere Glaubensschritte. Rede von dem, was du im Glauben erlebst.

Es ist ein Vorrecht, Gott nahezukommen und ihn an deiner Seite zu haben. Er meint es gut mit dir.

Wenn du Hilfe brauchst, ein Statement zum Buch schreiben möchtest oder Fragen hast, dann schick uns eine Mail:
Rainer: rainer@kreativ-agentur-zilly.de oder
Michael: info@protactics-mse.de

Sei überreich beschenkt, Gott segne dich!

Dein Rainer Zilly

Die Autoren

Michael Stahl

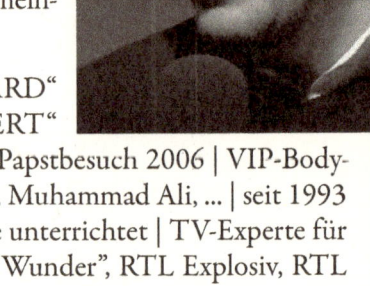

Redner | Motivationstrainer | Gewaltpräventionsberater | Buchautor | Trainer für Selbstverteidigung

Vorträge | Selbstverteidigungskurse | Integrationsprojekte | Vorlesungen | u.v.m.

In Schulen | Heimen | Gefängnissen | Gemeinden | Kindergärten | Firmen | u.v.m.

Ausgezeichnet mit dem „WERTE AWARD" und dem Titel „SOZIAL ENGAGIERT" 2015-2020 sowie für den Einsatz beim Papstbesuch 2006 | VIP-Bodyguard: Fürstin Gloria von Turn & Taxis, Muhammad Ali, ... | seit 1993 mehr als 300.000 Kinder & Jugendliche unterrichtet | TV-Experte für Glaube, Werte & Sicherheit: „Welt der Wunder", RTL Explosiv, RTL Punkt 12, Taff u.v.m.

PROTACTICS® | Bahnhofstraße 12 a | D-73441 Bopfingen | 0152 29 909 464 | Management Hilda Kaufmann | info@protactics-mse.de | **www.protactics-stahl.de**

Rainer Zilly

Grafik-Designer | Menschen-Ermutiger | Illustrations-Artist | Cartoon-Zeichner | Sympathiefiguren-Entwickler | Worte-Schieber | Ideen-Spinner

Für Firmen | Institutionen | Vereine | Tourismus | Städte | Kommunen | u.v.m.

Kreativ-Agentur Zilly | Hans-Thoma-Str. 54 | D-75196 Remchingen | 07232 372020 | rainer@kreativ-agentur-zilly.de | **www.kreativ-agentur-zilly.de**

Schatzkarte der Emotionen

Ein neues Werkzeug für Coaching und Beratung. Die „Schatzkarte der Emotionen" beinhaltet mehr als 120 Ausdrücke und bildhafte Darstellungen zu unserem Gemütszustand. Endlich finden Kinder sowie Erwachsene Worte und Bilder zu unbeschreiblichen Gefühlen.
Die Schatzkarte ist vielfach in Gruppen, Familien und bei Beratungen aller Art einzusetzen. Sie hilft Dinge auf den Punkt zu bringen, Ziele zu bestimmen und Wege zu definieren.

Din A4, z.B. als Handout für Teilnehmer
Din A0 (Papier oder LKW-Plane), ideal zum Gesprächseinstieg für Diskussionen und Austausch, für Gruppen, Firmen, Vereine...

Infos und Bestellung:
www.kreativ-agentur-zilly.de, ganz unten auf der Startseite

KREUZ.WORT.RÄTSEL.

Das Wort vom oder über das Kreuz ist den meisten Menschen ein Rätsel. Wir wünschen uns, dass beim Betrachten des besonderen Kreuzes – beim Fühlen der Ecken und Kanten – und beim Lesen des Begleitheftes – mit wertvollen Geschichten und Erklärungen – viele mit Gottes Hilfe ihre persönlichen Antworten auf offene Lebensfragen finden mögen. Die (Geschenk-)Idee für alle, die Freiheit suchen, Vergebung brauchen, Mut verbreiten, Freude vermehren, Frieden stiften, Liebe schenken, Ruhe finden.

Ideal für Schulen, Kindergärten, Hospize, Gefängnisse, Beratungsstellen, Gemeinden, Firmen... überall dorthin, wo Menschen Freiheit finden wollen.

Statements zu KREUZ.WORT.RÄTSEL.

„Wir stehen alle immer wieder vor KREUZ_ungen in unserem Leben und müssen uns entscheiden, wohin wir gehen und wofür wir eigentlich leben wollen. Das KREUZ, und die Bedeutung seiner Geschichte mit Jesu Tod und Auferstehung, helfen mir schon seit 1991 die richtigen Entscheidungen zu treffen und selbst im Scheitern die Freude über Gottes Liebe nie zu verlieren! 1000 Dank an Rainer und Michael für diese geniale „Art" etwas so Elementares so spielerisch und einladend umzusetzen!" David Kadel

„Gerade vorhin schlug ich das Begleitheft auf und wurde beim Lesen zu Tränen gerührt – für diejenigen, die mich nicht kennen: bin sonst nicht gerade ein rührseliger Typ. Verschenkt dieses Kreuz und erzählt die Geschichte dahinter – es ist die gewaltigste Story der Menschheit! Gottes Liebe und Vergebung hat die Kraft, uns ganz neu wieder herzustellen!" Thomas M. Gögele

„Mich hat das Kreuz sehr viel weiter gebracht in meiner persönlichen Vergebungsarbeit! Ich bin schon weit vorangekommen. Mit dem Kreuz fällt es mir leichter noch mehr Dinge konkret anzugehen, denn es ist wie ein Werkzeug Gottes. Und mit dem Kreuz ist so viel Kraft verbunden." Manuel Lachmann

„Mit einem Kreuz verbindet man meist Negatives: Schmerz, Last, Kreuzschmerzen oder das Tragen des Kreuzes von Jesus – zu seinem Tod. Durch dieses kleine Kreuz werde ich daran erinnert, dass das Kreuz für etwas Positives steht: Das Kreuz steht für Vergebung und Vergebung macht frei." Friedlind Hirsch

Himmlisches Herzflüstern

Wenn Gott leise zu und durch uns spricht; 152 Seiten, Paperback

Es ist oft ein Flüstern, das ein Herz tief berührt und zum Guten bewegt – wie ein sanftes Streicheln der Seele. So ist auch Gottes Liebe. Er sandte seinen Sohn nicht mit Blitz und Donner in unsere Welt, sondern in der Zartheit eines Babys. Durch ihn flüstert er uns seine grenzenlose Liebe zu: *„Ich liebe dich! Liebst du mich auch?"* In vielen Begegnungen haben Michael Stahl und einige seiner Freude dieses aus dem Grunde des Herzens kommende Flüstern vernommen. Menschen erhielten dadurch neue Hoffnung oder wurden frei, Ehen wurden geheilt, Beziehungen wiederhergestellt.
Ein Buch, das Mut macht, selbst das Flüstern Gottes zu hören.

Michael Stahl / Klaus Hettmer

Geheimsache Männerherz

Stahlhart, zerbrechlich & butterweich, 208 Seiten, Paperback

Wie tickt ein Männerherz? Wer hat es erschaffen? Welche Sehnsüchte sind darin verborgen? Welche Verletzungen und Geheimnisse lagern dort seit langer Zeit?
Die Hauptautoren Michael Stahl und Klaus Hettmer wurden fast gleichzeitig von gesundheitlichen Niederschlägen getroffen. Michael Stahl erlitt wenige Monate vor der Arbeit an diesem Buch einen Herzinfarkt; Klaus Hettmer musste sich einige Wochen danach einer sehr schweren Herzoperation unterziehen. Zusammen mit weiteren bekannten Autoren berichten sie über ihre Erfahrungen, um andere Männerherzen zu berühren.

Wahrhaft frei

Vom Ausbruch und Durchbruch in ein neues Leben, 192 S., Pb.

In diesem Buch geht es um Wahrheit und Freiheit – und um viele Arten von Gefängnissen und Gefangensein. Mehr als 30 Personen berichten, wie sie da hineingeraten sind und was ihnen geholfen hat, wieder herauszukommen und wirklich frei zu werden.
Du lernst Menschen kennen, die viele Jahre ihres Lebens hinter Gittern verbracht haben, aber auch solche, deren Seele in Süchten, Pornografie oder Magersucht etc. gefangen war oder die in einem eingeschränkten Körper leben müssen. Sie alle sind, unabhängig von ihren Umständen, zur wahren Freiheit durchgebrochen und wollen dir Mut machen, selbst frei zu werden.

ERlebt

25 wunderbare Geschichten aus meinem Leben; 160 Seiten, Pb.

Michael Stahl ist ein Träger der Gegenwart Gottes. Wohin er auch kommt – ob in Schulen, Familien, Gemeinden, Kinderheime oder ganz alltägliche Situationen –, verändert sich die Atmosphäre zum Guten. In diesem Buch erzählt er 25 dieser Erlebnisse, in denen er für Einzelne und ganze Gruppen zum Vermittler von Liebe, Annahme und Vergebung wurde.
Begleite Michael Stahl und sein Team zu den Menschen, die ohne Hoffnung waren, zu den Sprachlosen, die nun singen. Höre jenen zu, die einst ohne Hoffnung und Trost waren. Setze dich mit ihm an das Bett von Sterbenden, die in letzter Sekunde das Leben fanden. Erlebe, dass ER (Gott) lebt und dich liebt!

Maja Loretta – Post aus den Wolken

Es ist nicht wichtig, wie lange du lebst, sondern wie du lebst; 80 S., gebunden, vollfarbig

„Post aus den Wolken", so lautete die Überschrift des Abschiedsbriefes von Maja Loretta, die mit sechzehn Jahren an Krebs verstarb. Diesen Brief hatte sie für ihre eigene Trauerfeier verfasst. Maja wollte die Welt verändern.

Wer ihr begegnete, wer in ihre Augen sah, wer ihre unbeschreibliche Freude und Dankbarkeit erlebte, dessen Leben wurde schon in wenigen Augenblicken ein Stück zum Guten verändert.
Trotz schweren Leidens und vieler Operationen war sie erfüllt von der Liebe Gottes. Wenn Sie von Jesus Christus sprach und davon, dass sie bald nach Hause gehen würde, spürten die Zuhörer, dass dieses Mädchen von einer Liebe getragen wurde, die nicht von dieser Welt war. Michael Stahl und einige ihrer Freunde haben ihre Geschichte aufgeschrieben.

MutMacherKiste

Aufstehen – Lieben – Kämpfen – Siegen

114 Seiten, Wire-O-Bindung, vollfarbig

Michael Stahl – der MutMacher in Person – hat seine wichtigsten Erfahrungen der letzten Jahre zusammengetragen: viele faszinierende Geschichten über Wunder und Vergebung, die tief berühren.
Der Grafiker Rainer Zilly hat daraus ein kurzweiliges, ästhetisches und prakti-sches MitMach-Buch gestaltet – eine Fundgrube für alle, die neuen Mut brauchen, anderen Mut machen wollen oder gerne einfach interessante Geschichten und Berichte lesen.

53 Männer

Abenteuer zwischen Gazastreifen und See Genezareth, 144 Seiten, Paperback

Was für eine liebevolle und verrückte Bande! Das könnte man über die 53 ganz unterschiedlichen Männer, die sich zu einer Israelreise zusammentun, spontan denken. Eine Woche wie die Ölsardinen zusammengepfercht und doch kein böses Wort, sondern Lachen, Ernsthaftigkeit, tiefe Gespräche und Männertränen – ohne Scham!
Begleite diese illustre Schar auf den staubigen Wegen Israels, auf denen einst Jesus Christus unterwegs war. Erfahre mit ihnen die besondere Atmosphäre im Garten Gethsemane, schippere mit ihnen ein Stück über den See Genezareth und wirf mit ihnen einen Blick auf den Gazastreifen.

Michael Stahl / Klaus Hettmer
Deine Sehnsucht nach dem Paradies

192 Seiten, Paperback

Jeder Mensch sehnt sich nach wahrer Liebe, bedingungsloser Annahme und echtem Frieden. Ohne Gott sind wir jedoch der Herrschaft von Lüge, Gewalt und Hass hilflos ausgeliefert. Gott aber hat von Ewigkeit her einen anderen Plan für uns. Er will uns das verlorene Paradies wieder zugänglich machen. In Jesus Christus hat er den Teufelskreis menschlicher Schuld und Sünde durchbrochen und alles dafür getan, um uns Zukunft und Leben zu geben.

Verbranntes Männerherz

Auf der Suche nach Männlichkeit (Roman)

120 Seiten, Paperback; auch als Hörbuch erhältlich!

Joe, der alles hat, was ein moderner Mann haben sollte, zweifelt an sich und seiner Männlichkeit. Auf der Suche nach Sinn begibt er sich auf eine aben-teuerliche Reise.
Er begegnet einem mysteriösen Fremden, der ihm alle Fragen beantwortet, die ihn jahrelang gequält haben. Joe fängt an, an Gott zu glauben und ihn zu lieben. Unfassbare, unerklärliche und wunderbare Dinge geschehen. Wagen Sie mit ihm einen Blick in den Himmel.
Das Buch ist auch als Hörbuch erhältlich.

Vater-Sehnsucht

120 Seiten, Paperback

Immer mehr Kinder wachsen in dieser Welt ohne Vater auf. Was wird aus diesen Kindern? Der Vater ist der erste Held im Leben eines Kindes. Dieser mächtigste Mensch der Welt kann Wunden schlagen und sie auch heilen.

Michael Stahl, lässt uns an der Entstehung und dem Heilungsprozess seiner eigenen Vaterwunden teilhaben. Und er berichtet, was er erlebt, wenn er in Schulen, Heime, Gefängnisse oder Firmen geht und dort Menschen hilft, sich miteinander zu versöhnen.

Das Buch ist eine Schatzgrube für alle auf der Suche nach Wurzeln, Identität und Wahrheit.

Das Buch ist auch als Hörbuch sowie in Englisch und Russisch erhältlich.